CELEBRATION

32 INSPIRING CANADIAN WOMEN OF ITALIAN ORIGIN
32 RITRATTI DI DONNE ITALO-CANADESI

CELEBRATION

32 INSPIRING CANADIAN WOMEN OF ITALIAN ORIGIN
32 RITRATTI DI DONNE ITALO-CANADESI

EDITED BY
THE ITALIAN CHAMBER OF COMMERCE OF TORONTO
AND ATTILIA COZZAGLIO

A CURA DELLA
CAMERA DI COMMERCIO ITALIANA DI TORONTO
E DI ATTILIA COZZAGLIO

Mansfield Press | City Building Books

Library and Archives Canada Cataloguing in Publication

Celebration: 32 inspiring Canadian women of Italian origin /
Italian Chamber of Commerce of Toronto.

Text in English and Italian.
ISBN 10: 1-894469-30-5
ISBN 13: 978-1-894469-30-2

1. Italian Canadian women--Interviews. 2. Businesswomen--Canada--Interviews.
I. Italian Chamber of Commerce of Toronto

HD6100.T6C45 2006   338'.0082092271
C2006-904590-9

Design: Fourth Dimension Media and Marketing
Cover Photos: Dave Gillespie, Erin Riley, Dave Wile, Nettwerk Productions

The publication of *Celebration: 32 Inspiring Canadian Women of Italian Origin*
Has been generously supported by The Canada Council for the Arts and
The Ontario Arts Council.

Mansfield Press Inc.
25 Mansfield Avenue, Toronto, Ontario, Canada M6J 2A9
Publisher: Denis De Klerck
www.mansfieldpress.net

THE CANADA COUNCIL | LE CONSEIL DES ARTS
FOR THE ARTS | DU CANADA
SINCE 1957 | DEPUIS 1957

ONTARIO ARTS COUNCIL
CONSEIL DES ARTS DE L'ONTARIO

This book is dedicated to Laura Sabia,
(September 18, 1916 – October 17, 1996)
a Canadian champion of women's rights.

Questo libro è dedicato a Laura Sabia,
(18 Settembre 1916 - 17 Ottobre 1996)
una Canadese che ha lottato per i diritti delle donne.

These particular successful women are a testament to the determined spirit and work ethic of all women. That they are of Italo-Canadian heritage speaks to the unique and boundless possibilities that are "Made in Canada." We are both excited and proud to support their celebration.

Alfredo Romano
Castlepoint Investments Inc.

* * * * *

Special thanks to the Italian Chamber of Commerce of Toronto for getting it right again with another outstanding publication. *Celebration* is much more than a book about successful Italian women in Ontario. It's a book that elevates leadership, diversity, and family first ties; a book that embodies cultural achievement and historical pride; and a book that embraces the Italian woman's keen sense of community.

     I am delighted to know several women featured in the publication and to work with Elisabetta Bigsby, who epitomizes the power of confidence. Through *Celebration*, readers are also treated to the passion, strength, competence, humour, and compassion of exceptional women–the invaluable contribution Italian women make to Ontario's and Canada's path to prosperity.

Charles S. Coffey, O.C.
Executive Vice-President, RBC Financial Group

* * * * *

The Italian-Canadian community is full of inspiring, motivating, and passionate women. Their contribution to their respective fields and to society as a whole is truly amazing. Congratulations to all of you!

Cott Corporation

* * * * *

Congratulations to each of you. Almost three dozen stories of great success from Italian-Canadian women in our great city and province. Our future is bright, indeed, with these examples of leadership and achievement.

Edward Sorbara
Principal, The Sorbara Group

Queste donne di straordinario successo sono solo un piccolo esempio di quanta forza d'animo ed etica le donne abbiano. Il fatto che esse provengano da una cultura italo-canadese testimonia una volta di più come le possibilità che si possono cogliere in Canada siano uniche e praticamente infinite. Siamo, quindi, allo stesso tempo emozionati ed orgogliosi di poter dare un contributo alla celebrazione di queste donne.

Alfredo Romano
Castlepoint Investments Inc.

* * * * *

Intendo ringraziare la Camera di Commercio Italiana di Toronto per aver centrato il bersaglio con un'ulteriore, eccezionale pubblicazione. Celebration è più di un semplice libro che racconta il successo di donne italiane in Ontario. È un libro che celebra la leadership, la diversità e la famiglia; un libro che incarna successi culturali e orgoglio storico; un libro che abbraccia il brillante senso di comunita' delle donne italiane.
Mi compiaccio di conoscere molte delle donne presenti in questa pubblicazione e di lavorare con Elisabetta Bigsby, emblema della sicurezza. Con Celebration, i lettori conosceranno la passione, la forza, la competenza, l'umore e la compassione di donne eccezionali ed il contributo inestimabile che le donne italiane hanno apportato alla crescita dell'Ontario e del Canada.

Charles S. Coffey, O.C.
Executive Vice President, RBC Financial Group

* * * * *

La comunità italo-canadese è ricca di donne favolose, tenaci e di successo. Il loro contributo sia alla società che ai rispettivi campi di interesse è davvero incredibile. Congratulazioni a tutte voi!

Cott Corporation

* * * * *

Congratulazioni a tutte voi. Oltre trenta storie di italo –canadesi di successo appartenenti alla nostra grande città o alla nostra provincia. Guidati da tali esempi di successo e realizzazione professionale è dunque facile prevedere per noi un futuro tra i più rosei.

Edward Sorbara
Direttore del The Sorbara Group

I wish to congratulate the women profiled in this book, who are not only icons of female success, but who have brought honour to our Italian community through their work and demonstration of superior values in the community at large. These women have encountered many challenges and have balanced many obligations while remaining steadfast in their convictions and leaders in their realms. We hold out a challenge and a hand of assistance to the young girls of Italian origin to make us even more proud in the future. Regrettably, there are probably many other great and successful women who have not been profiled, and through this book, we pay honour to you also.

Paolo Palamara
President, Diamante Development Corporation

* * * * *

Without the proactive presence of women, the world would probably be less easy to live in, certainly less pleasant. This is true everywhere, including in Canada. But Canada being a country where diversity is a value, the contribution of Italian-Canadian women to our social, cultural, and business lives is special and unique.

Congratulations!

Rodrigo Rodriquez
Vice-Chairman, FLOS

* * * * *

Scotiabank has a long history of supporting the Italian community, not only in Toronto, but also across Canada. The bank is proud to be a sponsor of the Italian Chamber of Commerce of Toronto's *Celebration*.

This book recognizes and celebrates the achievements of highly capable women who, through talent and determination, have become tremendous business and community leaders.

As Canada's most international bank–with operations in some 50 countries–we see advancement of women as a global issue affecting all aspects of society. One of our priorities is to improve the number of women in leadership roles throughout our organization.

We're delighted that Alberta Cefis–Scotiabank's executive vice-president, domestic personal lending and insurance–is among the exceptional women profiled in this publication.

On behalf of Scotiabank, I wish them, and the Italian Chamber of Commerce of Toronto, every success in the years to come.

Rick Waugh
President and Chief Executive Officer, Scotiabank

Vorrei congratularmi con le donne che hanno reso possibile la creazione di questo libro. Esse non solo sono icone di successi femminili ma hanno contribuito ad accrescere il ruolo della nostra comunità italiana attraverso il loro lavoro e la dimostrazione di egregi valori. Queste donne hanno affrontato molte sfide e sono riuscite a bilanciare tanti impegni rimanendo fedeli alle loro convinzioni e a dimostrare leadership nella loro attività. Noi continuiamo tale sfida e intendiamo aiutare le giovani donne di origine italiana a renderci sempre più orgogliosi nel futuro. Purtroppo, ci sono sicuramente molte altre grandi donne di successo che non sono state nominate e, con questo libro, cogliamo l'occasione per onorare anche loro.

Paolo Palamara
Presidente, Diamante Development Corporation

* * * * *

La vita in un mondo ipoteticamente privo della presenza femminile sarebbe probabilmente molto più complicata, senz'altro molto meno piacevole. Tale constatazione è vera in ogni cornice culturale, tanto più in quella canadese: in un Paese tanto multiculturale quale il Canada, infatti, il contributo delle donne italo-canadesi risulta ancor più speciale ed unico sia da un punto di vista culturale che da quello economico. Congratulazioni!

Rodrigo Rodriquez
Vicepresidente della FLOS

* * * * *

La Scotiabank è coinvolta da lungo tempo nel supporto della comunità italiana, non solo a Toronto, ma anche in tutto il Canada. La Banca è orgogliosa di essere sponsor della Camera di Commercio di Toronto per la realizzazione del libro Celebration.
Questo libro riconosce e celebra il successo di donne estremamente in gamba che, grazie al talento e alla determinazione, sono diventate straordinarie leader nel mondo degli affari e nella comunità.
In qualità di maggior banca di livello internazionale in Canada, con operazioni in più di 50 paesi, consideriamo l'affermazione delle donne una questione che interessa ogni singolo aspetto della società.
Una delle nostre priorità è quella di accrescere il numero di donne che occupano posizioni di responsabilità in ogni ambito della nostra organizzazione.
Siamo onorati che Alberta Cefis, Vice Presidente Esecutivo della Scotiabank, nel dipartimento responsabile dei prestiti personali e delle assicurazioni, sia compresa tra le donne descritte in questa pubblicazione.
Da parte della Scotiabank, auguro loro, e alla Camera di Commercio di Toronto, ogni possibile futuro successo.

Rick Waugh
President and Chief Executive Officer, Scotiabank

I am very proud to have the opportunity to support this publication. Success, sacrifice, devotion, and passion fill the pages of this book. Flipping through, one can easily sense the "Italianness" that fully encompasses the contents. Everyone with at least a bit of an Italian background can easily recognize that this work tells stories of a particular type of "Italianess"—the type found in the genes of Italian women. In fact, all the protagonists of the book are women, and in them, all the strength that has moulded the Italian society through the centuries is recognizable. The women represented in this book are impressively carrying on the work of their forbears in Canada—a country so different from Italy. More importantly still, they're honouring Italian *heritage* by wisely using all the skills that they've inherited from it.

Through the celebration of the professional and personal successes of these women, this book aims to honour the preciousness of *all* Italian women. In fact, they've been, and always will be, the foundation of our society.

A heartfelt thanks to all of you!

Gabriele Sardo
Italian Ambassador in Ottawa

*****

I am delighted that the Italian Chamber of Commerce of Toronto is following up on its excellent publication *Made in Canada: The Italian Way*, with this celebration of the achievements of Canadian women of Italian origin. Such recognition of excellence and achievement by dynamic Italian-Canadian women in all walks of life, including business, culture, government, and science, provides inspiration for countless others, including Canadians of many ethnic origins. Recognition of such talent and diversity particularly opens the eyes of the young. They can thereby see the strength of our origins and the many possibilities that lay ahead, fostering the will to learn, to succeed, and to give back to the community.

Complimenti vivissimi!

Margaret Huber
Consul General of Canada

Non posso che essere orgoglioso di poter offrire il mio contributo a questa pubblicazione. Le pagine di questo libro trasudano sacrificio, dedizione, passionalità, successo. Sfogliandole si avverte nitidamente il profumo di italianità che ha contribuito a scriverne i contenuti. Percorrendole con più attenzione si scopre che è una forma di italianità particolare e, per chi abbia anche solo una piccola dose di italianità nei geni, anche molto riconoscibile: quella della donna italiana. Perché donne sono tutte le protagoniste di questo libro, in cui si riconosce il contributo tipico e fondamentale che proprio le donne hanno dato alla costruzione della società italiana nei secoli. Raccogliendo il testimone dalle loro antenate, quelle rappresentate in questo libro continuano nell'opera in un paese molto diverso, multiculturale e più giovane, come è il Canada; lo fanno con ispirazione e capacità che affondano le radici nel paese d'origine, al quale, con ciò, rendono il migliore omaggio possibile.

Onorando l'eccellenza professionale ed umana di queste campionesse, si può quindi affermare che l'opera vale come celebrazione del valore di tutte le donne italiane, pilastro fermissimo e meraviglioso su cui la nostra società poggia da sempre e che vogliamo ci sostenga anche nel futuro.

A tutte voi un grazie sincero, donne!

Gabriele Sardo
Ambasciatore Italiano in Canada

*****

Mi fa estremamente piacere vedere come la Camera di Commercio Italiana di Toronto abbia lavorato a questa sua eccellente pubblicazione Made in Canada: The Italian Way, *celebrando il successo di donne canadesi di origini italiane.*

Un tale riconoscimento di eccellenza e affermazione delle donne italo-canadesi in ogni aspetto della vita, dal mondo degli affari, alla cultura, la politica e la scienza, è di grande ispirazione per innumerevoli altre donne, incluse le canadesi di diverse origini.

Il riconoscimento di questi talenti e queste diversità può aprire gli occhi dei più giovani. In questo modo potranno capire la forza delle nostre origini e le tante possibilità che hanno davanti, accrescendo in loro il desiderio di imparare, di avere successo, e di condividere tutto ciò con la comunità.

Complimenti vivissimi!

Margaret Huber
Console Generale del Canada

LETTERS/LETTERE
ATTILIA COZZAGLIO

The project involving a gallery of "successful women" became concrete when more than 30 women accepted a meeting with young interviewers from the Italian Chamber of Commerce of Toronto in order to tell their stories—the ups and downs of their private and professional lives, their relationships with Italy, and with the Italian community in Canada. I read the first interviews that arrived by mail and was moved by the curiosity to understand the Canadian reality. With the offer of editing this book, my role changed. I am no longer just the editor, but the interpreter of the words of these women into English or Italian so that they could maintain their authentic voice. It was a commitment and a challenge, but also a great opportunity to meet exceptional women in their "normalcy."

While reading and editing their interviews, there emerged some recurrences—words, phrases, and thoughts that could be found in all of the stories, weaving a web that joins lives of women who are very different.

The idea of success is already a sign of diversity. It is not expressed by ability or by money, but by the pride for having travelled to the end of the chosen road, accepting the challenges and changes, and confronting obstacles with passion and determination in order to improve themselves and the world around them. There is huge recognition for the people who have accompanied their steps and a great deal of attention on the relationships that were built in their work. These involve colleagues, collaborators, clients or patients, business partners, and family members. Success is not personal, but is collective.

The tie with family, especially with mothers, is common. In many of the interviews, this figure resonates, and she has often sacrificed in order for her children to have a better life. She has bequeathed strength, determination, faith, passion, and enthusiasm. In the stories of these first or second generation Italo-Canadian women, we read about the awareness of having received from family, and above all, from mothers, a sort of "heredity of life" that wants to transmit itself to children and be shared with friends.

The tie with family requires immediate recognition of their Italian origins, which at times could have been an obstacle, but in this phase of their lives, they are considering it to be an advantage. The word most repeated is "pride"—pride for their origins, for their culture, for the lifestyle that Italy represents, and for the goals that the Italian community in Canada has achieved. Every woman interviewed describes her relationship with Italy in a different way, and so is born a tale with more voices that does not leave anything behind in the aspects of "Italianness." They remember, as is obvious, the history, the culture, the art, the cinema, and the music, but they also underline the character of Italians—the dreams, the joviality, the loyalty, the determination, the love of their work, the sense of family and friends, the love of food, and aesthetic taste.

Il progetto riguardante "donne di successo" si concretizzò quando più di trenta donne accettarono di incontrarsi con dei giovani intervistatori della Camera di Commercio Italiana di Toronto per raccontare le loro storie, gli alti e bassi della loro vita professionale e privata, il loro rapporto con l'Italia e con la comunità italiana in Canada. Ho letto la prime interviste, arrivate via posta, e sono stata spinta dalla curiosità di capire la realtà canadese. Il mio ruolo è cambiato quando mi sono offerta di rivedere questo libro: da redattore mi sono, infatti, ritrovata ad essere l'interprete delle parole di queste donne facendo in modo di manterne l'autenticità. È stato un impegno e una sfida, ma anche una grande opportunità che mi ha permesso di conoscere queste donne straordinarie nella loro quotidianità.

Mentre leggevo e correggevo le loro interviste sono emerse delle parole, frasi e pensieri ricorrenti in tutte le storie, creando un'unione nella vita di queste donne apparentemente così diverse.

Il successo non è espresso dall'abilità o dai soldi, ma dall'orgoglio di aver seguito sempre la stessa strada, accettando le sfide e i cambiamenti con passione e determinazione così da poter migliorare sè stesse e il mondo che le circonda. Grande riconoscenza si deve anche a quelle persone che le hanno accompagnate nel loro cammino e molta importanza viene data alle relazioni che sono nate nel loro lavoro. Questo coinvolge colleghi, collaboratori, clienti, pazienti, soci d'affari e famigliari. Il successo non è personale ma collettivo.

Nelle loro storie emerge il legame con la famiglia, particolarmente con le madri: è di solito la madre, infatti, che si sacrifica per poter dare un futuro migliore ai figli. È proprio da loro che queste donne hanno ereditato la forza, la determinazione, la fede, la passione e l'entusiasmo, "valori di vita" che si vogliono trasmettere ai figli e si vogliono condividere con gli amici.

Il legame con la famiglia richiede un immediato riconoscimento delle origini italiane: occasionalmente potrebbe essere un ostacolo ma in questa fase della loro vite viene considerato un vantaggio. Nelle loro storie la parola più ripetuta è "orgoglio": orgoglio delle loro origini, per la cultura, per lo stile di vita che l'Italia rappresenta e per gli obiettivi che la comunità italiana ha raggiunto in Canada. Ogni donna intervistata descrive il suo rapporto con l'Italia in modo diverso; è così che nasce un racconto di voci diverse che non tralascia nessun aspetto di "italianità". Ricordando l'evidenza di storia, cultura, arte, cinema e musica, viene evidenziato il carattere degli italiani, i loro sogni, la vitalità, la lealtà, la determinazione, l'amore per il lavoro, il senso per la famiglia e gli amici, l'amore per il cibo e per le belle cose.

Un'altra parola ricorrente nei loro racconti è "fortuna". La fortuna ha radici nel vecchio mondo, rappresentato dall'Italia, e nel nuovo mondo, il Canada, che sta cambiando e si sta sviluppando. Molte donne, quasi tutte, evidenziano come la loro avventura professionale non sarebbe stata possibile in un altro paese, perchè il

Another recurring word is "fortune," the fortune to have roots in the old world represented by Italy, and in a new world that is changing and developing, like Canada. Many women, almost all of them, highlight how their professional adventures would not have been possible in another country because Canada is a country of opportunity, more open than others in accepting and valuing all diversities, including those of gender, culture, and affiliation.

The stories of these women open the road to many reflections, but I would like to designate one in particular from among the Italian readers. The "double identity" that the interviewees recognize represents an extra "added value" that these women have played with in their professional and private lives with great results. The stories of these women seem to indicate the possibility and the necessity to travel along the roads of the world without forgetting your original culture and the values that come from this culture, in order to arrive at an assimilation and a perspective with continual enrichment. They propose a model of society where differences, all types of diversity, are not limitations, but assets.

To finish, one final note. Working with the words of these women has made them seem very close and has opened new perspectives on being a woman in the workplaces of Canada. My hope and my wish is that this book might indicate a road between Italy and Canada so that other people with ideas can undertake a walk that is easier and lighter because of the presence of these women accompanying their journey.

Attilia Cozzaglio
Partner Ticonuno srl

Canada è il paese delle opportunità e un paese aperto ad accettare le diversità, includendo genere, cultura e associazione.

Probabilmente il tema comune che collega le storie di queste donne è quello della "doppia identità" che rappresenta un "valore aggiunto" che queste donne hanno usato per ottenere successo nella loro professione e nella loro vita. Le storie di queste donne sembrano indicare la possibilità e la necessità di viaggiare il mondo senza però dimenticare la propria cultura e le proprie origini, così da trarne vantaggio e un continuo arricchimento. Propongono un modello di società dove le diversità non vengono considerate limitazioni ma vantaggi.

Aver lavorato con le parole di queste donne ha rivelato le loro similarità e ha aperto una nuova visione delle donne nel mondo del lavoro in Canada. Spero e mi auguro che questo libro abbia aperto una strada di collegamento tra l'Italia e il Canada e che le loro storie accompagnino e rendano più facile il viaggio di altre persone.

Attilia Cozzaglio
Partner Ticonuno srl

Every book is a message, or aspires to be one, don't you think?

This book is about something new, something exceptional. It actually conveys that society goes through unusual moments in time; it adjusts and evolves. It is in constant motion. The first contribution of the book is that it reveals different stories. The collective imagination tends to think of women in less important roles than those of men. This does not happen because society has an XY chromosome, but because we have only heard stories about men. The stories in this publication want to be told, and the protagonists are women. They are interesting female role models who will change our way of thinking.

The interviews establish that women have larger roles than the traditional ones ascribed within the family. We can affirm that women in the working world bring something different, a professional style based on co-operation rather than on the domination of events—a mostly male characteristic. Each one of us has endowments, winning traits that can be valued and that make useful contributions to society. All the women we have interviewed do this, as do I.

Is this in some way a calling back to the family?

Exactly. We always return to the vision of family as an anchor, a fountain of energy, and a place where indispensable values for success are transmitted—personal values for success rather than monetary ones. Women have a different concept of what success means. It has more to do with associations of pleasure, not in terms of entertainment, but in terms of satisfaction. When they feel like prisoners in a structure they do not like, they tend to leave. This is the reason why many female protagonists start small businesses. This type of business here in Canada is often led by women because men, as I see it, have a social disposition to accept work as difficult. Contrary to this, women look for a level of satisfaction that is more direct and immediate, even if it means less remuneration.

What makes Italian-Canadian women special?

They tend to be much more open about personal issues. This is different than, for example, Anglo-Saxon women of other cultures. Italians in Canada bring a freshness and a spontaneity to their reactions that are sometimes surprising. They are looked upon with pleasure and not criticized. This is also the reason people in the rest of the world love Italy, a country that continues to wield considerable cultural charm.

What are Canada's merits?

Because of large inflows of immigrants, Canada is a multi-ethnic country that knows how to use these cultural differences to build a strong foundation. Canada knows how to emphasize the "universal"

Ogni libro è un messaggio o aspira a esserlo. Nel nostro caso di che cosa si tratta?

Si tratta di qualcosa di nuovo, finalmente abbiamo tra le mani qualcosa di insolito. La società attraversa momenti differenti, si aggiusta, si evolve, è costantemente in movimento. Il primo contributo del libro consiste nel diffondere storie diverse: una tendenza nell' immaginario collettivo è pensare le donne in ruoli meno importanti rispetto agli uomini. Ciò accade non perché la società abbia il cromosoma XY ma perché le storie che tutti hanno sempre sentito sono largamente popolate da uomini. Con questa pubblicazione si vogliono raccontare nuove storie, in cui le protagoniste sono donne. Sono figure femminili interessanti, ottimi modelli con cui confrontarsi per cambiare un modo di pensare ormai superato. Leggendo le interviste avrete modo di constatare come la donna abbia un ruolo ben più ampio rispetto a quello tradizionale e circoscritto alla famiglia. Possiamo poi affermare che la donna nel mondo del lavoro porta "la differenza": uno stile professionale basato sulla cooperazione, piuttosto che sul dominio degli eventi, caratteristica invece prettamente maschile. Ognuna di noi ha delle doti, che possono essere valorizzate e "spese" utilmente nella società. Tutte le donne che abbiamo intervistato lo fanno, sono un esempio.

Vi è in qualche modo un richiamo alla famiglia?

Proprio così, si torna spesso a una visione della famiglia come appoggio, fonte di energia e luogo di trasmissione di valori considerati indispensabili per ottenere successo, inteso come realizzazione personale, piuttosto che monetaria. Le donne hanno un concetto diverso del successo, associabile al piacere, inteso non tanto come divertimento quanto come soddisfazione. E quando si sentono prigioniere di una struttura che a loro non piace, tendono ad andarsene. Questa la ragione per cui spesso le protagoniste raccontano di aver iniziato uno small business: queste attività qui in Canada sono per la maggior parte condotte da donne, perché gli uomini sono, a mio parere, più predisposti a vedere il lavoro come opportunità di carriera socialmente riconosciuta e ad accettarne le strutture più rigide. Al contrario la donna cerca un livello di soddisfazione più diretto ed immediato anche se meno remunerativo.

Che cosa rende speciali le donne italo-canadesi?

Traspare una certa tendenza ad affrontare temi personali: sono disponibili ad un discorso privato con un approccio veloce ed immediato, rispetto a donne di altre culture. Gli italiani in Canada portano una freschezza e una spontaneità nelle proprie reazioni, che qualche volta può sorprendere: sono guardati però con simpatia, non criticati. Questa è anche la ragione per cui tutti amano l'Italia, un paese che continua a godere della fortuna di avere un fascino culturale agli occhi del resto del mondo.

value of people, and living here, one learns to value diversity as a fountain of wealth.

This book's selection committee, of which you were a part, decided to dedicate this publication to Laura Sabia. Why?

Laura Sabia, who unfortunately passed away in October of 1996, was a strong, determined woman with strong leadership qualities. She was a great activist for women in the public and political worlds. Laura Sabia took part in the political life in Canada with the sincere intention of furthering the role of women. She worked as vice-president of the Canadian Federation of University Women and was an active member of the National Action Committee on the Status of Women. Her role was crucial in the creation of the Royal Commission on the Status of Women. She was the one who persuaded then prime minister Lester Pearson to begin this commission in February of 1965. This institution led to the creation of the department in the federal government entitled Status of Women Canada, in 1976. Along with her other duties, Laura Sabia was president of the National Action Committee and the Ontario Committee on the Status of Women.

Laura Sabia was the first to highlight the difficult tasks of women of our time. She was always interested in women's social issues in general. She was also the mother of four children, a wife, lawyer, journalist, and municipal councillor. Thanks to her determination and strong values, Laura Sabia was an example of how to reconcile public and private life, plotting the way for millions of other Canadian women to succeed both professionally and personally.

Photography/*Fotografie*: Dave Gillespie

Qual è il merito del Canada?

A causa dei forti flussi di immigrazione, il Canada è un paese multietnico che ha saputo fare delle differenze una delle fonti principali della sua ricchezza e dunque uno dei suoi punti di forza. Il Canada ha saputo evidenziare il valore "universale" delle persone e vivendo qui si impara a valutare la diversità come valore, fonte di arricchimento.

Lei ha fatto parte del comitato di selezione che ha deciso di dedicare questo libro a Laura Sabia. Perché questa scelta?

Laura Sabia, che purtroppo ci ha lasciati nell'ottobre del 1996, era una donna forte, determinata, con spiccate qualità di leader. Grande sostenitrice delle donne nella vita politica e pubblica, Laura Sabia ha preso parte alla vita politica ed economica del Canada, con il sincero intento di sostenere il ruolo delle donne. Ha lavorato come vicepresidente dalla Canadian Federation of University Women ed è stata un membro attivo del Canadian Committee on the Status of Women. Il suo ruolo inoltre fu determinante per la creazione della Royal Commission on the Status of Women: è stata lei a persuadere il primo Ministro Lester Pearson a fondare nel febbraio del 1965 questa istituzione, che a sua volta ha portato nel 1976 alla creazione del Dipartimento del Governo Federale sulla Condizione Femminile. Tra gli altri incarichi, Laura Sabia è stata presidente del National Action Committee e dell'Ontario Committee on the Status of Women.

Laura Sabia fu colei che per prima osò mettere in luce i difficili compiti delle donne del nostro tempo. Come si è detto, fu sempre interessata alle questioni sociali concernenti le donne in generale. Allo stesso tempo, fu anche madre di quattro figli, moglie e avvocato, giornalista e consigliere municipale. Grazie alla sua determinazione, ai suoi forti valori ed alla sua tenacia, Laura Sabia ha costituito un esempio di come conciliare vita pubblica e vita privata, tracciando così la via per milioni di altre donne canadesi verso l'acquisizione del successo in campo professionale e personale.

CAROLYN ACKER

After receiving a diploma in nursing and working for five years, Carolyn Acker obtained a degree in administrative studies and a master's in organization development. Since 1992, she has been the executive director of the Regent Park Community Health Centre. The centre serves about 26,000 people who are largely disadvantaged or homeless and offers them a range of medical treatments, health and social services, and training.

Dopo aver conseguito il diploma di infermiera e lavorato per cinque anni a contatto con i malati terminali, Carolyn Acker si è iscritta alla facoltà di Economia e, successivamente, ha conseguito il Master in Organisation Development. Dal 1992 è direttore esecutivo del Regent Park Community Health Centre (RPCHC). La struttura serve attualmente una popolazione di circa 26.000 persone, di cui la maggior parte disagiate o senzatetto, offrendo loro una vasta gamma di cure mediche, servizi sanitari e sociali, e attività formative.

CAROLYN ACKER

> "There are still so many things I want to do, and I feel that disadvantaged **people who have nothing have a need for me**, for my programs, for my interest, and for my support. **I am in love with this work.** It fascinates me and stimulates me more every day."

Birthplace: St. Catharines, Ontario, Canada
Region of Origin: Abruzzo, Italy (father) and Calabria, Italy (maternal grandmother)

You don't have an Italian name. What are your ties to Italy?

My father was born in Abruzzo in 1909 and arrived in Canada when he was only two. My mother's mother is from Calabria, and she too immigrated here when she was very young. I was born in St. Catharines, and while being Canadian in all respects, the imprint of my Italian origin is still very strong. My parents were very poor. They had a difficult life marked with discrimination. I have always been very sensitive about this, because they knew what it was like to be treated differently than other Canadian citizens. It was not easy for them to integrate themselves into this society because they were Italian. So they gave English names to me and my brother, not Italian ones. They wanted to protect us and avoid the suffering caused by our ties to Italy. In contrast to most other second generation Italians, who fought to protect their origins, I never had a particularly strong relationship with Italy.

But I think Italy is incredible. The people, the art, and the style are all incredible. I am very proud of my Italian heritage, even if I realized too late that I have had the privilege of being part of two realities. Among my future goals, I have promised myself that I will travel to Italy more often to make up for lost time. The Italian in me is there in my love of life, my passion for my work, the generosity and desire to share everything with others. The Canadian in me knows the sense of limits, the rules, and the measures. I love the freedom and democracy of this country. I am just as proud of my Italian heritage as I am of being Canadian.

How did you get to where you are today?

After high school, I attended the professional school for nurses. I worked hard and took care of many people in hospital and in their homes. For five years, I worked in contact with terminally ill patients, and my job was to lessen the pain of death. For a year, I assisted a 19-year-old girl with cancer. I was close to her parents, who, several years before, had already lost one child to the same disease. These experiences started to become psychologically troublesome, and at a certain point, the situation became almost unbearable. I no longer had the strength to directly assist these people. I was promoted to administrator, and I managed and taught these skills to 25 other nurses who worked directly with patients. From my childhood, I had always dreamed of becoming a nurse; once I did, I realized that what I was doing for the community was not enough, and that I could do so much more. After enrolling in the Faculty of Business Administration and then Economics, and getting a master's in organization development, I understood that my desire was to be an administrator for a health services institution. And in 1992, I arrived at the Regent Park Community Health Centre, and since then, I have been the executive director.

Nata a: St. Catharines, Ontario, Canada
Regione di origine: Abruzzo, Italia (padre) e Calabria, Italia (nonna materna)

Lei non ha un nome italiano. Che legami ha con l'Italia?
Mio padre è nato in Abruzzo nel 1909 e a soli due anni è arrivato in Canada. La mamma di mia madre, invece, ha origini calabresi, anche lei è emigrata qui quando era piccola. Io sono nata a St. Catharines e pur essendo canadese a tutti gli effetti, l'impronta delle mie origini italiane è ancora molto forte. I miei genitori erano davvero molto poveri. Hanno trascorso una vita difficile e segnata dalla discriminazione. Io sono sempre stata molto sensibile a questo argomento, perché i miei genitori hanno vissuto in prima persona un trattamento diverso rispetto agli altri cittadini canadesi. Per loro non è stato facile integrarsi in questa società a causa delle origini italiane. Per questo hanno deciso di dare a me e a mio fratello nomi inglesi e non italiani. Volevano in questo modo proteggerci, evitare che soffrissimo anche noi a causa del nostro legame con l'Italia. A differenza di molte persone che, pur essendo di seconda generazione come me, hanno lottato per salvaguardare le proprie origini, io non ho mai avuto un rapporto particolarmente stretto con l'Italia.
Comunque penso che l'Italia sia stupenda. Le persone, l'arte e lo stile, sono incredibili. Sono molto fiera delle mie origini italiane, anche se mi sono resa conto tardi di avere il privilegio di essere parte di entrambe le realtà. Tra i miei progetti futuri ho promesso a me stessa che viaggerò di più in Italia, per recuperare tutto il tempo perso. Di italiano in me c'è il piacere di vivere, la passione per il mio lavoro, la generosità e la volontà di dividere con gli altri ogni cosa. Di canadese ritrovo in me il senso del limite, delle regole e della misura. Amo la libertà e la democrazia di questo Paese. Così come sono fiera di avere origini italiane, lo sono altrettanto di essere canadese.

Quali sono state le tappe principali della sua carriera?
Dopo il liceo, ho frequentato la scuola professionale per infermieri. Ho lavorato duramente ed ho aiutato e curato molte persone sia in ospedale sia a domicilio. Per cinque anni ho lavorato a contatto con malati terminali e il mio compito era quello di rendere meno doloroso il momento della morte. Ho assistito per un anno una ragazza di 19 anni con un cancro e sono stata vicino ai genitori che diversi anni prima avevano già perso un altro figlio per lo stesso motivo. Queste esperienze tuttavia cominciavano ad essere psicologicamente pesanti, ed ad un certo punto la situazione si era resa quasi insostenibile. Non avevo più la forza di assistere direttamente queste persone. Sono stata promossa allora come amministratrice ed ho gestito ed insegnato il lavoro a venticinque infermiere che si occupavano direttamente dei malati. Fin dall'infanzia il mio "sogno nel cassetto" era stato quello di divenire infermiera; ma, una volta raggiunto questo obiettivo, ho realizzato che quello che stavo facendo per la comunità non era abbastanza e

Tell us about Regent Park Community Health Centre.

The Regent Park Community Health Centre, inaugurated in 1973, is a centre that provides health care and social assistance and services for the members of this low-income community. We believe in equity and equal opportunity. Our programs aim at offering services for physical and mental health, for support, for prevention, and for education. The children in our innovative Pathways to Education program, which includes tutoring, mentoring, advocacy, and financial support to access post-secondary education, will become the future doctors, nurses, social workers, assistants, and administrators who will one day work at the health centre.

With my work, I think I have contributed to the development of this country. I have searched and continue to work towards bringing the possibility of education to everyone to develop their potential and to safeguard their health. My objective is to break the cycle of poverty, and education is the only force that is able to change the course of things. I believe that before we think of ways to resolve problems of poverty, crime, and social disadvantages, it is necessary to intervene at the root. We must take action quickly, while there is still time.

We must teach the children of this community, who are for the most part children of immigrants, the importance of a good education, give them the ability to speak, stress the importance of a profound culture, and teach them to have solid personal opinions. Only through these things can children have a future to accomplish what they want and be able to help build a better society. I don't think it is possible to cancel out poverty, but I do think that with our programs and our help, it is possible to break the cycle of poverty and guarantee the same rights to all. Even though Canada is a country that ensures everyone the same rights and liberties, unfortunately, that is not enough, and there is always someone less fortunate who is unable to benefit from health and educational opportunities that others have access to. We must try to eradicate poverty, accompanied by ignorance, and avoid passing it on from generation to generation. A break in the cycle is necessary to intervene and better the situation. At the Regent Park Community Health Centre, we are now investing in courses, meetings, and programs so that in the future, these people can become active, responsible Canadian citizens.

Where did your passion for this work come from?

I thank God for giving me two parents who taught me to fight for social justice and to give my best in order to improve society. All that I am, and all that I do, I credit them for, including the values they passed on to me. I grew up in an environment where racist language, discrimination, and stereotyping were not allowed. I have always been interested in others. Above all, I have to thank my father, who has managed to pass on his social conscience. He taught me that nobody is better than anyone else, and moderation is the key to life. He has always defended public organizations and the State, which are the guarantors of social equality. When I was

che potevo fare ancora di più. Dopo essermi iscritta alla facoltà di Economia ed aver conseguito successivamente il Master in organization development ho capito che il mio desiderio era amministrare una struttura sanitaria. E così è stato. Nel 1992 sono arrivata al Regent Park Community Health Centre e da quell'anno sono sempre stata direttore esecutivo del centro.

Ci racconti del Regent Park Community Health Centre.

Il Regent Park Community Health Centre, inaugurato nel 1973, è un centro che fornisce assistenza sociale e servizi per coloro che hanno un basso reddito. Noi crediamo nell'uguaglianza e nelle pari opportunità. I nostri programmi sono mirati ad offrire servizi di aiuto fisico e mentale, di supporto sanitario, di prevenzione ed educazione. I bambini ai quali stiamo offrendo corsi scolastici e programmi di istruzione saranno i dottori, le infermiere, gli assistenti sociali e gli amministratori che un domani lavoreranno all'Health Centre.

Con il mio lavoro penso di aver contribuito allo sviluppo di questo paese. Ho cercato, e cerco tutt'ora, di offrire a tutti la possibilità di studiare, di sviluppare le proprie capacità e di salvaguardare la propria salute. Il mio obiettivo è quello di rompere il ciclo della povertà e l'educazione è l'unica forza in grado di cambiare il corso delle cose. Sono dell'idea che prima ancora di pensare a come risolvere i problemi della povertà, della criminalità e del disagio sociale, sia necessario intervenire alla radice.

Bisogna prendere provvedimenti subito, quando si è ancora in tempo, ed insegnare ai bambini, che sono per la maggior parte figli di immigrati, l'importanza di avere una buona istruzione, di saper parlare, di avere una profonda cultura e delle solide opinioni personali. Solo così questi bambini un domani potranno avere la possibilità di realizzare se stessi e di costruire una società migliore. Non credo che si possa cancellare la povertà, ma penso che, attraverso i nostri programmi e il nostro aiuto, si possa interrompere il ciclo della povertà e garantire ad ognuno gli stessi diritti. Anche se il Canada è un paese in cui tutti hanno gli stessi diritti e le stesse libertà, purtroppo non è abbastanza e c'è sempre qualcuno meno fortunato che non può usufruire dei servizi sanitari e scolastici come gli altri. Bisogna evitare che la povertà, accompagnata dall'ignoranza, si trasmetta di generazione in generazione. È necessario che venga "rotto il ciclo" e che si intervenga per migliorare la situazione. Al Regent Park Community Health Centre si investe ora, attraverso corsi, incontri e programmi, perché domani queste persone possano essere cittadini canadesi, attivi e responsabili.

Com'è nata la passione per questo lavoro?

Ringrazio Dio di aver avuto due genitori che mi hanno insegnato a lottare per la giustizia sociale e a dare il proprio contributo per migliorare la società. Tutto quello che sono e che faccio lo devo a loro e ai valori che mi hanno trasmesso. Sono cresciuta in un ambiente in cui le parole razzismo, discriminazione e classificazione non erano ammesse e mi sono sempre interessata agli

younger, my father explained the importance of paying taxes, because only through those taxes can the State organize programs in order to help people who don't have the means to survive. Starting with these principles, I decided to fight for those who were disadvantaged. I am convinced that everyone should grow up with this type of education.

What do you like about your job?
Everything. It's the type of work that gives me great satisfaction. Every program is a challenge. When we meet our objectives, I'm happy, and I feel that our work is important to society. I am proud of my accomplishments and this centre. I am also proud of all the admirable people who work with me and who, like me, have chosen to dedicate a large part of their lives to those in need.

Have you encountered difficulties and obstacles in your work because of your gender?
In order for a woman to be recognized, she has to work much harder than a man. Despite this, I never really encountered these types of obstacles throughout the course of my life. I don't want to say the typical things, but I still remember a meeting where I did not have the opportunity to express my ideas. We have to be able to assert ourselves, even though it may be difficult sometimes. I have always tried to meet concrete objectives, but I never felt that I was better than anyone else. The force that has always helped me move forward is my ambition, along with my abilities. I wanted to make a difference in order to change things so that other people's lives could improve.

What is your advice to other women who want to succeed professionally?
If you have a vision, a dream, you must do everything possible to realize it. You must be very focused on results if you want to reach concrete objectives. Do it in a way that overcomes the various obstacles and you will reach your goal. Also, try to do work that coincides with your values and that is constructive and significant to society. Money cannot be the only measure.

After everything you have achieved, what is left for you to accomplish?
I want to continue to work at the Regent Park Community Health Centre, in order to fight to meet new concrete objectives that will improve the lives of low-income people. There are still so many things I want to do, and I feel that disadvantaged people who have nothing have a need for me, for my programs, for my interest, and for my support. I am in love with this work. It fascinates me and stimulates me more every day.

Photography/*Fotografie*: Dave Gillespie

---

altri. Devo ringraziare soprattutto mio padre che è riuscito a trasmettermi la sua coscienza sociale. Mi ha insegnato che "nessuno è migliore di nessun altro" e che la moderazione è la chiave della vita. Ha sempre difeso le organizzazioni pubbliche e lo Stato, che sono garanti dell'uguaglianza sociale. Quando ero piccola, mio padre mi ha spiegato l'importanza di pagare le tasse, perché solo attraverso queste lo Stato può organizzare dei programmi in grado di sostenere ed aiutare le persone che non hanno la possibilità di sopravvivere. Partendo da questi principi ho deciso di lavorare lottando proprio per chi è disagiato. Sono convinta che tutti dovrebbero crescere con questo tipo di educazione.

Cosa le piace del suo lavoro?
Tutto. E' un lavoro che dà grandi soddisfazioni. Ogni programma è come una sfida. Quando raggiungiamo gli obiettivi, sono felice, sento che il nostro lavoro è importante per la società. Sono fiera di me stessa e di questo centro, oltre che delle persone ammirevoli che lavorano con me e che, come me, hanno scelto di dedicare gran parte della propria vita a chi ne ha bisogno.

Come donna ha incontrato difficoltà e ostacoli nel suo lavoro?
Una donna per essere riconosciuta deve lavorare molto più di un uomo, ma nonostante questo io non ha mai incontrato molti ostacoli durante il corso della mia vita. Non voglio fare i soliti discorsi, ma ricordo ancora che ad una riunione non riuscii ad esprimere il mio pensiero. Bisogna essere capaci di imporsi anche se a volte è difficile. Ho sempre cercato di raggiungere obiettivi concreti, ma senza mai considerarmi migliore di altri. La forza che mi ha sempre aiutato ad andare avanti è la mia ambizione, con le mie capacità volevo fare la differenza, per cambiare le cose.

Qual è il suo consiglio per altre donne che vogliono avere successo nel lavoro?
Se hai una visione, un sogno, allora fai tutto ciò che puoi per realizzarlo. Bisogna essere molto concentrati sui risultati, se si vogliono raggiungere degli obiettivi concreti. Fai in modo di superare i vari ostacoli e raggiungerai la tua meta. Cerca inoltre di fare un lavoro che sia costruttivo e significativo per la società, secondo i tuoi valori. I soldi non possono essere la sola misura.

Dopo tutto quello che ha ottenuto, c'è qualcos'altro che ancora vorrebbe fare?
Voglio continuare a lavorare al Regent Park Community Health Centre, a lottare per raggiungere nuovi obiettivi concreti che possano migliorare le condizioni della gente disagiata. Ci sono ancora tante cose che voglio realizzare e sento che le persone che sono in difficoltà hanno bisogno di me, dei miei programmi, del mio interesse, del mio sostegno. Sono sempre innamorata di questo lavoro, mi affascina e mi stimola ogni giorno di più.

NANCY ADAMO

N ancy Adamo's first job was as a teacher at a public school. In 1985, she founded Hockley Valley Resort. She is the president and owner of 300 beautiful acres of one of the most picturesque landscapes in southern Ontario. In 1995, she was the recipient of the Canadian Woman Entrepreneur Award, and in 2004, she was the first female recipient of the Business Excellence Award from the Canadian Italian Business and Professional Association. In 2005 she was ranked 22nd on The Profit W100 list of Canada's Top Women Entrepreneurs.

I l primo lavoro di Nancy Adamo è stato un incarico come professoressa in una scuola pubblica. Nel 1985 ha fondato la Hockley Valley Resort di cui è oggi presidente e proprietaria, una splendida tenuta di 300 acri, situata in uno dei più spettacolari paesaggi del sud dell'Ontario. Nel 1995 è stata la vincitrice del Canadian Woman Entrepreneur Award e nel 2004 è stata la prima donna vincitrice del CIBPA Business Excellence Award. Nel 2005, invece, ha raggiunto la ventiduesima posizione tra le Top Women Entrepreneurs nella classifica stilata da Profit W100.

"At one time, the greatest problem for women entering the business world was that they did not have a guide or mentor to follow for inspiration. **Today there are many female mentors** in almost all sectors of the workforce, and I like to think **I am one of them.**"

Birthplace: Vibo Valentia, Catanzaro, Italy
Region of Origin: Calabria, Italy

You were born in Calabria and came to Canada when you were five years old. Tell me about your origins.

My parents came to Canada with my youngest brother, who was six months old. My mother and father didn't know what it was going to be like here, and having such a large family, the rest of us remained in Italy with my grandparents. We were all reunited in Canada after a year and a half. In those days, it wasn't easy to be an Italian immigrant. Integration was a long way away, and my parents were forced to take on three and four jobs at once just to survive. One thing I have always admired greatly is the perseverance of Italians and their incredible loyalty to their work. My mother worked for the same company for 25 years. A testament to her dedication and perseverance, the owner of the company decided to put her in charge of the store after a few years of working there. In those days, that was an extraordinary accomplishment! My father has always worked just as hard in construction.

Did Canada fulfill your parents' expectations?

My parents came here mainly in order to give their children better opportunities. I think they succeeded. Looking back at myself and my siblings, I clearly see how many doors were opened because of our parents. Looking at all their hardships compared to mine, I feel I need to continuously improve myself in order to repay them for what they gave me.

Do you remember the day you arrived in Canada?

I only remember my arrival in Halifax, when I was five years old. My brother went off to buy bread, and he came back with white bread that was thinly sliced and toasted, saying, "Here, this is bread!" I thought, what was this strange-looking thing? I was used to crusty, well-cooked Italian bread. It's one of those memories I've never forgotten.

You managed to become a great entrepreneur while having four children. How did you do it?

I don't know how I managed to do it; I simply did it! My strong determination and tenacity to move ahead independently from all obstacles and difficulties certainly helped me. Above all, I looked at my mother as an example of a woman who truly overcame every challenge with dignity. She gave me the willpower to never give up and to make my dreams come true. I don't know how I managed the courage or the strength to overcome obstacles. Perhaps I followed in my parents' footsteps.

With such a busy work schedule, how do you find time for family?

Raising children and pursuing a career is one of the greatest challenges our generation of career women face. Nowadays, it is difficult to combine both personal and professional lives, because we

Nata a: Vibo Valentia, Catanzaro, Italia
Regione di origine: Calabria, Italia

Lei è nata in Calabria ed è arrivata in Canada all'età di cinque anni. Ci racconti un po' delle sue origini.
I miei genitori sono arrivati in Canada con il più giovane dei miei fratelli, che allora aveva sei mesi. Mia madre e mio padre non sapevano cosa li aspettava in Canada, con una famiglia così numerosa, e per questo motivo io e il resto dei miei fratelli siamo rimasti in Italia più a lungo con i nonni e ci siamo riuniti poi tutti insieme qui in Canada solo dopo un anno e mezzo.
A quel tempo non era affatto facile essere un immigrato italiano, l'integrazione era ancora molto lontana, ed i miei genitori, solo per sopravvivere, erano costretti a fare tre o quattro lavori differenti. Una della cose che ho sempre ammirato molto è la costanza, l'instancabilità degli italiani sul lavoro, così come la loro incredibile lealtà. Per non parlare poi della fedeltà che dimostrano nei confronti del proprio lavoro: mia madre, ad esempio, ha lavorato per venticinque anni per la stessa compagnia. Grazie alla sua costanza e dedizione, dopo un po' di anni di lavoro il proprietario ha deciso di affidarle la gestione del negozio, e per quei tempi era davvero una cosa eccezionale. Mio padre invece ha sempre lavorato, altrettanto duramente, nel settore dell'edilizia.

Il Canada ha soddisfatto le aspettative dei suoi genitori?
Mio padre e mia madre sono venuti qui proprio per poter dare migliori opportunità ai loro figli. Onestamente credo che ci siano riusciti perfettamente. Pensando a me e ai miei fratelli, vedo con chiarezza quante porte ci sono state aperte proprio grazie ai loro sforzi. Se guardo a tutte le difficoltà che hanno affrontato in confronto alle mie, sento di dovermi migliorare continuamente per poterli ricompensare.

Si ricorda il giorno del suo arrivo?
Mi ricordo solo il mio arrivo ad Halifax, quando avevo cinque anni. Mio fratello maggiore è andato a comprare del pane ed è ritornato con questo pane bianco, tostato e a fette, dicendoci: "Ecco, questo è pane!". Per me è stato uno shock. Cos'era quella strana cosa? Avevo presente il pane italiano croccante e ben cotto. E' una di quelle cose che non ho mai dimenticato.

Lei è riuscita a diventare una grande imprenditrice e contemporaneamente ha avuto quattro figli. Come ha fatto?
Non so come ci sia riuscita, semplicemente l'ho fatto! Quello che sicuramente mi ha aiutato è la mia forte determinazione e la mia tenacia ad andare avanti indipendentemente dagli ostacoli e dalle difficoltà che si presentano lungo il cammino. Inoltre ho preso come esempio mia madre, che ha davvero superato da sola e a testa alta ogni difficoltà, e questo mi ha dato la forza di non arrendermi mai, di lottare e di realizzare me stessa. Non so da chi abbia preso tutto questo coraggio o questa forza per superare gli

are involved in so many other things, from community commitments to volunteer work. Finding a balance is challenging, but the only way to succeed is to prioritize and focus your attention on what is most important to you. Otherwise it becomes impossible to manage your time and you risk losing yourself. My typical days have changed over the years. At the beginning of my career, I worked a lot: seven days a week and 14- to 16-hour days. It was like being in a tunnel with no light at the end of it. I knew that eventually I wouldn't have to continue at that pace. I have found people I can trust so that I can delegate part of my work.

Have you encountered any struggles in the business world because of your gender?

At the beginning of my career, I encountered some difficulties. Women were considered incapable, especially in the financial sphere. Every time I tried to borrow money to invest in Hockley Valley Resort, I had doors slammed in my face. I am certain that being a woman was only one of many reasons for banks not financing me. My lack of experience in management in the hotel and restaurant industry as well as the facility's multiple bankruptcies prior to my arrival were other factors that generated financial doubt in my project. Early on, some people looked at me with skepticism, but I succeeded in getting respect from others. My industry has always been male-dominated.

Women used to come home to take care of the children and manage the housework, and at that time, men didn't take time off from their careers to look after children. This added to the setbacks women experienced in their careers and forced them to compromise their success. Women are equal to men career-wise and are capable of reaching the top. They just need to work harder to balance all aspects of their worlds. Often this becomes their motivating force.

Do you feel that you are a good example for other women?

At one time, the greatest problem for women entering the business world was that they did not have a guide or mentor to follow for inspiration. Today there are many female mentors in almost all sectors of the workforce, and I like to think I am one of them. I hope I'm a good example not only for women, but for my children and other people around me.

Are there differences between first and second generation Italo-Canadian women?

Women of my generation have surely had admirable mothers as their driving force. My mother has always guided me and given me the strength to succeed and the will to stand out. In some ways, it is as if we, truly the daughters of our mothers, feel we owe the utmost to repay them for their sacrifices. I think this is something absolutely natural for us. They had many hardships and made sacrifices for us. First generation women were very strong, both physically and mentally. They managed to work in a

ostacoli, forse semplicemente ho seguito l'esempio dei miei genitori.

Con giornate lavorative intense, come riesce a trovare il tempo per la famiglia?

Avere figli e gestire la carriera è una delle sfide più grandi che la nostra generazione di donne-lavoratrici si trova a fronteggiare. Oggi è difficile conciliare vita professionale e personale perché siamo coinvolte in moltissime altre cose, dagli impegni per la comunità, a quelli di volontariato e di solidarietà. È molto difficile trovare un equilibrio, ma l'unico modo per andare avanti è avere una scala di priorità in modo da focalizzare l'attenzione su ciò che veramente desideriamo. Altrimenti risulta impossibile gestire il proprio tempo e si rischia di perdersi. Sicuramente le mie giornate "tipo" sono molto cambiate nel corso degli anni. All'inizio della mia carriera lavoravo moltissimo: sette giorni alla settimana dalle quattordici alle sedici ore al giorno. Era come stare in un tunnel al termine del quale non vedevo la luce. Sapevo che un giorno non avrei dovuto più lavorare di continuo. Oggi ho trovato delle persone di cui fidarmi e a cui poter delegare, almeno in parte, il mio lavoro.

Ha mai trovato difficoltà nell'ambiente lavorativo in quanto donna?

All'inizio della mia carriera ho trovato delle difficoltà. Nell'ambiente finanziario, specialmente, le donne erano considerate inaffidabili, e proprio per questo ogni volta che andavo in banca e chiedevo prestiti per investirli nella Hockley Valley Resort, mi veniva sbattuta la porta in faccia. Sono perfettamente consapevole che questa è solo una delle tante motivazioni per cui le banche non mi potevano finanziare. Non voglio certo dire che il problema fosse solo per il mio sesso: la mia carenza nel campo del management, la mia totale estraneità all'industria alberghiera e della ristorazione e i molteplici fallimenti in cui era caduta la società prima del mio arrivo, sono tutti fattori che generavano nei miei finanziatori diversi dubbi. All'inizio le persone mi guardavano con diffidenza, ma poi sono riuscita ad ottenere la stima e il rispetto degli altri. Il mondo in cui lavoro, dell'economia e della finanza, è da sempre dominato dagli uomini e questo perchè le donne devono tornare a casa, prendersi cura dei figli e sbrigare alle faccende di casa. Ma, oltre a ciò, gli uomini allora non devono interrompere la carriera per due o tre anni causa la maternità, mentre una donna, ovviamente, sì. Questo comporta un rallentamento nella carriera di una donna, e la costringe a scendere a maggiori compromessi sul lavoro rispetto ad un uomo. Se le donne fanno più fatica a ricoprire ruoli di alto livello, è questo il motivo principale, e non certamente perché hanno meno capacità degli uomini!

Si sente un buon esempio per le altre donne?

Un tempo il grande problema delle donne per entrare nel business era che non avevano persone-guida di riferimento, non avevano

factory all day and then came home only to continue to care for their children and homes. This is the most incredible feat of all: the steadfastness and the dedication that first generation women had in order to fill all maternal duties, regardless of how tired they were from working. In comparison, we second generation women have had the advantage of a much easier life.

In your mind, how has the Italo-Canadian community contributed to society?

I don't even know where to start. Italians have contributed greatly to Canada, and in particular, to Toronto. Nevertheless, Canadians only came to admire Italy once Italians were able to prove their capabilities and merits with their actions. Perhaps Canadians should have praised and integrated Italians earlier. The Italian community has clearly done a lot to improve Canadian society and can continue to do more.

Photography/*Fotografie*: Erin Riley

nessun modello da imitare, da seguire e da cui trarre ispirazione. Oggi invece esistono molte donne che sono emerse in quasi tutti i settori e a me piace pensare di essere una di loro. Spero di essere un buon esempio da seguire, non solo per le altre donne, ma anche per i miei figli e le persone che mi circondano.

Esistono delle differenze tra le donne italo-canadesi di prima e seconda generazione?

Le donne della mia generazione hanno sicuramente avuto alle spalle degli esempi di madri ammirevoli. L'esempio di mia madre è ciò che mi guida da sempre e che mi ha dato la forza di andare avanti e la volontà di emergere. In qualche modo è come se noi, figlie di quelle madri, ci sentissimo in dovere di dare il massimo per ripagare i loro sacrifici e penso che questo sia qualcosa di assolutamente naturale e spontaneo per tutte noi. Hanno accettato una sfida, hanno fatto molti sacrifici, e lo hanno fatto per noi figli. Le donne di prima generazione erano molto forti, sia fisicamente che psicologicamente, tanto da riuscire a lavorare in fabbrica tutta la giornata, tornare a casa e continuare a lavorare prendendosi cura dei loro bambini e dei mariti. Questa è la cosa più incredibile: la costanza e la dedizione che le donne italo-canadesi di prima generazione avevano nell'adempiere a tutti i loro doveri materni, nonostante tornassero a casa sfinite dal lavoro. A confronto, noi donne di seconda generazione abbiamo avuto senza dubbio dei vantaggi e una vita più facile.

Secondo lei, come ha contribuito alla società la comunità italo-canadese?

Non saprei neanche da dove iniziare. I contributi che gli italiani hanno dato alla società canadese, in particolare a Toronto, sono moltissimi. Ciò nonostante i canadesi hanno apprezzato l'Italia solo in un secondo momento, quando gli italiani sono stati in grado di dimostrare con i fatti le proprie qualità e capacità, mentre forse avrebbero dovuto ammirarli ed integrarli da subito. La comunità italiana ha sicuramente fatto molto per migliorare la società canadese e potrebbe fare ancora di più.

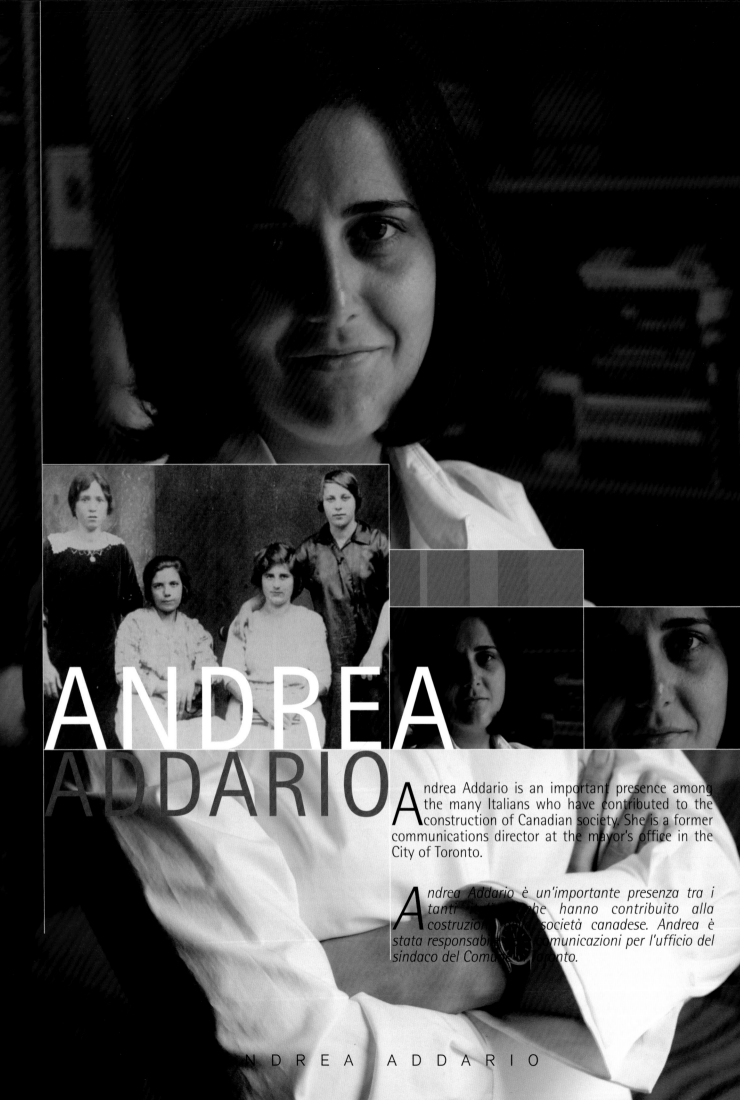

ANDREA
ADDARIO

A ndrea Addario is an important presence among the many Italians who have contributed to the construction of Canadian society. She is a former communications director at the mayor's office in the City of Toronto.

A ndrea Addario è un'importante presenza tra i tanti italiani che hanno contribuito alla costruzione della società canadese. Andrea è stata responsabile delle comunicazioni per l'ufficio del sindaco del Comune di Toronto.

Birthplace: Welland, Ontario, Canada
Region of Origin: Calabria, Italy

What is your background?

Both of my parents are of Calabrian origin. My mother was born in Toronto, but her parents emigrated from Italy in the twenties. My father's parents also emigrated to Canada in the twenties, when he was a small child. We are a large family. My paternal grandmother always lived with us, from before I was born until after I started university. She and I were very close and spent a lot of time alone together. When I was born, my parents had already raised five children born within eight years of each other. Then, when the youngest was nine, I arrived—the little one of the house. The difference in age with my siblings was significant, and in retrospect, it is clear that my parents were tired by that time.

What values have your parents passed on to you?

The importance of reading and writing. I love both—always have, since I was very young.

What do you remember about the first time you went to Italy?

As a child, I always wanted to visit Italy, but when I was old enough to do it myself, I changed my mind. I had many doubts and postponed the trip many times before actually going. I finally went. I remember that when I first arrived in Italy, I was surprised by how immediately at ease I felt. I can still picture my arrival; it was nighttime, and I was exhausted from the flight. I grabbed a taxi, and the taxi driver, who saw tiredness in my expression, asked me, "First time in Italy?" He offered me a Bacio Perugina chocolate, and I started to cry. I don't really know why, probably fatigue and probably the kindness of his gesture. I really felt at home, and people were so kind and generous to me.

My parents did not speak much about their country of origin. My grandmother did that more. She would tell me about the period in which she immigrated to Canada, and how difficult it was to adapt to a new country without knowing the language. She would also tell me about how she survived and helped other women who emigrated find the right contacts in order to integrate themselves into the Italian community in Canada. So I have some idea of what her experience might have been, but apart from her stories, I never knew about her relationship with Italy. I always thought that it would be interesting to know something more of my country of origin. I am certainly proud of my Italian heritage.

How did you get to where you are today, professionally?

I studied history at university. However, a university career did not interest me. I was more interested in communications, which is what I have been doing for more than 10 years now. Three years ago, I agreed to work on the electoral campaign of David Miller. He was not a front-runner at the time. It is certainly more interesting and fulfilling to work for a candidate who is not the favourite,

"Mi piace cercare di esprimere nel modo migliore le idee che le persone desiderano comunicare. E' davvero gratificante riuscire a concretizzare i loro pensieri. Penso che ognuno abbia una storia interessante da raccontare, se solo si riesce a coglierla".

because there is only one objective—to win! At the time, the city was in bad shape, and there was a need for strong leadership to turn that around.

I was happy to work on David Miller's campaign, because I felt he was the ideal person to turn the city around. I began working on the campaign in June of 2003, and in November we won the election. After the victory, I went to work for him at city hall, where I was responsible for his communications for a year and a half. In June of 2005, I stopped working at city hall.

What is your relationship with the Italian community?

I am happy to be part of it, and I am proud of all that the community has done to build the city of Toronto, and all that it continues to do through the chamber of commerce, for example, promoting cultural and commercial initiatives. All of this contributes to making Toronto an interesting and enterprising city. But the Italian community here should continue to grow, without being tied to an old model. We should encourage healthy debate within the Italian community, and with Canadian society in general, regarding politics, culture, and what it means to be an Italian-Canadian in 2006. I think it needs to be in constant evolution. The city and the community change, and sticking to the ways of 50 years ago is risking the death of the community.

What is your parents' relationship with the Italian-Canadian community like?

My mother was born in Canada, and my father immigrated when he was a child. Therefore, both of them have essentially grown up in Canadian society. My father had several cousins from Italy who never integrated. They didn't learn to speak English as well and stayed in working-class employment situations with other Italians. My parents often visited with these relatives and stayed pretty close to the Italian community in Welland.

Have you ever viewed your heritage as a problem?

No. I am proud of being an Italian-Canadian woman, and I think belonging to both cultures has been a blessing. I don't necessarily see myself as closely tied to the larger Italian community, though. We aren't a monolith—we don't have a single Italian brain that only thinks in one way and doesn't have any diversity within it. I really dislike that stereotype of the Italian community as single-minded, and I think it's unfortunate that the community sometimes feeds the stereotype.

Was your passion for communications born when you were young, or did it arrive later?

My passion was not explicitly for communications. I was very passionate about language—spoken and written words. I have always loved to read and listen to the radio. Thinking of my ideal type of work, I always wanted someone to pay me to read and write, and to communicate with others what I learned. Then, 10 years ago, it

torale di David Miller che, a quel tempo, non era il candidato favorito. È sicuramente più interessante e soddisfacente lavorare per un candidato che non è favorito in quanto c'è un unico obiettivo: vincere. In quel periodo la città di Toronto necessitava un rinnovamento e c'era perciò bisogno di un leader forte, che voltasse pagina.

Sono molto contenta di aver lavorato per la campagna del sindaco David Miller perchè sentivo che era la persona giusta per attuare il rinnovamento della città. Iniziai a lavorare alla campagna elettorale nel giugno 2003 e in novembre David Miller vinse le elezioni. Dopo la vittoria ho lavorato per lui per un anno e mezzo come responsabile delle pubbliche relazioni e nel giugno 2005 ho smesso di lavorare al Comune.

Qual è la sua relazione con la comunità italiana?

Sono felice di farne parte e sono orgogliosa di ciò che la comunità ha fatto in passato per la città di Toronto e continua tutt'ora a fare. Tutto questo contribuisce a fare di Toronto una città interessante e intraprendente. La comunità italo-canadese dovrebbe però continuare a crescere, senza rimanere ancorata a un modello superato. Bisognerebbe trovare più momenti di dibattito tra la comunità italiana e la società canadese per parlare di politica, di cultura, di cosa significhi essere un italo-canadese nel 2006. Penso che ci debba essere una continua evoluzione. La città cambia, fermarsi al modo di pensare di cinquant'anni fa rischia di uccidere una comunità.

Qual è il rapporto dei suoi genitori con la comunità italiana?

Mia mamma è nata in Canada e mio padre è emigrato qui quando era piccolo. Quindi entrambi hanno sempre fatto parte della società canadese. Mio padre aveva alcuni cugini in Canada, che invece non si sono mai integrati nella società canadese, non hanno mai imparato l'inglese ed hanno sempre lavorato in fabbriche con altri italiani. I miei genitori hanno frequentato spesso questi parenti e sono rimasti sempre legati alla comunità italiana residente a Welland.

Ha mai vissuto le sue origini come un problema?

No. Sono orgogliosa di essere una donna italo-canadese e penso che appartenere ad entrambe le culture sia stata una fortuna. Tuttavia, non mi sento strettamente legata alla comunità italiana in quanto non mi riconosco nella comune concezione della comunità italiana come un grande e unico cervello che pensa in un solo modo e all'interno del quale non sono ammesse diversità. Davvero non mi piace questo tipo di stereotipo e purtroppo penso che qualche volta la comunità si comporti in modo tale da nutrire questa idea.

ANDREA ADDARIO

simply happened. I have been lucky to have had excellent opportunities in this field.

I like looking for the best way to express the ideas that people want to communicate. It is very rewarding to help people express their thoughts. And I think that everyone has an interesting story to tell, if you can get to it. To excel in this field, you must be able to understand people, interpret their stories, and find the best way to communicate their experiences and their ideas.

Has being a woman created any obstacles for you?

It's a sexist world, and that is a fact. Naturally, things have gotten better compared to 20 or 30 years ago, when there was a major difference in the way men and women were treated. This difference has diminished somewhat, but men still continue to dominate positions of power, and we should not deny that.

How have you managed to balance work and your private life?

I never wanted to work in politics. I happened to be there only because I worked on the Miller campaign. When you enter that world, you must be ready to sacrifice your life and your personal time, as with other intense work situations. I worked like that for many years, which was made possible by the fact that I don't have children. But I wasn't prepared to keep those work hours forever. I remember when I used to always have time to have dinner with friends, to cook, to read, and to think. I had more balance between work and life, and I am trying to find that equilibrium again.

What do you define as success?

I don't know if I would have answered the same way 10 years ago, but now I would say that success is following your own principles, contributing to improve society, and finding satisfaction in work and in life. In professional terms, I feel like I have perhaps contributed something to Canadian society, but I have not finished contributing, I hope.

Photography/*Fotografie:* Dave Gillespie

La sua passione per la comunicazione è nata quando era giovane o è arrivata più tardi?

La mia passione non era esplicitamente per la comunicazione. Ero molto appassionata al linguaggio, alle parole scritte e parlate. Amavo leggere articoli e ascoltare la radio. Pensando al mio lavoro ideale, mi sarebbe piaciuto davvero trovare qualcuno che fosse stato disposto a pagarmi per leggere, scrivere e comunicare agli altri ciò che avevo appreso. Poi, dieci anni fa, semplicemente è successo: sono stata molto fortunata ad aver avuto straordinarie opportunità in questo campo. Mi piace cercare di esprimere nel modo migliore le idee che le persone desiderano comunicare e condividere con gli altri. È davvero gratificante riuscire a concretizzare i loro pensieri. Penso che ognuno abbia una storia interessante da raccontare, se solo si riesce a coglierla. Per eccellere in questo campo bisogna essere in grado di capire le persone, interpretare le loro storie e la loro visione del mondo e trovare la via migliore per comunicare la loro esperienza e le loro idee.

Essere donna le è mai stato di ostacolo?

È un mondo maschilista e questo è un dato di fatto. Naturalmente le cose sono migliorate rispetto a venti o trenta anni fa quando vi erano maggiori differenze di trattamento tra donne e uomini. Nonostante la differenza sia diminuita, tuttavia gli uomini continuano a dominare nelle posizioni di potere, non si può negare.

Come donna, come è riuscita a trovare il tempo per fare tutto?

Non ho mai desiderato lavorare in politica. Ci sono capitata solo perché ho organizzato la campagna di Miller e mi sono accorta che, se si entra in questo mondo, bisogna essere disposti a sacrificare la propria vita e il proprio tempo, esattamente come in altre situazioni di lavoro intenso. Per anni ho lavorato in questo modo e il fatto di non avere figli mi ha dato maggiori possibilità di dedicarmi al lavoro. Ma non ero disposta a mantenere gli stessi ritmi lavorativi per sempre. Ricordo che, prima di iniziare a lavorare con quei ritmi, avevo sempre il tempo per cenare con gli amici, per cucinare, per leggere e per pensare. Riuscivo a bilanciare il lavoro e la vita privata e adesso sto cercando di ritrovare quell'equilibrio.

Cos'è per lei il successo?

Non so se avrei risposto così dieci anni fa, ma ora per me il successo è vivere seguendo i propri principi, contribuire a migliorare la società e trovare soddisfazione nel proprio lavoro e nella propria vita. In termini professionali, credo di aver in qualche modo contribuito alla società canadese, ma spero di non aver ancora concluso.

LAURA
ALBANESE POLITI

With over 20 years of experience in television journalism, Laura Albanese Politi has covered the most significant events of our times, from terrorist attacks against New York and Washington to the Gulf War; from the funeral of Pope John Paul II, to the election of Pope Benedict XVI. Laura is the co-host of the *telegiornale* on OMNI News, and is associate producer of OMNI programs in the Italian language. Laura began her television career leading the television news *Telesera* and *Italianissimi*. Laura has also co-hosted the program *Incontri*—an important cultural meeting point between Italy and the community in Canada.

Con oltre 20 anni di esperienza nel giornalismo televisivo, Laura Albanese Politi ha seguito tutti i più significativi eventi dei nostri tempi. Dalle vicende degli attacchi terroristici contro New York e Washington alle guerre del golfo; dai funerali di Papa Giovanni Paolo Secondo all'elezione del nuovo Pontefice Benedetto XVI, Laura è co-conduttrice del *della sera* della OMNI News ed è Associata della programmazione OMNI in *liana. Laura ha avviato la sua attività televisendo il telegiornale Telesera e la rivista *anissimo. Quale giornalista, Laura è stata nduttrice del programma* Incontri, *andato* *anni, diventando un importante punto di incontro culturale, fra l'Italia e la comunità in Canada.*

Birthplace: Taranto, Puglia, Italy
Region of Origin: Puglia, Italy

Nata a: Taranto, Puglia, Italia
Regione di origine: Puglia, Italia

Do you consider yourself a second generation woman?

I have never considered myself "second generation." Despite the fact that my relationship with Canada goes back two generations before me, I still consider myself first generation, even though there are differences between me and my mother, who is also first generation. The most important difference is the reason for our immigration to this country. She came here at a young age to follow her parents in search of a promised land at a time when Italy did not offer many opportunities. Her experience was difficult and marked by many sacrifices. Present-day Toronto is completely different from when she first arrived. I, on the other hand, came here by choice and not because of economic reasons. My children are second generation Canadians with an Italian background, and I hope that they have grown up with ideas of Italy that go beyond Ferrari, Armani, and soccer games.

What did you inherit from your mother?

I think my mother's model of life is founded on constancy. She is a woman who has been able to experience and overcome various phases of her life with great determination. She has always rolled up her sleeves and achieved amazing results.

What is Italian in you, and what is Canadian?

Usually I say that Italy and Canada cannot be compared, because they are very different from one another. I have been formed by Italian cultural values, while my openness towards others is due to Canada's cultural influence. In a sense, one can say that Italian culture is based on "collective" values, while Canada tends to place more value on the individual. However, both countries have positive and negative aspects. Italy, and therefore Italians, tends to welcome others and make them feel at ease; this attitude sometimes can be perceived as binding and suffocating. In Canada, on the other hand, it is possible to feel more alone; however, this promotes individual growth and allows one to choose more freely. I believe I have both of these attitudes and mindsets within me, and I feel I have culled the best from both cultures.

How did your passion for television come about?

Until 1976, only state radio existed in Italy, but from that point onwards, independent radio stations began to emerge. And so, mostly for fun, I began working for a local radio station. There, people told me that I could succeed in this field, thanks to my natural talents and my voice, which is perfect for broadcasting. So what originally began as a hobby later transformed into a career. I became passionate about it, and it brought me great satisfaction. When I moved back to Canada, I continued doing the same work. I was lucky, because I arrived in Toronto at a time when they were looking for people who could speak Italian well and who were

Si considera una donna di seconda generazione?

Non mi sono mai sentita di "seconda generazione". Nonostante il mio rapporto con il Canada risalga a due generazioni prima della mia, mi reputo ancora di "prima generazione". Però esistono molte differenze con mia madre, anch'essa di "prima generazione". La differenza più importante è la motivazione per cui entrambe siamo emigrate in Canada: lei è venuta qui da ragazza, per seguire i suoi genitori, in un periodo in cui l'Italia non offriva molte opportunità, alla ricerca di una "terra promessa". La sua è stata una esperienza difficile, segnata da sacrifici e la Toronto di allora era completamente diversa dalla città che ho trovato io. Invece io sono emigrata per scelta e non per ragioni economiche. I veri canadesi di origine italiana, "di seconda generazione" sono i miei figli e spero che siano cresciuti con un'idea dell'Italia che non è solo Ferrari, Armani e partite di calcio.

Cosa ha ereditato da sua madre?

Penso che il modello di vita di mia madre sia fondato sulla costanza. E' una donna che è riuscita a superare le diverse fasi della sua vita sempre con grande determinazione. Si è sempre rimboccata le maniche ed ha ottenuto ottimi risultati.

Cosa c'e' in lei di italiano e cosa di canadese?

Di solito dico che l'Italia e il Canada non si possono paragonare perché sono paesi troppo diversi. In me ci sono i valori culturali e tradizionali italiani, mentre l'apertura verso gli altri è canadese. La cultura italiana si basa più su valori "collettivi", mentre quella canadese tende a valorizzare l'individuo. Ma entrambi i Paesi hanno aspetti positivi e aspetti negativi. L'Italia e gli italiani tendono ad abbracciarti, ad accoglierti, ad aiutarti, ma a volte questa attidudine puo' anche soffocarti e incatenarti; in Canada, invece, puoi sentirti più solo, ma questo favorisce la crescita individuale e spinge a fare le proprie scelte con maggiore libertà. Io penso di avere ambedue questi atteggiamenti e credo di aver carpito il meglio da entrambe le culture.

Come è nata la sua passione per la televisione?

Fino al 1976 in Italia esisteva solo la radio di stato, ma da quel momento in poi iniziarono a diffondersi le radio indipendenti. Cosi, quasi per gioco, ho iniziato a lavorare per una emittente locale. Mi dissero che avevo le doti per fare carriera in questo campo perché la mia voce al microfono era perfetta. Quindi questa professione, nata come hobby, si trasformò presto in un lavoro serio che iniziò ad appassionarmi ed a darmi grandi soddisfazioni. Quando mi sono trasferita in Canada ho continuato con lo stesso lavoro. Sono stata fortunata perché sono arrivata a Toronto quando stavano cercando persone che conoscessero bene l'italiano e che avessero esperienza nel settore radiofonico. Poi mi hanno offerto

"All'interno della comunità italo-canadese cerco di essere un ponte che collega due mondi. Attraverso il mio lavoro, porto nelle case di tutti le notizie e le problematiche della società in cui viviamo".

familiar with broadcasting. After a short stint on radio, I was offered a job on the small screen, and began my adventure at OMNI TV as an anchor and journalist. I always thought that I would have a career in the diplomatic field; instead, I found myself being an anchor on television. Passion for my work grew and was added to an already profound curiosity for new places, experiences, and interesting personalities. But my curiosity is not an end in itself–everything I discover I want to communicate to others. And this is the purpose my work affords me. Who can bring to light stories, people, and places better than a journalist?

When I interview someone, I enter into their life, even if only for a few minutes. I learn and share their experiences; I am enriched by their stories and try to convey them to others. I feel I am a messenger who functions as a link between stories, facts, and people.

Did you encounter any obstacles?

Who hasn't encountered obstacles in life? I have had a few, but I am very determined, and I have never surrendered. Notwithstanding my ambition, I never focused all my efforts on career and success—I have always been more interested in my family. I concentrated on doing well in my job without ulterior motives. Now that my children are older, I can focus on myself perhaps a little more and follow new interests. Earlier, with a young family, it was difficult to maintain the unusual and committed schedule that goes with being an anchor. Doing a live telecast not only requires a lot of concentration and energy, but a lot of work beforehand, including writing the news items and being involved in choosing the stories. Maybe the viewers don't realize that being an evening news anchor meant that I was never home for dinner. During the most hectic years, it was a great sacrifice for me not to be home for supper, the time when everyone sits together around the table and can talk about their day. It's important.

I was lucky to always have the support of my husband, whose work as an artist allows him to have very flexible hours, and also that of my mother, who chose to live with us. So whenever I could not be with my children, they were with either my husband or my mother, and that made me feel more at ease.

Do your children intend to follow in your footsteps?

Certainly my children are influenced by the choices my husband and I have made, but they have other interests. If they want to do this work, I would of course offer my support, advice, and tricks of the trade, but they show no signs of interest so far. I will of course support them in whatever field of endeavour they choose to engage in.

Has being Italian ever been a liability?

On a personal level, the answer is no. I like to think that being Italian is a privilege. I have always been fortunate in the sense that I've never had problems in terms of employment or being accepted

di lavorare per il piccolo schermo. Sono stata assunta ed ho iniziato la mia avventura ad OMNI TV come conduttrice e come giornalista. I miei studi erano indirizzati ad una possibile carriera diplomatica, invece mi sono ritrovata presto a condurre programmi televisivi. La mia non è stata una scelta programmata e neanche il classico sogno nel cassetto. Ho scoperto di avere queste doti, ed è diventata una professione. Poi si è aggiunta la passione, la curiosità di conoscere nuovi posti, volti diversi, personalità interessanti. Ma la mia non è una curiosità fine a se stessa, tutto ciò che scopro lo voglio comunicare agli altri. Questo è il senso del mio lavoro, chi meglio di una giornalista è in grado di far conoscere storie, persone, luoghi...

Con le interviste entro nella vita di una persona, anche se per pochi minuti, scopro e condivido le sue esperienze, mi arricchisco con la sua storia, poi la racconto ad altri. Mi sento un "messaggero" che fa da tramite tra storie, fatti, persone.

Nel suo lavoro ha mai incontrato degli ostacoli?

Chi non ha mai trovato ostacoli nella vita? Io ne ho trovati, ma sono una persona molto determinata e non mi sono mai arresa. Diciamo poi che, pur essendo ambiziosa, non ho mai puntato tutto sulla carriera, sul successo; mi sono sempre interessata molto alla mia famiglia. Mi sono concentrata per fare bene il mio lavoro, senza un secondo fine. Ora, che i miei figli sono più grandi, posso dedicarmi di più a me stessa, e seguire nuovi interessi. Prima è stato molto difficile conciliare con la famiglia, gli orari insoliti e impegnativi legati a questo tipo di lavoro. Presentare un telegiornale non solo richiede molta concentrazione ed energia, dato che si va in onda dal vivo tutti i giorni, ma richiede anche molto lavoro prima della diretta, la scrittura dei testi e la scelta delle notizie. I telespettatori forse non si rendono conto che essendo conduttrice del telegiornale della sera non torno mai a casa per cena. Negli anni di maggior lavoro, per me questo era un grosso sacrificio, perché il momento della cena, quando ci si ritrova tutti insieme intorno a un tavolo alla fine della giornata, è importante.

Sono stata fortunata perché ho sempre avuto il sostegno e l'aiuto di mio marito, che come artista aveva orari molto flessibili e di mia madre, che si è trasferita a vivere con noi. Insomma, quando non c'ero io con i figli, c'erano mio marito o mia madre e questo mi dava tranquillità.

I suoi figli hanno intenzione di seguire la sua strada?

Sicuramente sono stati influenzati sia da me che da mio marito, ma hanno altri interessi. Se fossero stati intenzionati a fare il mio lavoro, sicuramente avrei dato loro il mio appoggio, consigli e segreti del mestiere. In ogni caso intendo dar loro tutto il mio sostegno nel campo che hanno scelto di seguire.

Essere italiana le ha mai creato dei problemi?

A livello personale, la risposta è no, anzi vivo il fatto di essere italiana come un privilegio. Sono sempre stata fortunata, nel senso

LAURA
ALBANESE POLITI

socially. I have not had negative experiences of any kind and have always found that most people are interested in learning about my background and understanding my Italian culture. I have never renounced my origins. It is clear that historically, there have been problems with discrimination, and many Italian immigrants who were considered different from the mainstream distanced themselves from their origins to better integrate into the Canadian reality. This distrust caused a great deal of suffering among the Italian immigrants, but those are situations that I have not experienced directly and can only speak about in the third person. Today Italians are very well accepted and are, in fact, praised for the successes that they have achieved in all fields.

If you could do it all again, would you like to live in Italy?
Italy remains my homeland; Canada is my present home. I don't regret my decisions. I live happily in Canada; I have my life, a family, and my job, and I don't feel like I'm in exile. I moved to Canada by choice and not because I was forced to. I never considered returning to my homeland for good, even though I want to have constant contact with Italy; I have friends, family, and places there that I hold dear. I would like to have the opportunity and the pleasure to spend some time in both places, as I have done for the better part of my life.

Does being a woman make everything harder?
The difficulties of being a woman exist everywhere. We live in a world that is still dominated by a male mentality. I have not personally suffered discrimination, even though I am fully aware that the phenomenon still exists. Luckily, in the organization I work for, one's abilities are paramount, and my career has flourished.

What is the greatest contribution that you have given to the Italo-Canadian community?
Within the Italian-Canadian community, I try to act as a bridge connecting these two worlds. Using my job as a tool, I bring news about society and the problems that affect everyone's lives to their homes. I hope I'm able to offer people much-needed moments of reflection, which can function as catalysts for improving the living conditions of everyone. I do not know if I am succeeding in my intention all the time. I demand a lot of myself, but I don't feel like a "star," and I do not want to be placed on a pedestal. I am a woman whose life is very much like other women's—a woman who is trying to give the best of her, be it professionally or privately.

I feel there are still many things I would like to accomplish. There are still a lot of things that I am curious about, and I hope I will be able to do them all. My ambition was not to climb to the top of the ladder. It just simply was not my goal in life. I am more interested in feeling accomplished within myself and in doing the best that I can, every day, in every way.

Photography/*Fotografie*: Dave Gillespie

che non ho mai avuto problemi a livello lavorativo o di accettazione sociale. Non ho vissuto esperienze negative di rilievo ed ho sempre trovato persone curiose di conoscere le mie origini e la cultura italiana. Non ho mai rinnegato le mie origini. È chiaro però che storicamente, ci sono stati dei problemi di discriminazione, e molti emigrati italiani, che sono stati trattati come "diversi", hanno preso le distanze dalle proprie origini per integrarsi più facilmente nella realtà canadese. Un tempo questa diffidenza ha fatto soffrire molti italiani, ma sono situazioni che non ho vissuto direttamente e ne posso parlare solo per sentito dire. Oggi, invece, gli italiani sono ben accetti e addirittura "venerati" per i successi che hanno raggiunto in tutti i campi.

Se potesse tornare indietro le piacerebbe vivere in Italia?
L'Italia rimane la mia terra, il Canada la mia casa attuale, ma non rimpiango le mie decisioni. In Canada sto bene, ho la mia vita, la mia famiglia e il mio lavoro e poi non mi sento affatto un'esiliata. Se mi sono trasferita definitivamente in Canada l'ho fatto per scelta e non perché qualcuno mi ha obbligato. Non ho mai pensato di tornare a vivere definitivamente nel mio Paese d'origine, anche se mi piace avere un continuo contatto con l'Italia, là restano amici, parenti e luoghi a me molto cari. Mi piacerebbe avere la possibilità di trascorrere del tempo in entrambi i Paesi, come del resto ho fatto per gran parte della mia vita.

Essere donna rende tutto più difficile?
Le difficoltà per una donna esistono ovunque. Viviamo in un mondo ancora dominato dalla mentalità maschile. Non ho personalmente subito discriminazioni, anche se sono pienamente a conoscenza del fatto che il fenomeno esiste ancora. Nell'azienda per la quale lavoro, per fortuna, si guarda essenzialmente alle capacità e i miei progressi di carriera sono per merito.

Qual è il contributo più grande che ha dato alla comunità italo-canadese?
All'interno del comunità italo-canadese cerco di essere un ponte che collega due mondi. Attraverso il mio lavoro, porto nelle case di tutti le notizie e le problematiche della società in cui viviamo. Spero di riuscire ad offrire momenti di riflessione, utili per migliorare le condizioni di vita di tutti. Non so se riesco sempre nel mio intento fino in fondo. Esigo il massimo da me stessa, ma non mi sento una star e non voglio essere messa su un piedistallo. Sono una donna, la cui vita è simile a quella di tante altre. Una donna che cerca di dare il meglio di sé nella vita professionale e in quella privata.
Sento di avere ancora tanto da realizzare. Ci sono molte cose che mi incuriosiscono e che spero di riuscire a fare. Non ho mai avuto l'ambizione di arrivare in cima, non è stato questo lo scopo della mia vita. Mi interessa di più stare bene con me stessa, cercando di fare al meglio quello che posso fare, giorno per giorno.

"I'd had **enough** of the feeling that the only thing I could do was to adapt, which is a typical Italian attitude. But I knew there were other opportunities out there for me. I also knew **I could return to Toronto** and be in a place **where sexual discrimination isn't tolerated.**"

ANGELA
BALDASSARRE

Angela Baldassarre started out as a punk rock critic in Canada in the seventies. She was recently the managing editor of *Tandem*, a weekly insert in the *Corriere Canadese*, where she still writes about her passions: music, cinema, and theatre. She is a member of the International Federation of International Film Critics and has sat on film festival juries in Cannes, Venice, Toronto, Amsterdam, Moscow, and Chicago. She is vice-president and secretary of the Toronto Film Critics Association. She has written *Reel Canadians: Interviews from the Canadian Film World* (Guernica Editions, 2003) and *The Great Dictators: Interviews with Filmmakers of Italian Descent* (Guernica Editions, 1998).

Angela ha iniziato la sua carriera scrivendo recensioni musicali sul punk rock in Canada negli anni '70. Dividendo le sue passioni tra musica, cinema, teatro e scrittura, è stata Managing Editor di Tandem, l'inserto settimanale del Corriere Canadese. Come membro della International Federation of International Film Critics ha collaborato con le giurie del Festival di Cannes, Venezia, Toronto, Amsterdam, Mosca e Chicago. È la vice presidente e segretaria della Toronto Film Critics Association. Ha pubblicato Reel Canadians: Interviews from the Canadian Film World (Guernica Editions 2003) e The Great Dictators: Interviews with Filmmakers of Italian Descent (Guernica Editions 1998).

Birthplace: Toronto, Ontario, Canada
Region of Origin: Campania, Italy

Tell me about your background.
Both my parents are from the Avellino region. My father is from Montefalcione, and my mother is from Pratola Serra. They came here in the fifties, and I was born here. When I was 11, we went back to Avellino, where I lived for eight years. I came back to Toronto to attend university.

How did you get your start in music journalism?
I specialized in punk rock, and at the time, there were no other women writing about it. I had no rivals, and I loved that. I was in a band too. The editor of the only Canadian alternative music newspaper read my articles, found my number, and offered me a job. I was the first journalist in North America to interview U2 in 1980, the day after John Lennon was murdered. I've been everywhere and interviewed everyone. I was the most famous punk rock expert in Canada.

Have you always wanted to be a writer?
No. I graduated with a degree in criminology. I wanted to be part of the secret service and become a private investigator. Instead, I started writing and gladly worked as a waitress and bartender to pay my rent. In those days, no one earned enough just writing about music.

Why aren't you still involved with music?
Writing about music was only one aspect of my life. As I grew older, I changed. I didn't feel like expending the energy required to stay on top of the music scene, so I saved some money and went to Italy for a couple of years. I got a job at Canale 5 [Italy's first private television network], then I came back to Canada.

Why did you decide to come back?
There were more opportunities for me here in Canada. I have an Italian high school diploma, and I speak Italian fluently. I studied at the Scuola Magistrale. But in Italy, both the opportunities to find work and to forge a career are fewer. There is a lot of bureaucracy and many constraints. I was lucky enough to have had reference letters from my Canadian employers when I arrived in Italy, plus I had a lot of experience covering music. I met a lot of people, had good contacts, and I spoke the language, so I was able to find a job there; otherwise, it would not have been so simple.

In the eighties, women were not as respected in the workforce as they are today. The atmosphere was one of diffidence and resentment. I'd had enough of the feeling that the only thing I could do was to adapt, which is a typical Italian attitude. But I knew there were other opportunities out there for me. I also knew I could return to Toronto and be in a place where sexual discrimination isn't tolerated. That is how I found new opportunities professionally.

Nata a: Toronto, Ontario, Canada
Regione di origine: Campania, Italia

Ci parli delle sue origini.
Entrambi i miei genitori sono originari della provincia di Avellino, mio padre è di Montefalcione e mia madre di Pratola Serra. Si sono trasferiti in Canada negli anni Cinquanta ed io sono nata qui. Quando avevo undici anni, siamo tornati ad Avellino, dove ho vissuto per otto anni e poi sono tornata di nuovo a Toronto per frequentare l'università.

Come ha iniziato la sua attività di giornalista specializzata nel campo musicale?
Ero specializzata nel punk rock e a quell'epoca non c'era nessuna donna che scrivesse al riguardo, quindi non avevo nessuna concorrenza e questo mi piaceva molto. Sono anche entrata in un gruppo. L'editore dell'unico giornale canadese di musica alternativa lesse un mio articolo, trovò il mio numero e mi propose un lavoro.
Sono stata la prima giornalista in Nord America ad intervistare gli U2 nel 1980, il giorno dopo l'omicidio di John Lennon. Sono stata ovunque ed ho intervistato chiunque, ero la più famosa esperta di punk rock in Canada.

Scrivere è ciò che desiderava fare da sempre?
No. Studiavo criminologia ed ho ottenuto la laurea perché volevo far parte dei servizi segreti e diventare investigatrice privata. Invece ho cominciato a scrivere e ho lavorato come cameriera e barista, con piacere, per pagarmi l'affitto. Infatti allora nessuno riusciva a guadagnare abbastanza scrivendo di musica.

Per quale ragione non si occupa piu' di musica?
Scrivere di musica fa parte di una fase della vita, con l'età si vuole cambiare. L'energia necessaria per comprendere i cambiamenti nel mondo musicale era diminuita ed ero pronta per un cambiamento. Ho risparmiato dei soldi e me ne sono andata in Italia per un paio di anni, ho lavorato per Canale 5 e sono tornata qui.

Perchè ha deciso di ritornare?
Ci sono più opportunità e possibilità qui in Canada. Soprattutto per me, che ho il diploma di scuola superiore ottenuto in Italia e parlo bene l'italiano. Ho studiato alla scuola magistrale. In Italia non ci sono molte opportunità di lavoro ed è difficile far carriera, c'è molta burocrazia e molti vincoli. Ho avuto la fortuna, una volta in Italia, di poter presentare lettere di referenza dei miei datori di lavoro canadesi, ero molto preparata in campo musicale. Ho incontrato molta gente, avevo i contatti giusti e conoscevo la lingua così ho trovato un lavoro in Italia, altrimenti non sarebbe stato cosi semplice.
Negli anni '80 le donne non godevano di un grande apprezzamento professionale, anzi c'era un clima di diffidenza e risentimento.

I came back to Canada, and I was quickly hired by a new weekly publication, *Metropolis*. The section on music was already covered, so I worked on the theatre section. The owner of *Metropolis* was starting up a new magazine on cinema called *Showtimes*. This is how I began writing about film. From then on, I freelanced for many publications. By then I had established a reputation. I found theatre time-consuming, and I was happy to leave it. I had written many film reviews, participated as a judge at many film festivals, and my book on Italian cinema was about to be released. I also founded the Toronto Film Critics Association.

How were your passions for film, music, and theatre born?
I have always had a passion for music. Theatre required a great effort, but I've always loved cinema—every part of it. I believe that you have to love every genre of cinema. I watch about seven or eight films a week, and I never get tired.

What role has being Italian played in your love for the arts?
La Ciociara was the first film I found magnificent, a powerful and distinct film. I was also struck by Bertolucci's films, particularly his film *1900*. It's my favourite film. I don't know if being Italian had an influence on my interest in art, but when you live in Italy, art is everywhere; you study it, you know it, and it is a part of your life. My mother, for example, was a regular worker but was passionate about lyrical opera and would discuss it vividly, like a music critic.

What qualities have you inherited from your mother?
My mother was the youngest in a family of merchants. She was beautiful, as beautiful as Sophia Loren, and I think she looks like her a bit. She has close friends with whom she goes out every night. We are both independent and very confident. We've learned to survive. I had to take responsibility for my two brothers, and when I arrived in Canada, I was met with racism.

What ties do you have with the Italian community?
I am involved in several ways: I have my work at the *Corriere*, my bond with my Italian group of friends, and my husband is Italian. He came from Italy to be with me and has become a part of a group of men with similar views known as L'Altra Italia. They are not first generation immigrants. They are Italian. Every month, we organize a preview of a new Italian film. This association enriches our culture in Canadian society. We try to transmit our values and our culture to our children so that they don't forget their Italian heritage.

Photography/*Fotografie*: Dave Gillespie

Ne avevo abbastanza di sentire che mi sarei dovuta adattare, che non c'era nulla da fare. E' un atteggiamento tipicamente italiano. Ma io sapevo di avere delle possibilità. E sapevo che sarei potuta tornare qui a Toronto, dove la discriminazione sessuale non viene tollerata ed è contro la legge. Così ho potuto trovare nuove occasioni professionali.

Sono tornata in Canada senza un lavoro ma sono stata assunta subito da un nuovo settimanale, Metropolis*. Il settore della musica era già coperto così mi sono occupata di teatro. Il proprietario di* Metropolis *stava per fondare una rivista sul cinema chiamata* Showtime*, così ho iniziato ad occuparmi di cinema. Da quel momento ho iniziato a lavorare per molte testate come freelance, perché mi ero già fatta un nome. Il teatro era troppo impegnativo ed ho preferito abbandonarlo. Ho scritto recensioni ovunque, ho partecipato alle giurie di alcuni festival del cinema, ed ho scritto un libro sul cinema italiano. Ho creato poi il* Toronto Film Critics Association*.*

Come sono nate queste sue passioni per i film, la musica e il teatro?
Ho sempre avuto una passione per la musica. Il teatro invece mi ha richiesto un grande sforzo, e ho sempre amato il cinema. Sono innamorata del cinema, di tutto il cinema. Credo si debba amare ogni genere cinematografico. Guardo sette-otto film alla settimana e non mi stanco mai.

Che ruolo ha giocato il fatto di essere italiana in questo suo amore per le arti?
Il primo film che ho trovato magnifico è stato La Ciociara*, un film così forte e particolare. Sono rimasta colpita anche dai film di Bertolucci, e* 1900 *è il mio film preferito. Non so quanto il fatto di essere italiana abbia influito, ma quando vivi in Italia l'arte è ovunque, si studia, si conosce, è parte della tua vita. Mia madre per esempio, che era una normale lavoratrice, era appassionata di opere liriche e ne discuteva vivacemente, come un critico musicale.*

Che qualità ha ereditato da sua madre?
Mia madre era la più giovane di una famiglia di commercianti. Era bellissima, la bellezza di Sofia Loren, e penso che le assomiglio un po'. Lei è molto legata ai suoi amici ed esce ogni sera. Siamo entrambi indipendenti e sicure. Abbiamo imparato a sopravvivere. Io ho dovuto prendermi cura di due fratelli e affrontare le discriminazioni legate al fatto di essere italiana, una volta giunta in Canada.

Qual è il suo legame con la comunità italiana?
Mi sento coinvolta per diverse ragioni. Innanzitutto perché lavoro al Corriere, poi perché frequento un mio gruppo di amici italiani e inoltre mio marito è italiano. È venuto qui in Canada per stare con me, e si è inserito in un gruppo di uomini con lo stesso vissuto, chiamato "L'altra Italia". Non sono emigrati di prima generazione,

ANGELA
BALDASSARRE

sono italiani. Abbiamo una programmazione cinematografica, e una volta al mese infatti organizziamo la proiezione di un nuovo film italiano. Questa associazione arricchisce la cultura della società canadese. Cerchiamo di trasmettere i nostri valori e la nostra cultura ai nostri figli, perché non si dimentichino delle loro origini italiane.

"Ne avevo abbastanza di sentire che mi sarei dovuta adattare, che non c'era nulla da fare. È un atteggiamento tipicamente italiano. Ma io sapevo di avere delle possibilità. *E sapevo che sarei potuta tornare qui a Toronto, dove la discriminazione sessuale non viene tollerata ed è contro la legge*".

From the time she was a toddler, Patricia Bertozzi was raised in the entrepreneurial spirit of the family business. She graduated with a degree in engineering, but with the death of her father was called to the helm of A. Bertozzi Importing Inc. She concentrated her efforts on design and packaging for this successful food importing company.

Italiana di origine, Patricia Bertozzi nasce a Montréal e sin da bambina cresce nel clima imprenditoriale dell'attività di famiglia. Si laurea in Ingegneria, ma alla morte del padre, prende le redini dell'azienda A. Bertozzi Importing Inc., una ditta che importa generi alimentari, dedicandosi al design e all'estetica del packaging dei prodotti.

PATRICIA BERTOZZI

"The fact that I am Italian has given me a great passion for what I do, especially in regard to my work. The Italian sense of love for one's family, food, and togetherness are closely related. For me these are all-encompassing."

Birthplace: Montreal, Quebec, Canada
Region of Origin: Emilia Romagna, Italy (father)

Why did your parents immigrate to Canada?
My father's dream was financial success, and his move to Canada meant the opportunity to do business and to make a good living. My mother, on the other hand, came from a city fated by history. After World War II, the city of Fiume became the property of Yugoslavia. There were too many restrictions and roadblocks for my mother's free spirit there. Initially, she went to Austria, but then she immigrated to Canada, a move my mother defines as "an incredible experience."

What were their expectations of Canada, and what was the reality?
I think that when my parents immigrated, Canada was seen as a sort of landing place, a "new world" of greater educational and employment opportunities—opportunities Italy could not offer. Back then, as it is today, Canada was also culturally ready to receive new immigrants.

What values did your parents pass on to you?
My mother was always interested in my education. She taught me to be independent. I studied hard and graduated in engineering from the University of Toronto. I believe I also acquired her free spirit, which is an essential quality in a male-dominated field like engineering.

Do you consider yourself to be a Canadian woman of Italian origin or an Italian living in Canada?
I love Italy, but I don't think I could ever live there. I would miss Canada's great open spaces, which is what I love the most in this country. However, I am very attached to the culture that my parents have passed on. I am passionate about Italian food, fashion, beauty, and in particular, interior design. In addition, it is very hot in Italy in the summer. My sister went there eight years ago to work with an architectural interior design firm and couldn't tolerate the higher temperatures. I'm not sure if Italy has all the comforts we enjoy here in Canada, but I think that travel in Italy is a beautiful experience.

Are you proud of your Italian roots?
Of course I'm proud of them. I love to follow Italian fashion—from shoes to clothing to coats—and I love that people know me for my "Made in Italy" wardrobe.

What are the advantages of living in Canada?
Canada is a very beautiful country, one that offers many educational and business opportunities. Our multiculturalism policy makes for a very open-minded society, which is missing in Italy.
     I believe that it is important to learn about other cultures. I have two children, and the multi-ethnic and multicultural

Nata a: Montréal, Quebec, Canada
Regione d'origine: Emilia Romagna, Italia (padre)

Perché i suoi genitori hanno deciso di emigrare in Canada?
Il sogno di mio padre era realizzarsi economicamente, e pensò di trasferirsi là dove ci fossero buone possibilità per fare business e guadagnare bene. Mia madre invece proveniva da una città segnata dalla storia: come sappiamo, la città di Fiume dopo la seconda Guerra Mondiale passò alla Jugoslavia. Per il suo spirito libero c'erano troppi vincoli e imposizioni, così in un primo momento si diresse verso l'Austria per poi emigrare in Canada cosa che mia madre definisce come "Un' esperienza incredibile".

Cosa si aspettavano dal Canada e che realtà vi hanno trovato?
Penso che il Canada, al tempo in cui vi sono emigrati i miei genitori, venisse visto da molti italiani come un punto di approdo, come "il nuovo mondo" dove c'erano maggiori possibilità di istruzione e di lavoro, possibilità che l'Italia non poteva offrire. Il Canada inoltre era ed è tuttora un paese aperto culturalmente ad accogliere i nuovi immigranti.

Che cosa le hanno insegnato i suoi genitori? Quali valori le hanno trasmesso?
Mia madre si è sempre preoccupata della mia buona istruzione ed educazione. Mi ha insegnato ad essere indipendente. Così ho studiato e mi sono laureata in Ingegneria all'Università di Toronto. Da mia madre inoltre credo di aver acquisito uno "spirito libero", ed è essenziale possederlo in un campo come l'ingegneria, dominato dagli uomini.

Si considera una donna canadese di origine italiana o un'italiana che vive in Canada?
Amo l'Italia, ma non credo che mai potrei viverci. Mi mancherebbero i grandi spazi all'aria aperta che offre il Canada, l'aspetto a cui sono legata di più di questa terra. Amo tantissimo però la cultura che i miei genitori mi hanno trasmesso. Ho una grande passione per il cibo italiano, per la moda, per l'estetica e in particolare per l'interior design. In Italia inoltre è molto caldo durante il periodo estivo: mia sorella vi si è recata la scorsa estate per studiare architettura, ma non è riuscita assolutamente a tollerarne il clima, con temperature più alte che in Canada. Non sono sicura poi che l'Italia sia dotata di tutti i comfort che invece sono presenti qui in Canada. Penso tuttavia che andare in Italia in vacanza rimanga una bellissima esperienza.

È orgogliosa di avere origini italiane?
Certo che ne sono orgogliosa, amo seguire la moda italiana, dalle scarpe, ai vestiti, ai cappotti e mi piace che la gente mi riconosca per il mio abbigliamento "Made in Italy".

milieu that surrounds them at school allows them to meet people from different countries, and that interaction enriches their life experiences. They grow as they interact with diverse cultures, lifestyles, traditions, and customs.

What is your current connection to Italy?

Italy is the centre of my business, as all my suppliers are in Italy. I travel there often throughout the year. My contact with Italy, therefore, is strictly tied to my business.

What do you need to be successful in your business?

Like all entrepreneurs in my field, we must, above all, have a vision of a product's potential while striving always to satisfy consumers' tastes, and at the same time, predicting the marketplace's wants by introducing new products. In our sector, it is also very important to have creative ideas in package design. We focus considerably on colour, for instance, and it is essential to create packaging that is easily recognized by our consumers. Nonetheless, the main thing is to decide which sector one chooses as a business. Finally, experience, which we have gained over the past 20 years, plays a key role.

Have you had any difficulties in your career because you are a woman?

To be honest, at times being a woman can be an advantage in the business world. I have never had any great difficulties in business because I am a woman, not even when I attended university. It is important to be decisive and confident, especially in the business world.

You have two children. How do you balance your personal and professional lives?

It is not an easy thing to balance one's work and personal life. We try to be superwomen: working, taking care of the home, taking care of the family. Each and every day, I need to be on 100 percent to be able to meet both my professional and personal obligations, and at times it gets to the point where I stop taking care of myself. It is essential to take a break, distance yourself from your work environment, and be with family or simply reconnect with yourself. Especially after the Christmas season, our busiest work period, we close shop for a few weeks in order to recharge.

What role does Italy play in Canadian society?

I love the fact that Italian culture, my background, has enriched my persona. Canada does not boast ancient origins or a culture whose roots are embedded in thousands of years of history. For this reason, we should be proud that, through this "imported" Italian culture, Canadians can discover the Italian culture without necessarily travelling to Italy.

Quali sono i vantaggi del Canada?
Il Canada è un paese bellissimo, che offre molte possibilità di istruzione e molte opportunità di business. Il multiculturalismo che caratterizza il Canada si traduce a livello individuale in apertura mentale e questo manca all'Italia.
Credo che sia importante conoscere le altre culture. Ho due bambini e l'ambiente multietnico e multiculturale che li circonda, ad esempio a scuola, permette loro di incontrare ragazzi provenienti da differenti paesi e avere momenti di confronto che risultano una fonte di arricchimento. Crescono confrontando differenti culture, stili di vita, usi e costumi.

Che rapporto ha oggi con l'Italia?
Dal punto di vista del business, l'Italia costituisce il cuore della mia attività dal momento che per il mio settore mantengo i contatti con i fornitori italiani. Nell'arco dell'anno viaggio spesso in Italia per lavoro. I miei contatti con l'Italia dunque sono prettamente legati al mio business.

Cosa bisogna fare per avere successo in un settore come il suo?
Come tutti gli imprenditori nel mio settore, dobbiamo cercare innanzitutto di avere una visione delle potenzialità dei prodotti: cercare sempre di assecondare i gusti del consumatore, ma riuscire ad anticipare i tempi del mercato e introdurvi se possibile le novità. È importante nel nostro settore avere anche idee creative nel design del packaging. Ci soffermiamo molto ad esempio sul colore, ed è essenziale creare dei packaging che siano riconoscibili immediatamente dai nostri consumatori. Tuttavia l'obiettivo principale è capire in quale settore del mercato si vuole intraprendere la propria attività. L'esperienza infine, da noi ormai acquisita da oltre vent'anni, gioca un ruolo chiave.

Ha mai incontrato difficoltà nella sua carriera in quanto donna?
Sinceramente a volte essere donna può costituire un vantaggio nel mondo del lavoro: non ho mai incontrato grosse difficoltà nel business in quanto donna, nemmeno nel passato quando frequentavo l'università. Anche se devo precisare che ciò dipende molto dalla personalità che si esprime: l'importante è non essere timide e dimostrarsi decise, soprattutto nel campo del business.

Lei ha due figli. Come riesce a conciliare la vita personale con quella professionale?
Riuscire a mettere insieme vita lavorativa e vita privata non è sempre cosa facile. Dobbiamo cercare di essere delle "super donne": lavorare, tornare a casa, occuparsi della famiglia. In ogni momento e ogni giorno devo essere presente al cento per cento per affrontare sia la mia vita professionale che quella personale, e a volte arrivo al punto in cui non mi prendo più cura di me stessa. È essenziale fare delle pause, staccare dall'ambito lavorativo per stare un po' con la famiglia o semplicemente ritrovare sé stesse. In particolare dopo il periodo natalizio, il più intenso dal

How have you contributed to Canadian society? And what do you owe to your Italian heritage?
Before my success as a woman in business, I was successful in industry. I was able to achieve my goals, and I hope my children will follow in my footsteps. What I love most about Italian culture is being together around the dinner table, enjoying delicious food. This is what I do with my family. I hope to pass this tradition on to my children.

Does the fact that you are Italian make you feel different from other women?
The fact that I am Italian has given me a great passion for what I do, especially in regard to my work. The Italian sense of love for one's family, food, and togetherness are closely related. For me these are all-encompassing. I love my work, and I sell only those products that I personally consider to be high quality. I have also inherited a strong sense of aesthetics, and this is why I take great pride in developing product packaging.

What has been your greatest success?
My children and having succeeded in passing on to them all of the Italian values I treasure.

Photography/*Fotografie*: Dave Gillespie

punto di vista lavorativo, chiudiamo la nostra azienda per qualche settimana in modo da riuscire a rigenerarci.

Secondo lei che ruolo ha l'Italia all'interno della società canadese?
Amo l'idea di come la cultura italiana, il mio background, possa aver arricchito la mia persona. Il Canada non vanta origini antiche o una cultura che ha radici in una storia di millenni, per questo dovremmo essere orgogliosi del fatto che, attraverso la cultura italiana "importata", i canadesi possano scoprire la cultura italiana, senza per forza viaggiare in Italia.

Qual è il suo contributo alla società canadese? E cosa deve alle sue origini italiane?
Penso di essermi realizzata come donna nell'ambito lavorativo, ho avuto successo nell'attività industriale, sono riuscita ad arrivare dove volevo e spero che in futuro i miei figli seguano la mia strada.
Ciò che mi piace della cultura italiana è lo stare insieme a tavola, degustando ottimi cibi. È quello che faccio con la mia famiglia. Spero di passare questa tradizione ai miei figli.

Il fatto di essere italiana la fa sentire speciale rispetto alle altre donne?
Il fatto di essere italiana mi porta ad avere una forte passione per quello che faccio, soprattutto per il mio lavoro. La cultura tipicamente italiana dell'amore verso la propria famiglia, il cibo e lo stare insieme sono strettamente correlate. Per me sono un tutt'uno. Io amo il mio lavoro, vendo solo prodotti che io personalmente considero di qualità; ho anche ereditato un forte senso dell'estetica e per questo mi prendo cura del packaging dei prodotti che vendiamo.

Quale è stato fino ad ora il suo piu grande successo?
I miei figli e il fatto di essere riuscita a trasmettere loro tutti i miei valori tipicamente italiani.

"As women, we may **experience challenges** along the way, especially if we want both a career and family. But **if you believe** in what you are doing, and **if you work hard** and give it your best, then the conditions are right to achieve your goals."

ROSANNA

CAIRA

In 1960, Rosanna Caira, along with her mother and three older sisters, followed her father, who had immigrated eight years earlier in search of employment opportunities in Canada. As part of an immigrant family, Rosanna watched her parents work hard to achieve success in their adopted land. Today, as editor and publisher of *Foodservice and Hospitality*, a monthly magazine circulated to 25,000 foodservice operators, and *Hotelier*, circulated to 9,000 hotel owners and operators, Rosanna's own work ethic is constantly being put to the test.

Nel 1960 Rosanna Caira ha seguito, con la madre e le tre sorelle maggiori, il padre emigrato in Canada otto anni prima in cerca di opportunità lavorative. Crescendo in una famiglia di immigrati, Rosanna fin da piccola ha avuto modo di osservare il duro lavoro necessario per ottenere successo in un paese straniero. Oggi, in qualità di editore e direttore del mensile *Foodservice and Hospitality*, mensile distribuito in più di 25.000 operatori del settore alimentare, nonché del bimestrale *Hotelier*, distribuito a 9.000 proprietari alberghieri e operatori del settore, l'etica del lavoro di Rosanna é costantemente messa alla prova.

Birthplace: Cosenza, Calabria, Italy
Region of Origin: Calabria, Italy

What was life like for your parents when they immigrated to Canada?

At that time in Calabria, jobs were scarce, and with four children to raise, my parents decided to immigrate. The motivation for their move was no different than that of other immigrants: the objective was to find better employment opportunities and a higher standard of living. Like other immigrants, we encountered various linguistic and integration challenges. When we first arrived, we lived with my uncle and his family, and we stayed there until we were able to buy our own home. I will always be grateful to my parents, because I never felt deprived of anything, and I am highly aware of the numerous sacrifices they made for my sisters and me. For all of us, the most important thing was their unconditional love.

What values have your parents passed on to you?

My parents have always worked hard, with dedication and sacrifice. Despite their hard work and their long hours, I never heard them complain, and they always did their best. I've inherited a strong sense of commitment and passion for what I do from them. They also passed on to me a very strong sense of family, loyalty, and mutual respect, teaching me the importance of helping others.

What is your connection to Italy today?

I love travelling to Italy and feel very much at home there. I often wonder what it would be like to live there. My parents still own a home in Calabria, and at times I think that someday in the future I might like to spend my summers there. In terms of the language, I do speak Italian; it's a way of keeping alive the culture and traditions of my native country, and when it comes to food, I absolutely love eating and cooking Italian food.

How has the Italian community contributed to Canadian society?

The Italian community has contributed immensely to Canada. It's difficult to pinpoint just one area, because the community has left its mark in many areas. Surely our work ethic and the importance of family are two values that have helped build and improve our cities and helped make Canadian society more dynamic. We can't forget that many Italians came here with little money in their pockets, and in a short time, they have become very successful in many areas, whether it is real estate, construction, or the restaurant industry. Similarly, Italians have become good examples for their families and the community at large. They have never been ashamed to work hard, and because of their steadfastness and determination, have been able to achieve phenomenal results. Today, thanks to those who immigrated here after the Second World War, not only does Canada benefit from the fruits of the Italian culture, it is also a much richer and culturally diverse society.

Nata a: Cosenza, Calabria, Italia
Regione di origine: Calabria, Italia

Come hanno vissuto i suoi genitori il periodo dell'immigrazione?

In Calabria la situazione occupazionale in quegli anni era disastrosa e con quattro figlie a carico i miei genitori hanno preso l'unica decisone possibile: emigrare. Non penso che il motivo del trasferimento sia stato diverso da quello di tutti gli altri immigrati: l'obiettivo era trovare migliori opportunità di lavoro ed un più alto tenore di vita. Ovviamente all'inizio, come tutti gli immigrati, abbiamo incontrato diverse difficoltà per via della lingua e della scarsa integrazione. Appena arrivati vivevamo con mio zio e la sua famiglia e siamo rimasti lì fino a quando non siamo stati in grado di comprare una casa di nostra proprietà. Sarò sempre grata ai miei genitori perché non mi hanno fatto mai mancare niente e sono perfettamente consapevole dei numerosi sacrifici fatti per me e le mie sorelle. Per tutti noi la cosa più importante l'amore incondizionato.

Quali valori le hanno trasmesso i suoi genitori?

Come ho già detto, i miei genitori hanno sempre lavorato duramente, con dedizione e spirito di sacrificio: mai una volta li ho sentiti lamentarsi per le lunghe ore di lavoro. Credo, quindi, di aver ereditato da entrambi l'impegno e la passione per quello che faccio. Inoltre mi hanno trasmesso il forte senso della famiglia, la lealtà e il rispetto reciproco insegnandomi l'importanza dell'aiutarsi a vicenda.

Qual è il suo rapporto oggi con l'Italia?

Amo andare in Italia e mi sento praticamente a casa. Spesso penso a come potrei vivere in Italia. I miei genitori hanno ancora una casa in Calabria e a volte penso che a un certo punto nel futuro potrei recarmi in estate. Per quanto riguarda la lingua, parlo l'italiano: credo che sia un modo per mantenere vivo il patrimonio culturale e tradizionale della mia terra d'origine e, toccando l'argomento cibo, amo mangiare e cucinare cibo italiano.

Qual è, a suo parere, il contributo più importante che la comunità italiana ha dato alla società canadese?

La comunità italiana ha dato un immenso contributo al Canada, anche se è difficile scegliere un'area in particolare, perché sono tanti i campi in cui gli italiani hanno lasciato la loro impronta. Sicuramente l'etica del lavoro e l'importanza della famiglia sono due valori che hanno aiutato a costruire e migliorare le nostre città ed hanno reso la società canadese più dinamica, evoluta e aperta. Non bisogna inoltre dimenticare che molti italiani sono emigrati qui privi di denaro e sono comunque arrivati ad ottimi risultati facendo ogni tipo di lavoro. Gli italiani sono diventati degli esempi per le loro famiglie e per la comunità intera. Non si sono mai vergognati di lavorare tanto e grazie alla loro serietà ed alla loro determinazione hanno raggiunto grandiosi risultati. Oggi,

R O S A N N A   C A I R A

How have you contributed to Canadian society?

That's a tough question! On a personal level, as a mother, I think my most important contribution has been giving birth to my daughter, who represents the future of this country. She is part of a generation that embodies the best of Italy and Canada, one that can continue to keep the relationship between these two realities alive.

On a professional level, as the editor of two business magazines, I'd like to think that our magazines have helped improve the state of the restaurant/hotel industry, to make it more professional and prosperous so that it can better respond to customer demands.

What does success mean to you?

To be successful you have to be happy with who you are and what you do. I consider myself very fortunate–I have a wonderful family, and I also have a very satisfying and rewarding career. Money and material things are by-products of success, but they have never dictated my choices. If I had to give other women advice, I would tell them to follow their hearts and to choose jobs that they truly love. As women, we may experience challenges along the way, especially if we want both a career and family. But if you believe in what you are doing, and if you work hard and give it your best, then the conditions are right to achieve your goals.

How did you achieve success?

I've always loved to write, and I knew from a young age that that was what I wanted to do. But when I graduated from university, I had little practical experience. One day, while reading the newspaper, I noticed an ad for a receptionist in a publishing company. Even though it wasn't what I wanted to do, I decided it was the best way to learn about the publishing industry, from the ground up. I quickly learned as much as possible about the company and the industry and let the editor know I was eager to write and to take on more responsibilities. He was great and started assigning me a lot of short stories and small research projects. A year later, when the assistant editor left, the editor asked if I would be interested in the position, and of course I took it without hesitation. Three years later, I became editor, and a few years ago, I also assumed the role of publisher.

I always wanted to write, but I never thought of becoming an editor or a publisher. My career clearly evolved because of the opportunity that was presented to me. People always ask me if I wanted to work in the foodservice/hospitality field, but my interest in the restaurant and hotel business clearly grew from my association with the magazines.

What do you like the most about your job?

I love the variety. One minute I can be interviewing someone in the restaurant/hotel industry or writing my editorial, and the next

grazie alle persone emigrate qui dopo la Seconda Guerra Mondiale, il Canada non solo può godere i frutti della cultura italiana, ma soprattutto di una società più ricca e culturalmente aperta.

E lei in che modo ha contribuito nella società canadese?

Questa è una domanda difficile! A livello personale, come madre, penso che il contributo più importante sia stato quello di mettere al mondo mia figlia che rappresenta il futuro di questa società. Lei, insieme a tutti i suoi coetanei, è la nuova generazione e sono fiera del fatto che lei, come me, incarni il meglio dell'Italia e del Canada e possa continuare a mantenere vivo il rapporto tra queste due realtà.

A livello professionale, invece, mi piace pensare, come editore di due riviste commerciali, di aver avuto un impatto positivo e di aver dato un contributo costruttivo nel settore alberghiero ed in quello della ristorazione canadese. In questo senso spero di aver aiutato a migliorare le condizioni dei nostri ristoranti e dei nostri hotel per rispondere meglio alle esigenze della clientela.

Cos'è per lei il successo?

Per me il successo si raggiunge quando si è felici per quello che si è e per ciò che si è fatto. Io mi considero molto fortunata: ho una famiglia che mi ama ed ho una carriera che mi gratifica. I soldi e le cose materiali sono una conseguenza del successo e non hanno mai influenzato le mie scelte. Se dovessi dare un consiglio alle altre donne, vorrei soltanto dire di seguire il proprio cuore e di fare qualsiasi cosa con passione. Una donna andrà sempre incontro a tempi duri e se vuole conciliare carriera e famiglia dovrà fare molti sacrifici durante il suo cammino. Ma se si crede veramente in quello che si fa, se si lavora duramente e se si da il meglio di sè, allora ci sono le condizioni per raggiungere il successo desiderato.

Ma come ha raggiunto il successo di cui parla?

Mi è sempre piaciuto scrivere e fin da piccola ero convinta che quella sarebbe stata la mia strada. Subito dopo la laurea, ho visto l'annuncio per un lavoro come telefonista in una casa editrice. È così che ho iniziato a lavorare alla redazione del giornale Foodservice & Hospitality ed anche se il mio sogno era quello di scrivere, vista la mia scarsa esperienza in questo campo, ho deciso comunque di accettare il lavoro e di entrare a far parte di questa realtà. In poco tempo ho cercato di imparare tutto sul settore editoriale e ho cominciato fin da subito a far capire ai miei superiori la mia determinazione a scrivere e ad assumermi più responsabilità. Prima ho scritto piccole storie e ricerche che mi venivano commissionate dal responsabile in carica in quegli anni. Un anno dopo, l'editore del giornale mi ha proposto di ricoprire il ruolo di vice redattore che proprio in quel momento si era liberato. Senza esitare, ho accettato subito quel posto che da sempre avevo desiderato. Da allora, nel giro di tre anni, sono stata promossa editrice del giornale e dopo pochi ho assunto il ruolo di direttore.

minute I'm involved in budget meetings or meeting with our print-ers. There's no greater feeling than seeing all parts of the business come together successfully. There's always something new going on, and that's what keeps me passionate about my work—the abil-ity to improve, to become better at what I do, and to make an impact day after day. In addition, through my work, I have met so many wonderful and interesting people with whom I have devel-oped long-standing relationships.

Is there an article of yours that you are particularly proud of?
A few years ago, I wrote a story on the evolution of Canadian cui-sine. In doing the research and writing the article, it became clear that over the past 20 years, Canadian cuisine has grown more sophisticated and has become more important for Canadians. Whereas in the past, our chefs were European-born and sourced many of their products from outside of Canada, in the late 1980s, this began to change and a new breed of born-in-Canada chefs emerged who slowly laid the foundation for a more regional Canadian cuisine. I like to think that in some measure, our maga-zine and our focus on Canadian chefs and products helped to fuel this change.

Have you experienced difficulties in your job due to your gender?
In the beginning, as a young woman in a male-dominated indus-try, it was a little challenging, especially at trade shows and pro-motional events for the restaurant industry. I think it was hard for many men to see past the fact that I was a woman, especially because when I first started in the industry, I was young and there hadn't been many women editors before me. But once they got to know me and realized I was serious about my work, it was no longer an issue.

Are your relationships with your male colleagues different from the ones you have with female colleagues?
I like to believe I treat everyone equally. I try to be flexible with employees who have young families, because experience has taught me that it is very challenging to balance work and family life. For example, sometimes an employee, male or female, may need to leave work early to pick up their children or attend a parent-teacher meeting, or on occasion they may need to work at home because they have a sick child. These days, it's important for employers to be more flexible.

How do you balance your career and family?
As any woman will tell you, it's a constant challenge. I have to attend many work-related events and conferences, the majority of which take place in the evening or on weekends, which cuts into my personal time with family. But it's part of the job, and so we work around it. For example, if I have a lot of work to do, I choose to bring it home, rather than staying late at the office, so I'm able to have dinner with my family and spend time with them before

Ho sempre desiderato scrivere, ma mai avrei immaginato di rico-prire in così breve tempo il ruolo di editore e direttore di un period-ico. La mia carriera si é evoluta grazie a una grande opportunità che mi si è presentata e che ho preso al volo. Spesso la gente mi chiede se era un mio desiderio lavorare nel settore alberghiero e della ristorazione, ma devo ammettere che l'interesse in tali campi è qualcosa che è nato quando ho iniziato a lavorare per questo giornale.

Cosa le piace di più del suo lavoro?
Amo la varietà del mio lavoro. Mi capita di essere ad intervistare qualcuno in un ristorante/hotel oppure di essere in procinto di scrivere una storia e un minuto dopo di essere coinvolta in riu-nione in cui si parla di economia e budget. Non esiste miglior sod-disfazione che vedere tutti i pezzi coinvolti nel successo del pro-prio lavoro combaciare perfettamente. Tutto è sempre nuovo e quello che più mi appassiona è il fatto di potermi arricchire e migliorare giorno dopo giorno. Inoltre, grazie al mio lavoro, ho avuto l'occasione di incontrare e sviluppare relazioni durature con molte persone valide che operano nei settori alberghiero e della ristorazione.

C'è un articolo di cui è particolarmente orgogliosa?
Qualche anno fa ho scritto un articolo sull'evoluzione della cuci-na canadese. Durante le mie ricerche ho capito che in questi ulti-mi vent'anni la cucina canadese si é evoluta molto, diventando sempre più importante per i canadesi. Nonostante la forte pre-dominanza nel passato dei cuochi europei, i quali spesso si rifor-nivano di prodotti al di fuori del Canada, verso la fine degli anni Ottanta gli chef canadesi hanno cominciato a prendere il sopravvento, fondando lentamente le basi della cucina canadese regionale. A tal proposito, mi piace pensare che il nostro giornale abbia contribuito a cambiare e ad alimentare questo processo.

Ha incontrato difficoltà nell'ambito professionale in quanto donna?
All'inizio della mia carriera non è stato facile per una giovane donna come me inserirsi in un settore dominato fino ad allora da uomini: é stata una sfida continua, soprattutto presso gli eventi fieristici e promozionali nel settore della ristorazione. Credo sia stato difficile per molti uomini accettare la mia presenza, non solo in quanto donna, ma anche perchè ero giovane e non c'erano molti editori donna nel settore della ristorazione. Solo dopo aver-mi conosciuta le persone sono passate oltre il mio essere donna ed hanno iniziato a considerare le mie capacità.

Il rapporto che ha con i colleghi di sesso maschile è differente rispetto a quello che ha con le colleghe di sesso femminile?
Cerco di trattare tutte le persone allo stesso modo. Cerco comunque di essere flessibile soprattutto con le persone che hanno famiglie giovani, in quanto conosco bene quanto sia diffi-

ROSANNA
CAIRA

heading to the computer to catch up. Similarly, sometimes when I have to travel on business, my husband and daughter are able to join me so we can have quality time together after the work portion of my trip is over. I'm lucky, because I have a very supportive husband who is always willing to help in any way possible, and that gives me peace of mind. There will always be challenging moments in your life, but if you want to strike a balance between a professional career and a private life, you sometimes need to make sacrifices. If you really believe in what you do, work hard, give it everything you have, you will be successful.

Photography/*Fotografie*: Dave Gillespie

cile riuscire a tenere insieme lavoro e famiglia. Per esempio, può capitare che un dipendente, uomo o donna che sia, abbia bisogno di uscire prima dal lavoro per andare a prendere i figli o per qualsiasi altra ragione di famiglia: in tali situazioni mi metto nei loro panni e cerco di essere più flessibile e più tollerante, più disponibile.

Come riesce a bilanciare la sua carriera con la vita familiare?
Come per ogni donna, é una continua sfida bilanciare tutti questi ruoli. Spesso mi capita di partecipare per lavoro a molteplici eventi e conferenze, la maggior parte dei quali si svolgono la sera o durante il weekend, gli unici momenti che potrei dedicare totalmente alla mia famiglia. Ma ciò fa parte del lavoro, e cerco di fare del mio meglio. Per esempio, se la mole di lavoro mi richiede di lavorare anche durante la sera, sono solita scegliere di tornare a casa invece di far tardi in ufficio, riuscendo così a cenare con la mia famiglia e a passare un pò di tempo con loro prima di rimettermi al computer e continuare il mio lavoro. Lo stesso avviene quando a volte devo viaggiare per lavoro: mio marito e mia figlia spesso si uniscono in modo tale che riusciamo a passare un po' di tempo insieme quando la mia giornata lavorativa si è conclusa. Comunque, devo ammettere di essere veramente fortunata perché posso contare sul supporto di mio marito che mi ha sempre aiutato e sostenuto. Ci saranno sempre dei momenti non semplici durante la propria vita, ma se si desidera trovare un equilibrio tra la vita professionale e quella privata bisognerà fare alcuni sacrifici. Se davvero credi in quello che fai, lavora duramente, dai tutto quello che hai, e avrai successo.

"Una donna andrà sempre incontro a tempi duri e se vuole conciliare carriera e famiglia dovrà fare molti sacrifici durante il suo cammino. Ma se si crede veramente in quello che si fa, se **si lavora duramente e se si da il meglio di sè**, allora ci sono le condizioni per raggiungere il successo desiderato".

BEATA

Beata Caranci, who holds an honours degree in economics from the University of Toronto and a master's in economics from Wilfrid Laurier University, works as a senior economist at TD Bank. She is chiefly responsible for the macro and regional outlook for the American economy, and she also continues to research Canadian economic issues. Beata Caranci contributes to a wide variety of publications at TD Bank and provides frequent commentary to the media that incorporates her eight years of financial market and economic experience.

CARANCI

Beata Caranci, con una laurea con lode in Economia alla University of Toronto e un Master in Economia alla Wilfrid Laurier University, lavora come senior economist alla TD Bank. Si occupa delle tendenze e degli andamenti macro economici sul mercato americano e continua inoltre ad occuparsi di ricerca su tematiche legate all'economia canadese. Beata Caranci contribuisce alle pubblicazioni della TD Bank e interviene sovente nei mezzi d'informazione sfruttando i suoi otto anni di esperienza sul tema delle analisi finanziarie e delle proiezioni economiche.

BEATA CARANCI

"I believe that Italo-Canadian women, like Italian women, have to maintain a strength that distinguishes them from other women. Italian women, in fact, are the backbone of the family. I believe that they bring this strength with them to work as well, in any type of job."

Birthplace: Toronto, Ontario, Canada
Region of Origin: Molise, Italy (father) and Lazio, Italy (mother)

What have your parents told you about their immigration experience?

My parents arrived in Canada in the fifties, when they were still adolescents. They left Italy at different times and on different ships. At that time, they didn't know each other. They arrived at Halifax's Pier 21, and my father's first memory of Canada was five-foot snow banks and the bitter cold. Instead, I was born here, but did visit Pier 21 a few years ago with my husband. We were able to look up both their ships, and it was important for me to have a tangible encounter with something in their stories of their arrival in Canada. Despite the years spent in Toronto, they still maintain a slight Italian accent. There are some words that I pronounce exactly like they do, and I don't even realize I do it. The influence of family on me has been very strong, and not only in the turns of phrase I sometimes use.

Did they have difficulties integrating into Canadian society?

They had the typical difficulties of all immigrants who don't speak English. And of course the Italian culture is different in many ways. Italians have reunions among themselves, they often congregate as a group... they'll drink a glass of wine in a park, which perhaps was not socially acceptable in those days. My father is an extremely optimistic person and rarely speaks of his negative experiences. He prefers to focus on the positive ones.

Do you find that there are significant differences between Italian and Canadian culture?

I feel very fortunate for being Italian, or European in general, because of the importance placed on family in our culture. A familial culture does not push its children to leave home at 18 years of age; in fact, the contrary is done. It is expected that children remain with their parents, allowing more freedom and ease in choosing the right path for their future.

Among the values I focus on are honesty and integrity, especially towards oneself in the business world. My father is an extremely honest businessman. He has transmitted to his children his passion for his work and fair play, so much that we have followed in his footsteps. I know that it is less common for a woman to undertake this type of career, but my father had a huge influence on me. I chose to study economics and to work as an economist, and my family has always supported me.

Do you consider yourself to be a Canadian with Italian origins, or an Italian who lives in Canada?

I consider myself to be a Canadian with Italian origins. I think this is a similar situation for many other women, but I think I distinguish myself because of my strong tie to my family.

Initially, my family did not understand what it meant to

Nata a: Toronto, Ontario, Canada
Regione di origine: Molise, Italia (padre) e Lazio, Italia (madre)

Che cosa le hanno raccontato i suoi genitori della loro esperienza da emigrati?

I miei genitori sono arrivati in Canada ancora adolescenti, negli anni '50. Sono partiti in tempi diversi su due navi diverse, e all'epoca non si conoscevano ancora. Arrivarono con la nave ad Halifax e rimasero colpiti dal freddo pungente. Io invece sono nata qui, ma sono stata ad Halifax con mio marito qualche anno fa, per vedere la nave su cui sono arrivati. Siamo riusciti a rintracciare entrambe le navi. Era molto importante per me avere un riscontro tangibile dei loro racconti sull'arrivo in Canada. Nonostante gli anni trascorsi a Toronto, hanno comunque mantenuto un accento italiano. Ci sono alcune parole che io pronuncio esattamente come loro, senza però accorgermene. L'influenza della famiglia su di me è stata molto forte, e non solo per quanto riguarda l'accento.

Hanno avuto delle difficoltà ad integrarsi nella società canadese?

Hanno trovato le tipiche difficoltà di tutti gli immigrati che non parlano inglese. La cultura italiana poi è diversa, gli italiani si riuniscono fra di loro, creano un gruppo...si bevono un bicchiere di vino al parco, cosa che in quei giorni non era molto accettata. Tuttavia mio padre è una persona estremamente ottimista, non ha mai sottolineato gli aspetti negativi della sua esperienza, ma sempre e solo quelli positivi.

Ha riscontrato differenze fondamentali tra la cultura italiana e quella canadese?

Mi sento molto fortunata ad essere italiana, o più in generale europea, data l'importanza della famiglia nella nostra cultura. La cultura familiare non spinge i figli a lasciare la casa a 18 anni, al contrario ci si aspetta che i figli rimangano con i genitori; questo consente più libertà e agio nel cercare la propria strada.
Tra i miei più importanti valori ci sono l'onestà e l'integrità, verso se stessi e nel mondo degli affari. Mio padre è un uomo d'affari estremamente onesto, ha trasmesso ai suoi figli la passione per il suo lavoro e la correttezza, tanto che tutti noi figli ne abbiamo seguito le orme. È molto strano per una ragazza intraprendere questo tipo di carriera, lo so. Mio padre ha avuto una grandissima influenza su di me. Ho scelto di studiare economia e la professione di economista, e la mia famiglia mi ha sempre sostenuta.

Lei si considera una canadese con origini italiane, o una italiana che vive in Canada?

Mi considero canadese con origini italiane. Penso di essere molto simile ad altre donne, ma mi contraddistingue sicuramente il fatto di avere un forte legame con la mia famiglia.
Benché all'inizio nessuno avesse capito cosa significasse studiare economia, i miei familiari si sono lasciati coinvolgere poco a poco. Mio fratello è commercialista, mio padre e il mio fratello più vec-

study economics, but they became involved a little at a time. One of my brothers is an accountant, my father and oldest brother are both real estate brokers, and everybody knows what that means. As far as I'm concerned, being an economist is something more abstract. I always participated in the business discussions at the dinner table with my family, even though I was the youngest. I began to understand the diverse problems encountered in the business world, which was a big help for me.

Unfortunately, I don't speak Italian fluently. When I studied it, I was too young to appreciate it. I regret this, mostly because I can't speak to many older relatives in Italy.

Has the fact that you are of Italian descent caused any difficulties in your professional life?

No, being Italian has never been an obstacle, except for the fact that people have trouble pronouncing my name. They have always called me Betty—nobody could pronounce Beata—but in university I started using my real name again. A name is very important; it's part of your identity.

Returning to the financial circle, it is true that it is a very difficult and demanding world for those who are in it. I have had the good fortune of knowing my objectives from the start, and I have found the exact type of work I was looking for.

Many people argue that economics is a man's domain. How do you achieve success in this field as a woman?

Above all else, it is necessary to be highly motivated. I was confident in myself because I felt prepared. When I decided to do a master's in economics, I knew with certainty what my aspirations were. It wasn't very difficult.

How do you find equilibrium between your private life and your professional life?

Before this job at TD Bank, I worked on the trading floor as an economist, alongside traders. I did this for three and a half years. The work required long hours in an intense environment, and this did weigh on my private and social life, even if in the end it was an excellent experience. Now that I work for the bank, it is completely different. TD encourages employees to participate in volunteer activities and maintain a social life in general. My husband understands me completely, because he also works in the field of finance.

How did your mother manage to create a balance between work and family?

She chose to work part-time to stay close to us. She worked mornings when we went to school, and when we returned, she was always home to welcome us. I have really appreciated this. Being Italian and having this strong tie with family is definitely an advantage. For me, it will not be difficult if I decide to have children someday. The bank I work for has favourable policies for women that allows for equilibrium between private and professional life.

chio sono intermediari immobiliari, e tutti sanno cosa significhi l'economia. Per quanto mi riguarda, essere economista è qualcosa di più astratto. Ho sempre partecipato alle cene d'affari in famiglia, anche se ero la più piccola, durante le discussioni ho iniziato a capire i diversi problemi trattati, e questo mi è stato d'aiuto.

Purtroppo però non parlo bene l'italiano, quando l'ho studiato ero troppo piccola per apprezzarne l'utilità. E questo è un rimpianto, soprattutto perché non riesco a parlare con molti parenti anziani che ho in Italia.

Il fatto di avere origini italiane l'ha ostacolata nella sua vita professionale?

No, il fatto di essere italiana non è mai stato un ostacolo, se non per il fatto che le persone hanno difficoltà a pronunciare il mio nome. Mi hanno sempre chiamata Betty.. nessuno riusciva a pronunciare Beata, ma all'università ho ricominciato ad usare il mio vero nome. Il nome è molto importante, è parte dell'identità.

Tornando all'ambito finanziario, è vero, è un mondo estremamente difficile che chiede molto impegno a chi ci lavora. Io ho avuto la fortuna di riconoscere sin dall'inizio i miei obiettivi, e ho trovato esattamente il lavoro che stavo cercando..

Spesso si afferma che l'economia è dominio degli uomini. Come si fa ad avere successo come donna?

Innanzitutto è necessario essere molto motivati. Io ero sicura di me stessa perché mi sentivo molto preparata. Quando ho deciso di fare un Master in Economia, sapevo con certezza quali erano le mie aspirazioni. Non è stato troppo difficile.

Come trova un equilibrio tra la sua vita privata e la sua vita professionale?

Prima di questo lavoro alla TD Bank lavoravo in un trading floor come economista a fianco dei trader e l'ho fatto per tre anni e mezzo. Lavoravo tantissimo ed ero molto stressata, il lavoro pesava sulla mia vita privata e sulla mia vita sociale, anche se, in conclusione, è stata un'ottima esperienza. Ora che lavoro per la Banca è completamente diverso. La TD incoraggia le persone a partecipare ad attività di volontariato e in generale alla vita sociale. Inoltre mio marito mi comprende completamente, dato che anche lui lavora nel campo economico- finanziario.

Com'è riuscita sua madre a trovare un equilibrio fra il lavoro ed i figli?

Lei ha scelto di lavorare part-time per stare vicina a noi. Lavorava la mattina quando andavamo a scuola e quando tornavamo era sempre in casa ad accoglierci. E io l'ho veramente apprezzato. Il fatto di essere italiana, di avere questo forte legame con i figli è sicuramente stato un vantaggio.

Anche per me non sarà difficile, se un giorno deciderò di avere dei

B E A T A   C A R A N C I

BEATA CARANCI

What are your ties to the Italian community today?

My father comes from a small town called Castelpizzuto. It is part of a Molise association, of which my brothers and I are members. They have a lot of activities, including soccer games, festivals, and events.

People of my generation feel Canadian; they were born here and grew up here. Therefore, they don't have such an immediate tie with Italy. Above all, when you are very young, you don't appreciate all this. I now feel more strongly about my Italian heritage, and I find it interesting to frequent the association and listen to different community stories that our parents tell us. I personally don't have a precise role in the community, but I do participate in the initiatives and the events. I hope that the younger generations, including mine, maintain the traditions of our parents, but with the passing of time, it will become more difficult.

In your opinion, what is the future of the Italian community in Toronto?

I think that my generation will always be more conscious of our cultural assets and of the necessity to participate in initiatives that promote the culture and keep the traditions alive. We are proud to be Italian, and I believe that Canadians in general have an appreciation for the Italian culture. Therefore, I believe that "Italianness" will continue to permeate Canadian life. The Italian community has played a fundamental role, in all senses, in the growth of Toronto.

What will be the role of the Italo-Canadian woman in the future?

I believe that Italo-Canadian women, like Italian women, have to maintain a strength that distinguishes them from other women. Italian women are the backbone of the family. I believe that they bring this strength with them to work as well, in any type of job. I think Italians are privileged, because they have a rich cultural history that they can share with others. We have to continue to be proud of our origins. Being an Italo-Canadian woman in the world of work is definitely an advantage, because we have a family that supports us.

Outdoor Photography/*Esterno Fotografie:* Erin Riley
Indoor Photography/*Interno Fotografie:* Dave Gillespie

---

figli. La banca per cui lavoro, infatti, adotta una politica molto favorevole alle donne, per consentire un equilibrio fra la vita privata e quella professionale.

Qual è il suo rapporto con la comunità italiana?

Mio padre proviene da un piccolo paese che si chiama Castelpizzuto. Fa parte di un'associazione molisana, a cui sia io che mio fratello siamo iscritti. Organizzano molte attività, come per esempio partite di calcio, feste, eventi.. Le persone della mia generazione si sentono canadesi, sono nate e cresciute qui, e non è così immediato sentire un legame con l'Italia. Soprattutto quando si è molto giovani. È qualcosa che si apprezza con il passare del tempo e io ora sento in modo più stretto questo legame. È interessante frequentare l'associazione e sentire storie diverse da quelle che ci raccontano i nostri genitori, le storie della comunità. Io personalmente non ho un ruolo preciso, tuttavia partecipo alle iniziative e agli eventi.
Spero che le generazioni più giovani, compresa la mia, mantengano le tradizioni dei nostri genitori, ma con l'andare del tempo sarà sempre più difficile.

Secondo lei, qual è il futuro della comunità italiana a Toronto?

Penso che la mia generazione sia sempre più cosciente del proprio patrimonio culturale, e della necessità di partecipare ad iniziative che promuovano la cultura e mantengano vive le tradizioni. Siamo orgogliosi di essere italiani e tutti i canadesi apprezzano e stimano la cultura italiana. Quindi credo che l'italianità continuerà a diffondersi ed a conquistare i canadesi. Del resto la comunità italiana ha avuto un ruolo fondamentale nella crescita di Toronto, in tutti i sensi.

Quale sarà il ruolo delle donne italo-canadesi nel futuro?

Credo che le donne italo-canadesi, così come le italiane, debbano continuare a mantenere la forza che le contraddistingue. Le donne italiane sono secondo me la struttura di supporto della famiglia, e questo le rende invincibili. Credo che questa stessa forza vada portata nel lavoro, in ogni tipo di lavoro. Penso poi che gli italiani siano privilegiati perché hanno un ricco patrimonio culturale, che possono condividere con tutti. Dobbiamo continuare ad essere orgogliosi delle nostre origini.
Infine, il fatto di essere una donna italo-canadese nel mondo del lavoro è sicuramente un vantaggio, perché abbiamo una famiglia che ci sostiene.

"I chose journalism because, having been raised by parents of two different cultures and countries, **I have always considered myself a bridge between** their **diverse worlds**. I have always been fascinated by all the countries of the world—their similarities and their differences—and I wanted to describe this to others."

EMILIA

EMILIA CASELLA

Daughter of an Italian father and a Scottish-Canadian mother, Emilia Casella graduated in journalism from Carleton University in Ottawa. After working for eight years at the *Hamilton Spectator*, Emilia decided to seek employment abroad. Throughout her life, she has worked, travelled, and lived in different parts of the world, mainly in Asia, as a journalist for some of the largest broadcasting networks, such as CNBC Asia and International Herald Tribune TV. She has filed many stories on political refugees in Latin America and Southeast Asia, and has frequently covered United Nations agencies. She has won many awards, most recently from Columbia University for her studies in media law.

CASELLA

Figlia di padre italiano e madre scozzese-canadese, Emilia Casella si è diplomata in giornalismo presso l'Università di Carleton, Ottawa. Dopo aver lavorato nove anni per il quotidiano Hamilton Spectator, Emilia ha deciso di andare all'estero. Nella sua vita ha lavorato, viaggiato e vissuto in diverse parti del mondo, soprattutto in Asia, in qualità di giornalista e corrispondente estera per alcune delle maggiore emittenti televisive, quali la CNBC Asia e l' International Herald Tribune Television. È autrice inoltre di numerosi reportage sulla situazione dei rifugiati politici in diversi paesi in via di sviluppo, tra cui la Cambogia, paesi dell'America Latina e del Sud est asiatico. Per questo motivo ha lavorato spesso sul posto anche in collaborazione con diverse agenzie delle Nazioni Unite. Ha vinto numerosi premi tra cui, fra i più recenti, un premio dalla Columbia University per i suoi studi sul diritto dei mass media.

Birthplace: Boston, Massachusetts, United States of America
Region of Origin: Campania, Italy (father)

Why did your parents come to Canada?

My father came to Canada in the early 1960s because he wanted his medical practice to be in Canada, even though he was a graduate of the Faculty of Medicine in Naples. When he arrived in Canada, he realized that there were no doctors who spoke Italian for the Italo-Canadian community. He was one of the first Italian cardiologists in Canada.

Describe the ties that bind you to Italy.

Family is without a doubt what most ties me to Italy. We often returned to Italy with my parents to visit our relatives, although we were always known as the "Canadian cousins," or as they often referred to us, "the Americans." Since childhood, I have always felt like a guest in Italy. Italy's culture fascinates me, but because of my Canadian origin, I have never been able to fully integrate myself into the culture. This inability has been a void in my life, which, in effect, has pulled me even closer to Italy.

What values did your parents pass on to you?

My parents taught me to be inquisitive and open to other cultures and people. We often travelled together. Learning about other cultures has broadened my horizons. One other aspect that I admire about my parents is that even though they come from two different cultures, they have never criticized each other's culture. Despite all the difficulties my father could have encountered as an Italian immigrant in Canada, and despite all the difficulties my mother could have encountered in attempting to settle into my father's Italian family or the Italo-Canadian community, neither of them ever complained. Their immigrant experience has taught me to be patient and understanding even in times of difficulty.

My parents also taught me the importance of the family and the joy of experiencing, as a family, all of life's major events. Italian cooking, which my mother taught me to do well, is also very important in our household.

Do you miss the rich history and culture of Italy here in Canada?

Absolutely! As students in Toronto, our education focused a great deal on Canadian and North American history in general and not as much on Italian, European, or world history. To learn about Roman history, I enrolled in a university course. I missed Italy, so six years ago, I left Canada to live there.

As far as the literature of the Italian immigrant experience in Canada is concerned, which I was also interested in and took another university course in, I believe that it is a totally unique culture from that of Italian culture.

How did you become interested in journalism?

I chose journalism because, having been raised by parents of two

Nata a: Boston, Massachusetts, Stati Uniti d'America
Regione di origine: Campania, Italia (padre)

Perché i suoi genitori hanno deciso di venire in Canada?

Mio padre è venuto in Canada all'inizio degli anni '60, perché, dopo essersi laureato in medicina a Napoli, desiderava esercitare la sua professione in Canada. Quando è arrivato ha realizzato che la comunità italo-canadese a quei tempi non aveva medici che parlavano la sua lingua. È stato uno dei primi cardiologi italiani in Canada.

Ci parli dei suoi legami con l'Italia.

La famiglia è senza dubbio ciò che mi lega di più all'Italia. Con i miei genitori tornavamo spesso in Italia a trovare i nostri parenti. Tuttavia restavamo sempre i cugini canadesi o, come dicono tutti, gli "americani". Sin da quando ero piccola dunque mi sono sempre sentita un po' come un ospite in questo paese. La sua cultura mi affascinava, ma per via delle mie origini canadesi, non sono mai riuscita ad integrarmi completamente. Ho vissuto questa come una mancanza che mi attirava ancora di più verso l'Italia.

Quali sono stati i valori che i suoi genitori le hanno trasmesso?

I miei genitori mi hanno insegnato ad essere curiosa e aperta nei confronti di qualsiasi cultura e persona. Abbiamo viaggiato spesso insieme. Vedere persone e culture diverse mi ha aperto l'orizzonte. Un'altra cosa che apprezzo molto dei miei genitori è che, pur provenendo da due paesi diversi, non hanno mai criticato l'uno la cultura dell'altro. Per tutte le difficoltà che mio padre può avere avuto in quanto immigrato italiano in Canada e per tutte le difficoltà che mia madre può aver avuto ad ambientarsi con la famiglia italiana di mio padre o la comunità italo-canadese, né l'uno ne l'altra si sono mai lamentati. La loro storia mi ha insegnato ad avere pazienza e comprensione anche nei momenti difficili.
I miei genitori mi hanno inoltre trasmesso l'importanza della famiglia e la gioia di vivere insieme gli eventi importanti. Infine la cucina italiana, che mia madre mi ha insegnato, è molto importante a casa nostra.

Le manca qui in Canada la storia e la cultura dell'Italia?

Certo. Qui a Toronto a scuola ci hanno insegnato molto bene la storia canadese e nord americana, ma non altrettanto bene la storia italiana, europea e del resto del mondo. Per imparare la storia di Roma ho seguito un corso universitario. Ho sentito la mancanza dell'Italia e per questo sei anni fa ho deciso di trasferirmi a vivere là.
Per quanto riguarda la letteratura degli immigranti italiani in Canada, di cui ho seguito uno specifico corso all'università, essa è a mio parere una cultura a parte rispetto a quella italiana.

EMILIA CASELLA

different cultures and countries, I have always considered myself a bridge between their diverse worlds. I have always been fascinated by all the countries of the world—their similarities and their differences—and I wanted to describe this to others. I received my first job as a journalist with the *Hamilton Spectator*, where I worked for nine years. During this period, I worked as a political correspondent at Queen's Park, covering the Ontario government during the David Peterson era, the Bob Rae era, and ending with the beginning of the Mike Harris era. I really enjoyed working in the political arena, even though through my field of work, I often noticed a discrepancy that existed between the political issues and the real-life situations of its citizens. I missed covering "real" stories. I have always focused on stories of new immigrants and refugees. In Canada at the time, discussions focused on the "immigration crisis," however, I knew that the real crises existed in other countries. I then began travelling to countries such as Thailand, in the camps of Cambodian and Vietnamese refugees, and to Central America. I wrote stories about people who struggled to come to Canada in search of building a better life for themselves and their children, just as many Italians, Irish, and Ukrainians did before them.

After this period in my life, I decided to work abroad for a while. First, I went to London for a year, where I worked for a news agency specializing in developing countries. Immediately after this, from 1995 to 1998, I was a correspondent for CNBC Asia in Thailand.

Later, I decided I wanted to live in Italy. I found a job as senior correspondent for International Herald Tribune TV. While I worked for them, I had the best of both worlds: I lived in Italy, and I travelled throughout Europe and Asia fulfilling my duties as senior correspondent. Among my numerous journalistic reports, many dealt with the impact globalization was having throughout the world. This was one of the reasons I decided to enroll at Columbia University in New York in 2004, completing two master's degrees: one in journalism, so I would be able to teach it, and another in international affairs, to obtain a better understanding of the use of communications in democratic and economic development.

What do you like most about your profession?
I enjoy talking to people, from ordinary citizens to politicians. I enjoy observing how, despite diverse cultures and attitudes, in the end, we are all equal. As a journalist, I also enjoy the opportunity of being part of important events and being able to enter places that are "off limits" to the general population.

What is it like being a woman in the often male-dominated field of journalism?
Frankly, I do not believe that being a female in the world of journalism is a problem. At least, it has not been a problem for me, even though a lot depends on the circumstances. Today the majority of journalism students are female; therefore, the competition between women is as fierce as the competition between men and

Come è arrivata al giornalismo?
Ho scelto il giornalismo perché, essendo cresciuta tra due culture e due paesi, mi sono sempre sentita il tramite tra mondi diversi. Mi ha sempre affascinato l'idea di conoscere paesi nuovi, di scoprirne somiglianze e differenze, per poi raccontarle ad altre persone. Il mio primo incarico di giornalista l'ho avuto al quotidiano Hamilton Spectator, *dove ho lavorato per nove anni. Durante quel periodo, ho lavorato come corrispondente politica a Queen's Park, dal governo di David Peterson al periodo di Bob Rae e fino all'inizio del governo di Mike Harris. Mi è piaciuto molto lavorare come corrispondente politico anche se spesso, nel mio lavoro, avvertivo una discrepanza tra le polemiche politiche e la reale vita dei cittadini. Mi mancavano le storie "vere". A tal proposito, mi sono sempre interessata molto alle storie dei nuovi immigrati e dei profughi. In Canada a quel tempo si parlava della "crisi dell'immigrazione", ma sapevo bene che le vere crisi erano in altri paesi. Ho quindi incominciato a viaggiare in paesi come la Tailandia, dove vi erano i campi dei profughi cambogiani e vietnamiti e in Centro America. Scrivevo le storie di persone che, così come prima di loro hanno fatto tantissimi italiani, irlandesi, ucraini, lottavano per venire in Canada, la terra dove poter costruire una nuova vita per sè e per i propri figli.*

Passato questo periodo, ho deciso che volevo lavorare per un po' all'estero. Sono andata prima per un anno a Londra, dove ho lavorato per un'agenzia di stampa specializzata in paesi in via di sviluppo. Successivamente, dal 1995 al 1998, sono stata corrispondente per CNBC Asia in Tailandia.

Dopo di che, ho deciso che volevo vivere in Italia. Ho trovato un lavoro come 'senior correspondent' per International Herald Tribune TV. *Mentre lavoravo per loro sono riuscita ad avere il meglio di due mondi completamente diversi tra loro: vivevo a Roma e ho viaggiato moltissimo in Europa e in Asia per preparare i servizi. Tra i tanti reportages che ho fatto, molti sono stati sull'impatto della globalizzazione nel mondo. Questo è uno dei motivi per cui ho deciso di iscrivermi alla Columbia University di New York nel 2004 e seguire due master: uno in giornalismo, per poterlo insegnare, e l'altro in* international affairs, *per capire come sfruttare al meglio la comunicazione nello sviluppo democratico ed economico.*

Cosa le piace di più del suo lavoro?
Mi piace parlare con le persone, dai personaggi importanti alle persone comuni. Mi piace osservare come, in fin dei conti, nonostante culture e abitudini diverse, siamo tutti uguali. In quanto giornalista, inoltre, mi piace la possibilità di poter vivere eventi importanti ed entrare in luoghi che di solito sono proibiti ai comuni cittadini.

Cosa significa essere donna in un mondo, quale è il giornalismo, spesso dominato dagli uomini?
Francamente, non penso che essere donna sia un problema nel

women. Nevertheless, it is true that there are some structural barriers for women. When I first began my career with the *Hamilton Spectator* in the 1980s, to be editor-in-chief you had to work in the sports department for a while, a department made up exclusively of men, and you had to work the night shift, something that many women with children could not do.

Being a female journalist has provided me with a different point of view on various issues. For example, I interviewed women to get their perspectives on various political issues, rather than only getting male perspectives. As members of society, women at times have different priorities. Some stories that a male editor would consider of little importance could be of great interest to female readers. Being able to express different points of view is an extremely important characteristic of any newspaper.

Describe the obstacles that you encountered in your professional journey and what characteristics you need to be successful in your field.

Obstacles exist in everyone's life. For me, it was trying to overcome my fears. For example, I travelled in combat zones along the Cambodian and Thailand border in 1988, at the age of 25. I also travelled in combat zones in El Salvador, Nicaragua, and Honduras. I have had to deal with my anxieties about leaving home and travelling great distances, only to find myself alone in a country that did not speak my language. I did not view these experiences as obstacles, rather as personal challenges. To be successful, it is important to be inquisitive, patient, humble—even though many journalists are anything but humble—resolute, and lucky.

What has provided you with the greatest satisfaction?

What has provided me with the most satisfaction was being able to change my job many times. I worked and lived in Canada, in England, in Cambodia, in Thailand, and in Italy. I have followed many news stories; among the most interesting were those that dealt with important topics concerning and impacting the daily lives of the general population. For example: war, immigration, the rapid growth of developing countries, globalization, and the unification of Europe and introduction of the Euro.

How do you balance your work with your personal life?

Like all other people. At times, work interferes with [my] personal life; at times, [my] private life interferes with work. It is important to find a balance. Maintaining a strong bond with family and friends is essential, especially for those who live far from home.

What do you consider to be the Italian community's greatest contribution to Canada's development?

The Italo-Canadian community has enjoyed much success in all sectors of Canadian society–political, financial, academic, etc. It is one of the most dynamic immigrant communities in Canada today. This is proof that not only those who originated from Anglo-Saxon

mondo del giornalismo. Almeno per me, non lo è stato, anche se molto dipende dalle circostanze. Oggi, le donne sono la maggioranza nelle scuole di giornalismo, quindi la competizione tra donne è forte quanto la competizione tra donne e uomini. Tuttavia é vero che ci sono delle barriere strutturali per le donne. Quando ho incominciato la mia carriera al Hamilton Spectator *negli anni '80, per diventare capo redattore si doveva aver lavorato nel dipartimento sportivo, dominato dagli uomini e aver fatto dell'esperienza nei turni notturni, cosa che molte donne con bambini non potevano fare.*

L'essere una giornalista donna mi ha dato un altro punto di vista su alcuni importanti temi. Ad esempio, ho intervistato donne, per poter conoscere le loro opinioni politiche, oltre ad avere una prospettiva maschile. Come membri della società, le donne a volte hanno priorità diverse. Alcune storie che un redattore uomo valuterebbe senza importanza, potrebbero invece rivelarsi molto interessanti per le lettrici. Avere più punti di vista quindi, è una caratteristica fondamentale per un giornale.

Ci parli degli ostacoli che ha affrontato nella sua vita professionale e quali sono gli elementi che, secondo lei, sono necessari per raggiungere il successo nell'ambito del giornalismo.

Gli ostacoli esistono per tutti. Nel mio caso, ho dovuto superare le mie paure. Ad esempio, ho viaggiato in zone di conflitto lungo la frontiera tra la Cambogia e la Tailandia nel 1988 quando avevo solo 25 anni e in Salvador, Nicaragua e Honduras. Ho dovuto lottare contro l'ansia di andare lontano da casa e di trovarmi da sola in un paese dove non parlavano la mia lingua. Ma non l'ho vissuta tanto come un ostacolo, quanto, piuttosto, come una sfida personale. Per avere successo è importante avere curiosità, pazienza, umiltà - anche se tanti giornalisti sono tutto tranne che umili - risolutezza e fortuna.

Qual è stato il risultato che le ha dato maggior soddisfazione?

Ciò che mi ha dato maggiori soddisfazione è stato il fatto di essere riuscita a cambiare il mio lavoro più volte. Ho lavorato e vissuto in Canada, in Inghilterra, in Cambogia, in Tailandia e in Italia. Ho seguito tantissime storie, tra le più interessanti ci sono state quelle che riuscivano a intrecciare temi importanti con la vita quotidiana delle persone comuni. Per fare un esempio: la guerra, l'immigrazione, la crescita rapida d'alcuni paesi in via di sviluppo, la globalizzazione, l'unificazione europea e l'introduzione della moneta unica, l'Euro.

Come riesce a conciliare lavoro e vita privata?

Come tutte le altre persone. A volte il lavoro interferisce con la mia vita privata; a volte la mia vita personale interferisce con il mio lavoro. È importante trovare un equilibrio. Mantenere i legami con la famiglia e gli amici è fondamentale, specialmente per chi vive lontano di casa.

EMILIA CASELLA

cultures have contributed to Canada's development. If this country is different than what it was 40 or 50 years ago, it is due to the great contributions of the Italo-Canadians and other immigrant communities, such as the Chinese and many others. These cultures must be praised for being able to integrate themselves into Canadian society.

What about the future?
I would like to continue providing information to those people who live in countries that do not have freedom of the press, and to provide a voice for those who do not have the opportunity to communicate because they are restricted from having access to local radio or other means of communication. I would very much like to work with an organization that works with journalists in developing countries to promote community radio or other public information services.

What professional legacy do you hope to leave behind?
I hope that some of my articles have helped Canadians to understand those people who live in conditions and surroundings different than their own.

Photography/*Fotografie*: Dave Gillespie

Quale crede sia stato il contributo più rilevante della comunità italiana allo sviluppo del Canada?
La comunità italo-canadese ha avuto tantissimo successo in Canada in tutti gli ambiti, politico, economico, accademico, ecc. È una delle comunità di immigranti più attiva nella società canadese di oggi. È la prova che non solo chi proviene dalla cultura anglo-sassone ha contribuito allo sviluppo del Canada. Se questo paese è ben diverso di quello di 40 o 50 anni fa, deve essere riconosciuto un merito agli italo-canadesi e ad altre comunità d'immigrati, come i cinesi e tanti altre, che nel tempo si sono affermate nella società.

E il futuro?
Mi piacerebbe poter contribuire a fare informazione per quelle persone che vivono in paesi in cui la libertà di stampa è negata e poter dare voce a chi non ha la possibilità di comunicare, perché impossibilitato ad avere accesso alla radio locale o ad altri strumenti di comunicazione. Mi farebbe piacere lavorare in qualità di giornalista per qualche organizzazione in paesi in via di sviluppo per la promozione di "community radio" o altri servizi di pubblica informazione.

Quale eredità professionale spera di lasciarsi alle spalle?
Spero che alcuni dei miei articoli possano avere aiutato i canadesi a comprendere quelle persone che vivono in ambienti e circostanze diverse dalle loro.

*"Ho scelto il giornalismo perché, essendo cresciuta tra due culture e due paesi, **mi sono sempre sentita il tramite tra mondi diversi**. Mi ha sempre affascinato l'idea di conoscere paesi nuovi, di scoprirne somiglianze e differenze, per poi raccontarle ad altre persone".*

ANNAMARIE

"I believe in a world governed by equality, and all that I have aspired to do and be can be expressed in this one word. I have always worked towards safeguarding the ideals of multiculturalism and creating a society in which everything is truly judged objectively..."

ANNAMARIE CASTRILLI

CASTRILLI

After completing a degree in modern languages, a master's degree in French and Italian, and a Ph.D. in Italian studies, Annamarie Castrilli went on to obtain a degree in law. She has been a member of the Ontario legislature, chair of the University of Toronto Governing Council, and president of the National Congress of Italian Canadians. A well-known lawyer and current president of the Universal Youth Foundation, she divides her time between her legal career, the promotion of Italian culture and community, and various charitable endeavours.

Annamarie Castrilli dopo una laurea in Lingue Moderne, un Master in francese e italiano ed un PhD in studi italiani, si è laureata in Giurisprudenza. È stata Deputato Provinciale dell'Ontario, Presidente del Consiglio Governativo dell'Università di Toronto e Presidente del Congresso degli Italo Canadesi. Avvocato affermato e attualmente anche Presidente della Universal Youth Foundation, da sempre alterna gli impegni della professione con la promozione della cultura e della comunità italiana insieme ad iniziative comunitarie.

Birthplace: Naples, Italy
Region of Origin: Molise, Italy (father) and Campania, Italy (mother)

Why did your family come to Canada?

We immigrated here because of my sister, who at the age of three months contracted infant polio. Canada was able to provide better and more effective health care. The intention was to return to Italy as soon as her treatments were completed; however, things changed. Canadian health care for disabled persons was at the time superior and more effective than that of other countries, and thus my parents decided to settle here indefinitely.

What are some of your earliest memories of Canada?

When I arrived as a small child, it was November and Toronto was blanketed in snow. Having lived in the large sun-clad city of Naples, with its warm climate and the sea, seeing a city shrouded in snow was rather strange. In the beginning, Toronto seemed to be a magical and interesting place, while being cold and alienating at the same time. Initially, it was very difficult to adapt to this new way of life, since we felt somewhat isolated. My mother spoke a little English, and I struggled with a very limited vocabulary that I learned at school. Life in Italy had been totally different; we lived in a beautiful city, surrounded by friends and relatives, with a busy social life. When I arrived in Canada, my education was more advanced than my Canadian classmates' but the problem was the language. I was very unhappy, and I wanted to go home. My mother greatly encouraged me to keep at it, to study, and so, with a lot of hard work, I learned to adapt to a new life.

What influenced your passion for law?

It all began with the discussions my family would have at the dinner table. We would cover many topics, and even as a child, I was encouraged to participate in these family debates. I must confess that this was an excellent foundation for me, particularly since certain rules and codes of behaviour existed that one had to follow. We all understood that by the end of every meal, we would have to leave the dinner table in a spirit of understanding, even though we had different views. At an early age, I came to understand the importance of dialogue, conversation, and debate in order to arrive at constructive results. It is important to arrive at the end of any discussion with a common accord.

It is not easy for me to pinpoint exactly when or why I became so passionate about law. I can only say that law has always been an integral part of my existence, even though I only came to understand this at a later period in my life. In fact, law was my last degree, although it should have been the first. I remember that when I was three, my mother would tell me that one day I would be a lawyer. However, on coming to Canada, I felt the need to better understand my roots as well as the structure, organization, and culture of my country and of other countries. So I changed paths

Nata a: Napoli, Campania, Italia
Regione di origine: Molise, Italia (padre) e Campania, Italia (madre)

Come mai la sua famiglia è emigrata in Canada?

Siamo immigrati qui a causa di mia sorella che all'età di tre mesi aveva contratto la poliomelite. Il Canada era in grado di fornire migliori e più efficaci cure mediche. L'intenzione iniziale era di tornare in Italia non appena la cura fosse terminata, ma le cose nel frattempo erano cambiate. Il servizio sanitario canadese per persone disabili era a quel tempo qualitativamente migliore rispetto a quello presente in altri paesi e così i miei genitori decisero di fermarsi qui definitivamente.

Quali sono i suoi primi ricordi del Canada?

Quando sono arrivata da piccina, ricordo che era novembre e che Toronto era tutta bianca. Per una come me, abituata a vivere in una città solare come Napoli con il caldo ed il mare, vedere una città ricoperta di neve era piuttosto insolito. Quindi Toronto all'inizio mi è sembrata magica e interessante, ma anche estranea e fredda. Durante il primo periodo non è stato facile adattarsi a questa nuova vita poiché eravamo un po' isolati. Mia madre conosceva un po' d'inglese, ma io 'masticavo' solo qualche parola imparata a scuola. La vita in Italia era completamente diversa: vivevamo in una bella città, eravamo circondati da amici e parenti e avevamo una vita sociale molto intensa. Quando sono arrivata in Canada la mia preparazione scolastica era molto più avanzata rispetto ai miei coetanei canadesi. Il problema era l'inglese: ero demotivata e volevo tornare a casa. Mia madre mi è stata molto vicina e mi ha incoraggiato a studiare sempre piu' e, alla fine, mi sono adattata a questa nuova vita.

Com'è nata la sua passione per la giurisprudenza?

Tutto è partito dai discorsi che si facevano a tavola. Si parlava di ogni cosa e fin da piccola sono sempre stata coinvolta nelle discussioni di famiglia. Devo ammettere che per me è stata un'ottima formazione anche perché c'era una regola da rispettare: si doveva finire il pranzo andando tutti d'accordo nonostante le nostre opinioni diverse. Da sempre ho imparato quanto siano importanti il dialogo, le discussioni e il confronto, per arrivare, insieme, a risultati costruttivi. È necessario raggiungere alla fine un accordo comune.

Tornando alla domanda, non so esattamente quando e come sia nata quest'amore per la giurisprudenza. Posso solo dire che ha sempre fatto parte di me, nonostante io abbia capito che quella era la mia strada solo in un secondo momento. Infatti la laurea in giurisprudenza è stata l'ultima, ma in realtà sarebbe dovuta essere la prima. Ricordo che già a tre anni mia madre mi diceva che sarei diventata avvocato. Ma venendo in Canada ho sentito il bisogno di conoscere meglio le mie radici e la struttura, l'organizzazione e la cultura del mio e di altri Paesi. Così ho cambiato rotta e mi sono

ANNAMARIE CASTRILLI

and specialized in modern languages and cultures. Once that was completed, I understood that the time had come to pursue my true vocation, and thus I completed my law degree.

For me, one of the most fascinating aspects of law is that it provides an opportunity to use one's talents in many diverse ways. While my expertise lies in the corporate commercial area, I have also been very fortunate to have been involved in Canada's constitutional debate and in many causes where my professional abilities were, I hope, helpful in bettering the lives of others. I have been blessed with some modest gifts, and I am honoured to be of service in this way.

It seems that you have rarely encountered difficulties in your professional career because of your gender.

This is true. I have never perceived any acts of discrimination in my profession, or perhaps I have never stopped to reflect upon them. Sometimes we focus too much on obstacles that later turn out to be non-existent. I have never had problems in my profession, and in fact, I have always been rewarded throughout my professional career. The only area, among the many in which I have been involved, in which I have noticed a difference between the treatment of men and women is, oddly enough, the political world. Politics is a game of war with very precise rules, where mistakes are not permitted.

Has it been difficult balancing your family life with your professional career?

Perhaps this is a question for my children to answer! I have been blessed to have three children who are a true joy and inspiration and whom I respect for what they have accomplished. I believe that the principal secret needed to balance one's professional life with one's personal life is to have a true partner. Doing it alone would be impossible. There needs to be a strong partnership, and my husband, David Carmichael, has always been very much a presence in the education and upbringing of our children, particularly when I could not be there. In addition, the strength of our family also resides in our decision-making ability. In every decision that affected the family, the five of us sat together as a family, making choices and arriving at decisions that best suited all of us.

I believe that my children have learned the importance of time and of active participation in both family and social life. From a very young age, they have travelled and have been involved in important causes. As a result, they all have a very pronounced social conscience relative to others their age, and they are able to share their knowledge of various topics. I am the first to admit that it certainly could not have been easy for them to have such an involved mother, but my husband and I have done our best to give our children a normal life. I believe that they have learned that the quality of time spent together is far more important than the quantity of time spent together as a family. We are fortunate to be parents and children, but also friends.

laureata e specializzata in Lingue e Culture Moderne. Solamente più tardi ho capito che era giunto il momento di seguire la mia vocazione e cosi mi sono laureata in Giurisprudenza.

Per me uno degli aspetti più interessante della giurisprudenza è che permette, a chi vuole, di mettere alla prova le proprie capacità in molte diverse sfide. Il mio campo è il diritto commerciale, però sono stata molto coinvolta anche nel dibattito costituzionale. Ho avuto la fortuna di essere coinvolta in cause dove le mie conoscenze potevano essere molto utili per migliorare le condizioni di vita di altre persone. Ho ricevuto questo dono e sono onorata di usarlo per aiutare gli altri.

Sembra che il fatto di essere una donna non le abbia mai causato grosse difficoltà nella sua carriera professionale.

Infatti è proprio cosi. Non ho mai avvertito una discriminazione nei miei confronti o forse non mi sono mai soffermata a rifletterci. A volte ci si sofferma troppo su un ostacolo che poi in realtà si rivela inesistente. Non ho mai avuto problemi nel mio lavoro e anzi sono stata gratificata dai miei successi professionali. L'unico campo, tra quelli in cui ho operato, in cui ho riscontrato differenze di trattamento tra uomini e donne è quello della politica. La politica è un gioco di strategia, con regole molto precise e dove non è permesso sbagliare.

È stato facile conciliare famiglia e lavoro?

Forse questa domanda dovrebbe essere fatta ai miei figli! Ho avuto la fortuna di avere tre figli che sono una vera gioia ed un'ispirazione e che rispetto per cio' che sono riusciti a raggiungere Credo che il segreto principale per bilanciare vita professionale e vita privata, sia quello di avere un vero partner, perché da soli sarebbe impossibile. Bisogna essere in due e mio marito, David Carmichael, è sempre stato molto presente nella vita e nell'educazione dei ragazzi quando io non potevo esserci. Inoltre la forza della mia famiglia è sempre stata quella di essere uniti davanti ad ogni decisione. Ci siamo sempre seduti tutti e cinque a tavolino per discutere e per scegliere insieme la soluzione migliore. Penso che i miei figli abbiamo imparato l'importanza del tempo e del coinvolgimento attivo nella vita civile e sociale. Hanno sempre viaggiato, fin da piccoli, e sono stati sempre coinvolti in cause importanti. Hanno una coscienza sociale molto spiccata rispetto ad altri e possono parlare di tanti temi. Certo non è stato facile per loro avere una madre così impegnata, sono la prima ad ammetterlo, ma io e mio marito abbiamo cercato di fare il possibile per dare loro una vita normale. Penso che abbiamo imparato che non è importante la quantità di tempo trascorso insieme, ma la qualità. E siamo fortunati di essere non solo genitori e figli ma anche amici.

Secondo lei, quali sono i contributi che la comunità italiana ha dato alla società canadese?

Se fosse possibile tornare indietro nel tempo e fotografare Toronto

In your opinion, what contributions has the Italian community made to Canadian society?

If it were possible to go back in time for a moment and photograph Toronto at the time of the Italians' arrival, people would realize the enormous changes that have occurred. It was another world. Sunglasses were as rare as espresso coffee—nobody wore them, nobody knew of them. One did not talk of *italianità*. You could not even get an espresso. How then could one talk about Italian couture, cuisine, art, culture, or language? Today all things Italian are in fashion and we appreciate the contributions Italians have made: authenticity, originality, and imagination—qualities that have enhanced the Canadian landscape. With the passage of time, Italians in Canada have been able to create corporations and sound enterprises that have altered Canadian society; today there is not a single sector in which Italians have not been involved and to which they have not brought excellence.

If you could turn back time, would you like to have lived in Italy?

How far in the past? If I could go back to when I was seven, probably. Today I would have to say no, because my life is here. I was born in Italy; however, my upbringing is Canadian. What I value most about Canada is its societal model. It's a model I understand, and therefore I live happily within it. I value Canadian society because of its order, civility, and structure, the organization of both its parliamentary system and its social safety net, as well as its structure of daily living. I have travelled extensively and would not think of living anywhere else. I see a different situation in Italian society. I must, however, acknowledge that much of who I am is without a doubt linked to my Italian heritage, and thus I believe, like many other individuals with a similar background, I have had the best of both worlds.

What roles do you think women should play within Canadian society?

It is difficult to respond to this question, because Canadian society is not homogeneous. We are a nation of immigrants who speak more than 200 languages. What can happen at times within the Italian-Canadian society can be very different from what can happen within an Indian or Chinese community, for instance. It does not make it any less Canadian, however. Therefore, it remains extremely difficult to define the role of women within a structure that is itself very complex. Certainly, I do have my view as to what I would like the role of women to be in Canada. I believe in a world governed by equality, and all that I have aspired to do and be can be expressed in this one word. I have always worked towards safeguarding the ideals of multiculturalism and creating a society in which everything is truly judged objectively and without discrimination; this holds true for the role and contribution of women in society.

al momento dell'arrivo degli italiani, le persone si renderebbero conto degli enormi cambiamenti che ci sono stati. Ero un altro mondo. Gli occhiali da sole erano rari quanto un caffè espresso – nessuno se li metteva, nessuno li conosceva. Nessuno parlava dell'italianità e non potevi nemmeno prenderti un espresso. Com'era dunque possibile parlare di moda, cucina, arte, cultura e lingua italiana? Oggi invece le cose italiane sono di moda e apprezziamo maggiormente il contributo degli italiani: autenticità, originalità e immaginazione – tutte qualità che hanno rafforzato il paesaggio canadese. Con il passare del tempo, gli italiani in Canada sono stati in grado di creare società e imprese che hanno cambiato la società canadese; oggi non c'è un singolo settore dove gli italiani non siano coinvolti e dove non abbiano eccelso.

Se potesse tornare indietro le piacerebbe vivere in Italia?

Indietro di quanto? A sette anni avrei probabilmente detto di si. Ora devo invece dire di no perché la mia vita è qui. Sono nata in Italia ma nonostante questo la mia formazione è canadese. Quello che apprezzo del Canada è il modello di società. È un modello che capisco e quindi ci vivo molto bene. Ho viaggiato molto e non considererei di vivere altrove. Della società canadese apprezzo l'ordine, la civiltà, la struttura e l'organizzazione sia del suo sistema parlamentare, sia del suo sistema santario – sociale sia della quotidianità. Nella società italiana vedo una situazione molto diversa. Devo però riconoscere che una gran parte di me è sicuramente legata al mio retaggio italiano ed è per questo che penso di aver usufruito, come tutte le persone come me, del meglio di entrambi i paesi.

Secondo lei qual è il ruolo della donna all'interno della società canadese?

È difficile rispondere a questa domanda, perchè la società canadese non esiste come un insieme omogeneo. Siamo un paese di immigrati che parlano oltre duecento lingue. Quello che può accadere talvolta nella comunità italiana è molto diverso da quello che per esempio può succedere nella comunità indiana, o cinese, per esempio. Questo non vuol dire però che sia meno canadese. Quindi è difficile definire il ruolo della donna all'interno di una struttura che di per sé è molto complessa. Certo, ho delle idee riguardo a ciò che vorrei fosse il ruolo della donna in Canada. Credo in un mondo governato dal principio di uguaglianza e tutto quello che mi ha sempre guidato si esprime con questa parola. Mi sono sempre battuta per salvaguardare i diritti del multiculturalismo e per creare una società dove veramente tutto viene valutato in modo oggettivo e senza fare distinzioni e così vale anche per il ruolo e i contributi delle donne.

Lei si sente realizzata?

Penso di esser fortunata in quanto ho sempre avuto l'appoggio della mia famiglia in tutto quello che ho fatto, di mio marito, dei miei figli, dei miei genitori. Ora mi sto occupando di un progetto

ANNAMARIE
CASTRILLI

Have your dreams come true?

I am blessed to have always had the support of my family in my endeavours–support from my husband, children, and my parents. Presently, I am busy working on a very important project: we would like to establish a *casa italiana* at the University of Toronto, a cultural centre at the heart of the university capable of offering Italian cultural and linguistic services and that maintains a closer link with Italy. It will become a true symbol in the centre of our city, a meeting place for the Italian-Canadian community and academia to interact. The principal purpose is to maintain an open system of dialogue between the academic world, largely Anglo-Saxon in its tradition, and the Italian-Canadian community at the University of Toronto. In addition, it will be an opportunity to strengthen the Iacobucci Centre, a strong cultural archive dedicated to the preservation of existing documentation that represents our culture. We are therefore working to ensure the propagation of both the Italian-Canadian culture and the Italian culture, which, although seemingly similar, remain two distinct realities.

Another project in which I am involved is the Universal Youth Foundation, of which I am president. This is an organization with the goal of making education available to children everywhere in the world, in places where this privilege is not possible. We believe education is the key to a better world, with fewer conflicts. We're getting there, but there is still so much to do.

molto importante: si vuole realizzare una Casa italiana all'Università di Toronto, un vero e proprio centro di cultura all'interno dell'università; un punto d'incontro tra la la comunità in grado di offrire servizi per diffondere la lingua e le tradizioni italiane e per mantenere un rapporto più stretto con l'Italia. Diventerà un vero e proprio simbolo all'interno della città e sarà un vero punto di incontro tra l'accademia e la comunità italo-canadese. Lo scopo principale è quello di mantenere aperto il dialogo tra il mondo accademico, di stampo anglosassone e la comunità italiana, garantendo in questo modo l'insegnamento della cultura italiana nell'Università di Toronto. Inoltre si vuole rafforzare il Centro Iacobucci, un vero e proprio archivio, per la conservazione di tutti i documenti esistenti relativi alla comunità italo-canadese. Lavoriamo quindi per la diffusione della cultura italiana ma anche di quella italo-canadese che, pur sembrando simili, sono due realtà molto diverse.

Un altro progetto a cui sto lavorando è l'Universal Youth Foundation di cui sono la Presidente: è una fondazione che ha per scopo offrire possibilità di studio a giovani ovunque nel mondo dove non si ha questo privilegio affichè possino crearsi un futuro. Siamo certi che una migliore educazione sia la chiave per un mondo migliore e con meno conflitti. Tuttavia c'è ancora tanto da fare prima di raggiungere questo obiettivo.

Photography/*Fotografie***:** David Wile

"Credo in un mondo governato dal principio di uguaglianza e tutto quello che ho sempre fatto si esprime in questa parola. Mi sono sempre battuta per salvaguardare i diritti del multiculturalismo e per creare una società dove veramente tutto viene valutato in modo oggettivo".

"I'm proud of my Italian origins, and I feel I've adopted the values of this country as well. The history, art, and culture make Italy unique in the world. I appreciate other things from Canada, such as the North American mentality, the ease with which people collaborate, the dedication to one's job, the seriousness in personal relationships, punctuality, **the freedom to be and to think without being judged.**"

ALBERTA

Alberta Cefis was raised between Milan, Veneto, and Canada, where she moved as a youngster with her family. Cefis studied in Italy, where she lived six months out of the year. In Canada, she embraced different cultures and traditions, and she's travelled the world for both personal and business purposes. She always considered Italy to be her home, her starting point. Today she is executive vice-president of Scotiabank, and chair of the board of Opera Atelier, a prestigious baroque opera company.

Nata in Veneto, a San Vito al Tagliamento Alberta Cefis è vissuta e cresciuta tra Milano, il Veneto ed il Canada, dove si è trasferita da giovane insieme alla famiglia. Ha studiato in Italia, dove ha vissuto per circa sei mesi l'anno durante il periodo universitario. In Canada, Alberta Cefis si è avvicinata a culture e tradizioni diverse e per lavoro e per interesse personale ha viaggiato per il mondo. Ha sempre considerato l'Italia come la sua casa, il suo punto di partenza. Oggi è Executive Vice President della Scotiabank ed è Presidente del Consiglio di Amministrazione dell'Opera Atelier, una prestigiosa compagnia di Opera Barocca.

CEFIS

Birthplace: San Vito al Tagliamento, Veneto, Italy
Region of Origin: Veneto, Italy

You've travelled a lot, and you've lived in different countries, but in the end you settled in Canada. Why?

It didn't happen like that. I decided to work here, and that's a big difference! After I got my master's in business administration, and after a lot of travel, I decided to work here for different reasons. First of all, 30 years ago, the business world in Canada was more favourable and offered more possibilities to women. And Italy was going through a very delicate historical and political time. Furthermore, the modus operandi of the financial and business world in Canada was excellent. Canada offered me better professional prospects than Italy did. Perhaps when I retire, I'll move to Italy, because it's a country that offers more culturally, historically, artistically, and weather-wise. Italy has centuries of history behind it, while Canada is a new country. There is a perfectly efficient infrastructure in place here that one doesn't yet see in Italy; here everything happens easily and fast.

Your c.v. indicates that you've always lived in both Canada and Italy. Do you feel more Canadian or Italian?

I feel that I am a fusion of the two worlds. Like many people, I feel I have roots in two different cultures, and I try to derive the best from both. Obviously, when I'm in Canada, I don't feel completely Canadian, because my Italian origins appear more pronounced. The same happens when I return to Italy–I realize that I'm Canadian and that I also belong in this country. I feel that I'm a hybrid, and this really pleases me. I've always lived with one foot here and one foot there, especially during the time I was in university, when I would spend six months in Canada and six months in Italy. I feel fortunate to have this "double personality." I think that it's a great advantage for myself and anyone else whose past is similar to mine.

Are you proud of your Italian origins?

I'm proud of my Italian origins, and I feel I've adopted the values of this country as well. The history, art, and culture make Italy unique in the world. I appreciate other things from Canada, such as the North American mentality, the ease with which people collaborate, the dedication to one's job, the seriousness in personal relationships, punctuality, the freedom to be and to think without being judged.

What is your secret to success?

I owe my success to my parents, who transmitted to me critical core values, which give meaning to every moment of my life. A deeply rooted culture, a solid upbringing, the curiosity to travel and discover the world, an open mind... all these factors continue to help me give the best of myself. To be successful, it's not enough to have talent, ambition, determination; it's also necessary to come across as a leader, and as a guide. Those who work for me

Nata a: San Vito al Tagliamento, Veneto, Italia
Regione di origine: Veneto, Italia

Lei ha viaggiato molto e ha vissuto in diversi Paesi, però alla fine ha deciso di vivere in Canada. Come mai?

Non è proprio così: ho deciso di lavorare qui e c'è una bella differenza! Dopo aver finito il Master in Business Administration e dopo aver viaggiato molto ho deciso di lavorare qui per diverse ragioni. Prima di tutto trent' anni fa il mondo degli affari in Canada era più favorevole e offriva maggiori possibilità alle donne. Poi l'Italia stava attraversando un periodo storico e politico delicato. Inoltre in Canada il modus operandi del mondo finanziario ed economico era eccellente. Il Canada poteva offrirmi un futuro professionale ed una carriera migliore rispetto all'Italia. Magari quando deciderò di smettere di lavorare andrò a vivere in Italia, perché è un paese che offre molto di più dal punto di vista culturale, storico, artistico, ambientale e climatico. L' Italia ha alle spalle secoli e secoli di storia, il Canada è invece un Paese nuovo. C'è qui un'infrastruttura perfettamente efficiente, che in Italia ancora non si vede: tutto viene fatto con facilità e rapidità.

Leggo dal suo curriculum che ha vissuto sempre tra Canada e Italia. Ma si sente più italiana o canadese?

Mi sento una fusione dei due mondi. Come tante persone ho radici in due realtà differenti e cerco di prendere il meglio da entrambe. Ovviamente quando sono in Canada sento di non essere totalmente canadese, perché risaltano con evidenza le mie origini italiane. Lo stesso accade quando torno in Italia: mi rendo conto di essere canadese e di appartenere anche a questo Paese. Mi sento un ibrido e ne sono veramente soddisfatta. Ho sempre vissuto con un piede di qua e uno di là, soprattutto durante il periodo dell' università durante il quale trascorrevo sei mesi in Canada e sei in Italia. Mi ritengo una donna fortunata ad avere questa "doppia personalità". Credo che sia un grande vantaggio sia per me sia per tutti coloro che hanno un passato simile al mio.

È fiera delle sue origini italiane?

Sono fiera di avere origini italiane e sento di avere assimilato i valori di questo paese: la storia, l'arte e la cultura fanno dell'Italia un luogo unico al mondo. Del mondo canadese apprezzo altri aspetti: la mentalità nordamericana, la facilità con cui si collabora con gli altri, la dedizione al lavoro, la serietà nel rapporto con le persone, la puntualità, la libertà di poter essere e di poter pensare senza essere giudicati.

Qual è il segreto del suo successo?

Devo il successo ai miei genitori, che mi hanno trasmesso dei valori importanti, che danno significato ad ogni momento della mia vita. Una cultura profonda, una buona formazione, la curiosità di viaggiare e conoscere il mondo, una grande apertura mentale...tutte queste condizioni mi hanno aiutato a trarre il

ALBERTA CEFIS

know I have focused goals, a strategic perspective, an open mind, and that I believe in them and in their capabilities.

My parents infused in me the desire to learn from those I meet; my outlook has always encompassed 360 degrees. This has made me a better person, secure, culturally rich, but also willing to learn something positive from every opportunity, and from exchanges with other cultures and people. And finally, I believe I'm lucky, because aside from having a strong drive, I've always enjoyed great energy and physical strength, elements that have contributed to my well-being.

Have you ever experienced difficulties as a professional woman?
Since I was young, they told me that as a female I would have to work 10 times harder than men, and I refer particularly to my industry. In the worlds of marketing, communications, new media, cosmetics, fashion, and art, women have traditionally had greater possibilities and fewer problems. I believe that if I were a man with the same qualifications, things would have been easier, especially in the financial sector. Unfortunately, the differences in opportunities and the treatment of men and women are still evident, even if less pronounced than in the past. I don't want to delve into this topic here; however, if a person—man or woman—has talent and wants to succeed, they can do it.

What is the role of women in Canadian society?
This is a question that requires different answers. I think that as time goes by, we find ourselves in a global reality where the differences, including those in the lives of men and women, are becoming less obvious. Today women are seeking greater self-actualization in their jobs, and in everyday life. Generally, they're financially independent and have greater opportunities to determine their own professional careers.

It's obvious that they can do anything and become successful, even in roles and professions that at one time were considered male bastions.

You work long hours. How do you balance it with your private life?
It's not easy juggling work and a private life. Time is truly limited, and often I have to work when I get back home after 10 or 12 hours in the office. Time is my worst enemy. Regardless, I've always managed to reconcile my work with my personal life. I'm married but I don't have children, and this has made things easier.

What kind of relationship do you have with the Italian community?
For me, the Italian community is in Italy. The Italians I've met in Canada are all second or third generation.

What has the Italian-Canadian community contributed to Canadian society?
The Italians have given a lot to Canada. Fifty years ago, Toronto was a small town, whereas today it's a big, beautiful, avant-garde

meglio da me stessa. Per avere successo non ci vuole solo talento, ambizione, determinazione, ma è necessario avere la capacità di proporsi come leader, come una guida. Le persone che lavorano per me sanno che ho degli obiettivi seri, una prospettiva strategica, una mente aperta e che credo in loro e nelle loro capacità.
I miei genitori mi hanno trasmesso la voglia di imparare dalle persone che incontro: la mia apertura mentale è sempre stata a 360 gradi. Questo mi ha reso una donna forte, sicura, culturalmente ricca, ma disposta a fare sacrifici pur di trarre sempre qualcosa di positivo da ogni situazione e dal confronto con altre culture e altre persone. Infine, devo ammettere di essere una donna fortunata perché oltre ad avere una forte carica spirituale, ho sempre goduto di grande energia e forza fisica, elementi che mi hanno aiutata ad arrivare al successo.

Ha mai trovato difficoltà come donna?
Fin da giovane mi dicevano che in quanto donna avrei dovuto fare sforzi dieci volte superiori agli uomini e mi riferisco in particolare al mio settore. Nel mondo delle pubbliche relazioni, del marketing, delle comunicazioni, dei new media, dell'industria cosmetica, della moda e dell'arte, invece, le donne hanno avuto sempre maggiori possibilità e meno difficoltà. Sono convinta che se fossi stata un uomo, a parità di competenze, tutto sarebbe stato più facile, soprattutto nel mondo della finanza. Purtroppo le differenze di opportunità e di trattamento tra donne e uomini sono ancora evidenti, anche se presenti in forma più lieve rispetto al passato. Non voglio qui approfondire questo tema, però se una persona - uomo o donna che sia - ha talento e vuole davvero emergere, può raggiungere tranquillamente il successo.

Qual è il ruolo della donna nella società canadese?
È una domanda aperta a diverse risposte. Penso però che con il passare del tempo ci si ritrovi in una realtà globalizzata, dove le differenze, anche nelle vite di donne e uomini, tendono a farsi meno evidenti. Oggi le donne sono più impegnate di un tempo a realizzarsi nel lavoro e nella vita di tutti i giorni: in generale sono economicamente indipendenti e hanno maggiori possibilità di decidere la propria carriera professionale.
È ormai evidente che possono fare qualsiasi cosa ed ottenere facilmente successo anche nei ruoli e nelle professioni che un tempo erano considerate maschili.

Lei lavora molte ore al giorno. Come riesce a bilanciare vita privata e vita professionale?
Non è facile conciliare il lavoro con la vita privata. Il tempo è davvero limitato e spesso bisogna continuare a lavorare anche a casa dopo le 10/12 ore d'ufficio. Il tempo è il mio peggior nemico. Nonostante questo ho sempre conciliato il lavoro con la mia vita personale. Sono sposata, ma non ho figli e questo ha reso tutto più facile.

6 7

city, and this is also due to the Italians. Aside from introducing cappuccino, espresso, and the Mediterranean diet, the Italian community has brought to Canada design, architecture, and specialized craftsmanship. The North American market wasn't always aware of fine Italian (or European) workmanship, and most importantly, they weren't familiar with the refinement and elegance that characterizes Italian style.

The Italian-Canadian community has opened Canada's doors to Italy, and has given Italians the opportunity to be appreciated in a new and different country, especially in these last few years, where everything that is Italian is prized in all fields. Italy is not only considered to be the cradle of culture and good food, but a country capable of competing in other sectors, always with a winning edge. Today, Italians are proud of Italy and of their origins.

What will the Italian-Canadian community of the future look like?

The community is always very active. But Italians of second and third generations are further removed from Italy. So in order to keep the contacts between Canada and Italy alive, it's important that the community, the only bridge between the two countries, should continue to organize cultural exchanges, sponsor initiatives, and create interest in the Italian culture. The links with Italy are a very personal matter, and depend on the interest that each of us has to maintain our rapport with our country of origin.

What advice do you give to other women pursuing their own careers?

It's an interesting question, one that I'm often asked at conferences where I have been invited to participate. I think the answer is different for each of us, and I'm convinced that what has worked for me won't necessarily work for everyone else.

My only advice to women who want a career and to reach a similar level of success is that it's important to have a plan, a strategy, and a goal to reach; but at the same time, one must be aware that there is more than one road to take, straight and unchangeable. Life is a voyage, an unpredictable adventure, a trajectory that can lead to new destinations. Being open, flexible, being able to adapt and change if necessary—these are winning qualities. The voyage is as important as the destination. One never stops learning, and the curiosity to learn is fundamental. I am always aware of how much I don't know, and how much more I would want to know. The marvel of discovering something new is the best part of any voyage.

If you could go back, is there something you would change about your life?

No, I'm not somebody who looks back with regret. I'm an optimist, and I see the positive in all situations. Every choice I've made has been done knowing that for every door that opens, many others close. I'm happy with my life, and I've lived it to the best of my abilities. The only thing I would change is time; there is never

Che rapporto ha con la comunità italiana?
Per me la comunità italiana è in Italia. Gli italiani che ho incontrato in Canada sono quasi tutti già di seconda e terza generazione.

Quali contributi ha dato la comunità italo-canadese alla società canadese?
Gli italiani hanno dato molto al Canada. Cinquant'anni fa Toronto era un paese, ora invece è una bella città, grande e all'avanguardia e questo anche grazie agli Italiani. Oltre a far conoscere l'esistenza del cappuccino, dell'espresso e della dieta mediterranea, la comunità ha portato in Canada il design, l'architettura e manodopera specializzata. Il mercato nordamericano non conosceva le finezze del lavoro e dell'artigianato degli Italiani (e anche degli europei) e soprattutto non conosceva l'eleganza e la raffinatezza che caratterizzano lo stile italiano.
La comunità italo-canadese ha aperto le porte del Canada all'Italia e ha dato la possibilità agli italiani di farsi apprezzare in un Paese nuovo e così diverso. Soprattutto in questi ultimi anni ciò che è italiano è stato rivalutato e valorizzato, in tutti i campi. L'Italia è considerata non solo come la "culla della cultura e della buona cucina", ma come un paese in grado di competere e di intervenire anche in altri settori, risultando sempre vincente. Oggi gli Italiani sono fieri dell'Italia e delle proprie origini.

Come vede il futuro per la comunità?
La comunità è sempre stata molto attiva. Ma gli italiani di seconda e terza generazione sono sempre più lontani dall'Italia. Quindi per continuare a mantenere vivi i contatti tra Canada e Italia è necessario che la comunità, unico ponte tra i due paesi, continui ad organizzare scambi culturali, a sponsorizzare iniziative e ad alimentare l'interesse verso la cultura italiana. Il legame con l'Italia è poi un fatto molto personale e dipende dall'interesse che ognuno di noi prova nel mantenere rapporti con il paese d'origine.

Come donna di successo, quale consiglio darebbe alle altre donne?
È una domanda molto interessante che mi sento fare spesso alle conferenze a cui sono invitata. Credo che la risposta per ognuna di noi sia diversa e sono convinta che quello che ha funzionato per me non è detto che debba funzionare per tutte.
Posso dare solo un consiglio alle donne che vogliono fare carriera e arrivare dove sono arrivata io: è necessario avere un piano, una strategia, un'obiettivo da raggiungere, ma nello stesso tempo bisogna essere consapevoli che non esiste solo un'unica strada da percorrere, dritta e non modificabile. La vita è un viaggio, un'avventura imprevedibile, un percorso che può trovare nuove vie e anche nuove mete. Essere aperte, elastiche, sapersi adattare e modificare se necessario il proprio passo, queste sono le qualità vincenti. Il viaggio in se stesso è almeno tanto importante quanto la destinazione che si ha. Non si finisce mai di imparare e la curiosità di conoscere è fondamentale. Io stessa mi rendo sempre conto di quanto non so e di quanto invece vorrei sapere. La sor-

enough. The more I live, the more I realize that time is a precious commodity, the most precious.

How do you see your future?

I look at the future as something that is interesting, an adventure with new obstacles and new goals, both personal and professional. In the future, when I will decide to end my professional career, I would like to dedicate my time to the not-for-profit sector, because it is something I believe in and that I would like to do.

Photography/*Fotografie*: Dave Gillespie

presa di scoprire qualcosa di nuovo è la parte migliore di qualsiasi viaggio.

Se potesse tornare indietro c'è qualcosa che cambierebbe?

No, non sono una persona che si guarda indietro con rammarico. Sono molto ottimista e vedo gli aspetti positivi di ogni situazione. Ogni mia scelta ed ogni mia esperienza sono state accompagnate dalla consapevolezza che ad ogni porta che si apre se ne chiudono altrettante. Sono soddisfatta della mia vita e l'ho vissuta al massimo. L'unica cosa che cambierei è il tempo: non basta mai per fare tutto quello si vorrebbe. Più vivo e più mi rendo conto che il tempo è un bene raro e prezioso, il più prezioso.

Come vede il suo futuro?

Guardo al futuro come qualcosa di molto interessante, un'avventura con nuovi ostacoli e nuovi traguardi, personali e professionali. Un giorno, quando deciderò di terminare la carriera professionale, vorrei impegnarmi per seguire più direttamente il settore non-profit, perché ritengo debba essere sostenuto e perché mi piacerebbe farlo.

*"Sono fiera di avere origini italiane e sento di avere assimilato i valori di questo paese: la storia, l'arte e la cultura fanno dell'Italia un luogo unico al mondo. Del mondo canadese apprezzo altri aspetti: la mentalità nordamericana, la facilità con cui si collabora con gli altri, la dedizione al lavoro, la serietà nel rapporto con le persone, la puntualità, **la libertà di poter essere e di poter pensare senza essere giudicati**".*

BRIGIDA
COLANGELO

Brigida Colangelo obtained her law degree from Osgoode Hall Law School in Toronto. She continued her studies at Harvard in alternative dispute resolution and in Italy at the European University Institute in Fiesole. Today she works as a lawyer for the Ministry of the Attorney General of Ontario. She is an academic, a mediator, is involved in numerous community and professional organizations, and is president of the Canadian Italian Advocates Organization (CIAO).

Brigida Colangelo ha una laurea in Legge ottenuta alla Osgoode Hall di Toronto. Si è poi specializzata ad Harvard ed in Italia presso l'Istituto Universitario Europeo di Fiesole. Oggi lavora come avvocato presso la Procura Generale di Toronto. È docente universitario, mediatore e presidente della Italian Canadian Advocacy Organization.

"I went on to study advanced negotiation at Harvard, and I now teach and specialize in negotiation. However, I often say that watching my mother was my real training ground for my negotiation skills and Harvard just honed them."

Birthplace: Hamilton, Ontario, Canada
Region of Origin: Abruzzo, Italy

Tell me about your Italian heritage.

My parents are both Italian, Abruzzesi. Most of my extended family still lives in Italy, and I try to visit frequently. I have always actively participated in the life of the Italian-Canadian community, first in Hamilton, where I was born, and now in Toronto. I am very proud of my Italian-Canadian heritage. I am currently president of the Canadian Italian Advocates Organization, the national professional association for lawyers of Italian origin.

Tell me about your family.

The greatest influence, and the greatest blessing in my life, are my parents. They are incredible people and encouraged us to study, and told us that we could be anything we wanted in this life. They raised us to value intelligence, strength of character, and a strong sense of family.

What role did your mother play in your life?

My mother is an exceptional woman. She is extremely intelligent, loving, strong, disciplined, elegant, fun, and beautiful. She has been my greatest teacher both in what she says and what she models. She excels at everything she does and puts all her love into it. By her side, I learned everything I know about lif,e including my negotiation skills. I went on to study advanced negotiation at Harvard and I now teach and specialize in negotiation. However, I often say that watching my mother was my real training ground for my negotiation skills and Harvard just honed them.

Are you personally satisfied with your work?

Yes. My studies and career have provided me with incredible opportunities. I have studied around the world and worked with wonderful people. I have worked on many high-profile and interesting cases. I have even travelled to Italy on a trade mission on behalf of my clients. On a day-to-day basis, I get to solve people's problems and make whatever situation they are facing better. I feel I am contributing in a positive way to the society around me. My work gives me a great sense of professional accomplishment.

What is it like being a woman in such a competitive field?

I find that hard work, dedication, and excellence are usually rewarded. I always excelled in school and was the top student, and as a lawyer I have always worked hard to be the best I could be. While there are always subtle challenges you may face as a woman in any field, I believe in focusing on what you want and how you want things to be and persisting in a firm, polite, and principled manner.

Nata a : Hamilton, Ontario, Canada
Regione d'origine: Abruzzo, Italia

Mi parli delle sue origini italiane.

I miei genitori sono entrambi italiani, abruzzesi. Il resto della mia famiglia vive ancora lì ed io vado a trovarli con frequenza. ho sempre partecipato attivamente alla vita della comunità italo-canadese, prima ad Hamilton, dove sono nata, e ora a Toronto. Sono molto orgogliosa delle mie origini italo-canadesi. Attualmente sono presidente della Italian Canadian Advocacy Organization, l'associazione nazionale per gli avvocati di origine italiana.

Mi parli della sua famiglia.

I miei genitori hanno avuto una grande influenza su di me e sono stati la mia più grande fortuna. Sono persone straordinarie, ci hanno sempre spronato a studiare e ci hanno detto che avremmo potuto fare qualsiasi cosa nella nostra vita. Ci hanno educato a valutare l'importanza dell'intelligenza, della forza di carattere e del senso della famiglia.

Che ruolo ha avuto sua madre nella sua vita?

Mia madre è una donna eccezionale. È estremamente intelligente, affettuosa, forte, disciplinata, elegante, divertente e bella. È stata il mio più importante modello sia per ciò che dice sia per ciò che rappresenta. Eccelle in tutto quello che fa e ci mette sempre molta dedizione. Con lei al suo fianco ho imparato tutto sulla vita, incluse le mie capacità di negoziazione. Mi sono specializzata in advanced negotiation ad Harvard e ora insegno. Ma sono solita dire che guardare mia mamma è stato il terreno sul quale sono cresciute le mie capacità di negoziazione e Harvard le ha solo affinate.

È soddisfatta del suo lavoro?

Si. Ho avuto molte opportunità e soddisfazioni nella mia carriera. Ho studiato intorno al mondo e ho lavorato con persone straordinarie. Ho dovuto seguire alcuni casi molto importanti. Sono anche stata in Italia per conto di miei clienti. Un giorno dopo l'altro cerco di risolvere i problemi delle persone e di rendere migliori le situazioni che si trovano a dover affrontare. Sento di contribuire in maniera positiva alla mia società. Il mio lavoro mi regala un grande senso di riuscita professionale.

Come ci si sente ad essere una donna in un campo così competitivo?

Penso che il duro lavoro, la dedizione e il talento sono generalmente ricompensati. Sono sempre stata una studentessa modello. Ho lavorato duro per essere il miglior avvocato possibile. A prescindere dalle molteplici sfide che le donne devono affrontare in ogni campo, credo che la chiave del successo passi dall'abilità del singolo di focalizzarsi sui propri obiettivi, che devono essere sem-

What is the role of the Italian community in Canadian society?

I believe we can be very proud of all that our predecessors have done for Canada. The Italo-Canadian community has contributed and continues to contribute immeasurably to the development of Canada in all fields, including politics, medicine, business, law, and culture, just to name a few.

Would you like to live in Italy?

In my opinion, Italy is one of the most beautiful places in the world and offers so much both culturally and historically. At the same time, I also enjoy exploring Canada's different provinces and natural beauty. Ideally, I would live both in Italy and Canada. Both countries are wonderful.

Any advice for the new generation of young women just starting out in their own careers?

I find myself mentoring more and more young lawyers and young women, and my advice is always the same: dream big. You have one life, and you should do what you love and are passionate about.

Know your values and never be swayed from them. In life we have to be flexible and creative but not with respect to our core principles. Aim for balance in your life. There will be times when you will need to work hard–enjoy the process; you are building experience, intellectual muscle, and strength of character. Set high standards for yourself and aim for excellence. And continue to challenge yourself. I am always trying new things. I have found that if you have a curious spirit and are willing to work hard, life will offer you opportunities that you could never have imagined.

Photography/*Fotografie:* Dave Gillespie

pre perseguiti in modo deciso ma educato, sempre rimanendo fedeli ai propri principi.

Quale crede sia il ruolo della comunità italiana nella società canadese?

Credo dobbiamo essere molto orgogliosi di ciò che i nostri predecessori hanno fatto per la società canadese. La comunità italo-canadese ha contribuito parecchio allo sviluppo del Canada, in tutti gli ambiti tra i quali la politica, la medicina, il mondo degli affari, la legge e la cultura, per dirne qualcuno.

Le piacerebbe vivere in Italia?

Personalmente ritengo l'Italia uno dei più bei posti al mondo e penso offra molto sia storicamente che culturalmente. Allo stesso tempo mi piace molto esplorare le provincie del Canada così diverse e di una bellezza naturale. L'ideale per me sarebbe vivere sei mesi in Italia e sei mesi in Canada. Entrambi i paesi sono bellissimi.

Qualche consiglio per le donne delle nuove generazioni che stanno per iniziare le loro carriere?

Mi ritrovo sempre più spesso a dare consigli a giovani avvocati e giovani donne e il mio consiglio è sempre lo stesso: sogna in grande. Si vive una volta sola e dovresti fare ciò che ami e per cui hai passione.

Segui sempre i tuoi valori e non allontanartene mai. Nella vita è necessario essere flessibili e creativi, ma non bisogna allontanarsi dai propri principi di base. Punta a un equilibrio nella tua vita. Ci saranno momenti in cui bisognerà lavorare sodo, ma questo fa parte del processo in quanto stai construendo delle esperienze, sviluppando l'intelletto e la forza di carattere. Crea obiettivi importanti e punta all'eccellenza. E continua a porti delle sfide. Io cerco di provare sempre nuove esperienze in quanto sono giunta alla conclusione che, se sei una persona curiosa e hai voglia di lavorare, la vita ti può offrire opportunità che non avresti mai immaginato.

BRIGIDA COLANGELO

COURTROOMS/SALLES
D'AUDIENCE NO. 1, 5 & 6

RITA

"It is often said that walking through the streets of Toronto is like walking through the streets of the world. In fact, I don't think distinctions should be made among diverse nationalities. **Deep down, we are all immigrants who have something in common, perhaps much more than we can imagine."**

CUGINI

Rita Cugini was the vice-president of Telelatino as well as director of diversity programming for CFMT (now OMNI). Later, she became vice-president of public and governmental affairs for Alliance Atlantis. As a member of the Canadian Association of Broadcasters, she chaired the Joint Societal Issues Committee and oversaw and sat on the Task Force for Cultural Diversity on Television. She was appointed regional commissioner of Ontario for the Canadian Radio-television and Telecommunications Commission (CRTC) in 2005.

Rita Cugini è stata Vice Presidente di Telelatino e prima ancora Direttore di Programmazione presso la CFMT (oggi OMNI). In seguito ha continuato la sua carriera come Vice Presidente e Responsabile per gli Affari Pubblici e Governativi, presso la Alliance Atlantis. All'interno della Canadian Association of Broadcasters, Rita Cugini ha presieduto il Comitato Congiunto per le questioni sociali e si è occupata di un piano d'azione per i disabili. È stata nominata Commissario Regionale per l'Ontario nel 2005, all'in-

Birthplace: Toronto, Ontario, Canada
Region of Origin: Lazio, Italy

What brought your parents to Canada?

My father arrived in Toronto in 1951, and my mother joined him two years later. They came from a town in Frosinone of approximately 9,000 inhabitants. Now it has 2,500. Both were tailors, and both came from large families. My parents were the only ones in their families to leave Italy. My father was supposed to open a shop in Rome with his brother-in-law, but the sudden death of his brother-in-law changed those plans. When he discovered he had a distant relative in Canada, he decided to move here. Soon after his arrival, he worked as a tailor for a company that made police uniforms as well as custom-made men's suits, while my mother stayed at home. They fought only to establish who was the better cook. I had wonderful parents, and I consider myself very fortunate.

What values did they pass on to you?

My older brothers and I were taught the same values as many other immigrants. We were taught to respect oneself and others around you, to have a strong work ethic, to have dreams and ambitions, and to do everything possible to fulfill them. My parents always said that they would have helped us in any way possible, and they did. In fact, we are one of the few families from San Donato Val di Comino where all the children went to university. Those are not exclusively Italian values, but they are typical of all immigrants in Canada, regardless of their origin.

How did your mother deal with the struggles of moving to a new country?

She probably suffered more than my father. After all, my mother didn't have any family to support her here. And my father left for Canada when my brother was just 10 days old. Eighteen months later, she was on a boat with a newborn and arrived here only to find herself even more alone in an apartment on College with landlords who controlled a great deal of her life. A year later, my parents had another child. Eventually, she found friends in the neighbourhood, but overall it was very tough. But unlike my father, she never wanted to return to Italy—she was determined to make Canada her home.

What is the difference between first generation immigrant women like your mother, and the daughters who were born here and therefore born into Canadian culture?

We didn't live through their experiences, to be sure, but we clearly inherited their values. From them we received a great ability to resolve problems and confront the difficulties typical of immigrants. Our mothers taught us to never give up and to trust in ourselves. Being second generation gave me the strength to never give up and to fight for what I believe in.

Nata a: Toronto, Ontario, Canada
Regione di origine: Lazio, Italia

Che cosa ha spinto i suoi genitori ad emigrare in Canada?
I miei genitori sono arrivati nei primi anni '50; mio padre nel 51' mentre mia madre lo ha raggiunto due anni piu tardi. Venivano da un paese in provincia di Frosinone (San Donato Val di Comino) che allora contava 9.000 abitanti mentre ora sono solo in 2.500. Entrambi sarti e provenienti da famiglie numerose, sono stati gli unici delle loro famiglie a lasciare l'Italia. Mio padre avrebbe dovuto aprire una sartoria a Roma insieme a suo cognato, ma la prematura scomparsa di quest'ultimo glielo ha impedito; dal momento che mio padre aveva un lontano parente in Canada, ha deciso di trasferirsi qui. Subito dopo il suo arrivo ha iniziato a lavorare come sarto per una ditta che produceva abiti e uniformi per la polizia, mentre mia madre stava a casa lavorando come casalinga. Hanno litigato solo per stabilire chi tra loro fosse il cuoco migliore; ho avuto dei genitori magnifici, mi ritengo molto fortunata per questo.

Quali sono i valori che le hanno trasmesso?
Penso che i valori che io e i miei fratelli maggiori abbiamo ricevuto siano simili a quelli di ogni altro immigrato, ovvero il rispetto per se stessi e chiunque ti circondi, l'etica del lavoro, avere sogni e ambizioni e fare tutto quanto è possibile per realizzarle. I miei genitori dicevano sempre che ci avrebbero aiutato in tutti i modi possibili, ma tutto sarebbe dipeso da noi. Hanno effettivamente fatto di tutto per noi, infatti siamo una della pochissime famiglie provenienti da San Donato Val di Comino in cui tutti i figli abbiano frequentato l'università. Probabilmente, questi non sono valori esclusivamente italiani, ma tipici di tutti gli immigrati qui in Canada.

Come crede che abbia vissuto sua madre l'immigrazione?
Credo che ne abbia sofferto più di mio padre. Dopo tutto mia madre non aveva nessun tipo di conforto famigliare qui e, tra l'altro, mio padre partì alla volta del Canada quando mio fratello aveva appena dieci giorni. Diciotto mesi più tardi è salita su una nave, con un neonato e si è trovata ancora più sola in un appartamento a College Street, con affittuari che controllavano tutto quello che faceva. Un anno più tardi ebbero un'altro bambino e da allora in quel quartiere trovò diverse amicizie, ma credo comunque che per lei fu molto dura. A differenza di mio padre non diceva mai di volere tornare in Italia: era decisa a fare del Canada la sua casa.

Quale pensa che siano le differenza tra le donne, come sua madre, immigrate di prima generazione e le figlie nate qui e che quindi hanno avuto un contatto più immediato con la cultura canadese?
Sicuramente non abbiamo vissuto la loro esperienza, comunque abbiamo sicuramente ereditato i loro valori. Credo che da loro abbiamo ricevuto quella grande capacità di risolvere problemi e

Do you feel more Canadian or more Italian?

That is a silly question, because I don't know what it means to be "Canadian" or to be "Italian." I think it is a choice between two ways of living, and like a lot of second generation Italo-Canadians, I went through a rebellious period in my life where I refused anything that was a part of my Italian culture. During that period, I passionately wanted to be "Canadian." Later on, I realized that I had to find a balance between Italy and Canada. It is often said that walking through the streets of Toronto is like walking through the streets of the world. In fact, I don't think distinctions should be made among diverse nationalities. Deep down, we are all immigrants who have something in common, perhaps much more than we can imagine. For example, the importance of family that is so vital in the Italian culture is shared by many other cultures. Some values are universal, and I think an immigrant can understand that very well. Everything that you are is the fruit of a harmonious past, present, and all that awaits you.

When I think of Italy, the word "passion" comes to mind. It is in everything we do, whether it be work, family, food, or traditions. I always put a lot of passion into everything I do. However, if I had to say what is authentically Canadian about me, I would say it is my practical, logical, and rational side. I don't know how these two initiatives can proceed in the same direction, but they generate great results!

What is your relationship with Italy?

I love it! I would go back every year if I could, and I consider myself very fortunate to still have a home in my hometown, because it allows me to return any time I want. I often bring friends and extended family there, because I am very proud of my hometown.

You seem to be very proud of your roots.

I am very proud! But I wasn't always so vocal about it. I remember that every summer we would make tomato sauce in our garden, and this embarrassed me because many people would look down on us. Soon, things began to change, and some of those people who looked down on us wanted to learn how to cook like us. I then learned that the first way that two cultures learn about one another is through food, among other things.

What are the most important contributions the Italian community has made in Canada?

We all know that there are many great people who came here from Italy who contributed to the economy, the arts, and to all of Canadian culture, especially in Toronto. They played very important roles. They also did a great deal to eradicate immigrant stereotypes and to share the richness of their culture with others.

But I think the community can still give quite a bit more. Certainly, participating in books such as this is a start. We must value and celebrate how much Italians have done for Canada and remember overall what the first immigrants did for Canadian society.

fronteggiare le difficoltà, tipica degli emigranti. Le nostre madri ci hanno insegnato a non arrenderci mai e ad essere fiduciose. Il fatto di essere una italo-canadese di seconda generazione mi ha dato la forza di non arrendermi mai e di lottare per ciò in cui credo.

Lei si sente piu canadese o italiana?

Domanda antipatica! Io credo che sia una scelta tra due modi di essere e come tutti gli italo-canadesi di seconda generazione ho passato un periodo di ribellione nella mia vita in cui rifiutavo qualsiasi cosa appartenesse al mondo od alla cultura italiana e in quel periodo desideravo ardentemente essere canadese. Più tardi, in un'altra fase della mia vita, ho realizzato che dovevo trovare un equilibrio tra Italia e Canada. Si dice che camminare per le strade di Toronto sia come camminare per le strade del mondo. In effetti non credo si debbano fare delle distinzioni tra le diverse nazionalità. In fondo siamo tutti immigrati che hanno qualcosa in comune, forse molto più di quanto non immaginiamo. Ad esempio il valore della famiglia, così forte nella cultura italiana, è di certo condiviso da moltissime altre culture. Alcuni valori sono universali e penso che un immigrato lo possa capire molto bene. Ciò che ti fa essere quello che sei è frutto di una armoniosa combinazione tra il tuo passato, il tuo presente e quello che ti circonda!

Quando penso all'Italia mi viene in mente la parola passione, in relazione a tutto ciò che facciamo, sia esso il lavoro, la famiglia, il cibo o le tradizioni. Metto sempre la passione in tutto ciò che faccio, tanta passione. Se invece dovessi cercare dentro di me cosa sia autenticamente canadese, credo che troverei un certo lato pratico, logico, razionale. Non so come queste due spinte possano andare nella stessa direzione, eppure lo fanno generando grandi risultati.

Oggi qual è il suo rapporto con l'Italia?

La amo. Ci ritornerei ogni anno se potessi, e mi ritengo molto fortunata ad avere ancora casa nel mio paese d'origine, perché mi permette di tornare ogni volta che lo desidero. Ci porto amici e parenti perché sono molto orgogliosa del mio paese d'origine.

Sembre molto orgogliosa delle sue origini.

Certamente ne vado molto fiera. Ma non è stato sempre così. Tutte le estati ci mettevamo in giardino e cucinavamo la passata di pomodoro, questo mi metteva in imbarazzo perché molti ci guardavano male. Poi le cose cominciarono a cambiare e quei "molti" che prima ci guardavano male vollero imparare a cucinare come noi! Ho imparato che, tra le altre cose, il primo passo perchè due culture si conoscano è il cibo.

Quali sono i contributi più importanti della comunità italiana al Canada?

Sappiamo che ci sono molte grandi personalità che vennero qui dall'Italia dando il proprio contributo all'economia, alle arti, alla cul-

How did you achieve your success?

By working very hard! I started with television, and I'm not ashamed of admitting that I enjoy watching it and being up to date with everything that goes on behind the scenes of that magical world. I then moved on to radio, learned as much as I could, and little by little, I finally reached my current role of regional commissioner for the CRTC, thanks to my hard work, the respect that I earned within the industry, my fair play, and diligence. What counts most is earning respect and having an excellent reputation.

Did anyone ever try to hinder you in your work because you were a woman?

I never let that influence me. I always focused on achieving my goals. I never allowed anyone to make me think I had fewer abilities or to feel inferior because of my gender. Anything you desire is possible. Never give up.

What roles should women play in Canadian society?

I don't think of roles in society as being gender-based, but rather roles that each one of us has as individuals. There should not be differences or distinctions. If someone has potential, they must master it for the benefit of society. My contributions are being enthusiastic about anything I do, and no matter what, believing in my abilities. That is exactly what they say about me.

If you could go back in time, what would you change about your life?

This type of question already implies regret, and I don't regret any of the choices I made in the past. Living with regrets is not healthy. There are other choices that I would have made, like continuing my studies, perhaps in law and/or business, but I can't go back 25 years. What I can do is accept who I am and continue on my journey by always looking for new goals.

What are your plans for the future?

I want to travel more and would like to visit Budapest. I would like to learn how to play the cello and write a book about my father. I want to focus on my personal interests and private life.

What advice would you give to other women who want to succeed?

We must assess who we are every day and be open to learning. For example, I take care of my mother, and it is very difficult at times, especially with my work. One day, a taxi came to pick me up. I had given him specific instructions on when he was to arrive and that he could not ring the doorbell, since it was early in the morning and I didn't want my mother to wake up. When he arrived, he asked me why I had been so specific, and I told him it was because I was looking after my mother and didn't want her disturbed. It turns out that he was looking after his 91-year-old father, and as the tradition dictated in his country, Pakistan, the eldest child looks after the parent. It didn't even cross his mind to

tura di tutto il Canada, specialmente a Toronto. Hanno svolto un importantissimo lavoro, spesso volontario. Altra cosa importantissima, hanno fatto moltissimo per sradicare gli sterotipi dell'immigrante, condividendo con altri la ricchezza della propria culura. Tuttavia, penso che possa dare ancora molto; tanto per cominciare, sicuramente libri come questo. Si dovrebbe valorizzare quanto gli italiani hanno fatto per il Canada e ricordare soprattutto quello che hanno fatto per la società canadese anche i primi immigrati.

Come è riuscita ad ottenere un così grande successo?

Lavorando duro! Ho cominciato con la televisione, e non mi imbarazza dire che mi piace molto guardarla ed essere a conoscenza anche di tutto quello che c'è dietro le quinte di quel magico mondo. Sono passata poi alla radio e poco alla volta sono riuscita a raggiungere questo ruolo, di commissario regionale, grazie a un duro lavoro, il rispetto guadagnato all'interno dell' azienda, la correttezza e la diligenza. Quello che piu conta è guadagnarsi il rispetto e avere una ottima reputazione.

Qualcuno ha mai cercato di ostacolarla nel suo lavoro in quanto donna?

Non mi sono mai fatta influenzare da questo. Mi sono sempre concentrata su come raggiungere i miei obiettivi, semplicemente questo. Non ho mai lasciato che mi facessero credere di avere delle qualità in meno, di essere inferiore in quanto donna. Ho sempre, sempre continuato a ripetere a me stessa: che avrei potuto fare tutto ciò che avessi desiderato. Mai arrendersi.

Qual è secondo lei il ruolo della donna all' interno della società canadese?

Non penso a quale sia il ruolo della donna o dell' uomo nella società. Io penso a quale sia il ruolo di ciascuno di noi. Non ci devono essere differenze o distinzioni. Se possiedi determinate potenzialità bisogna svilupparle a favore della società. Il mio contributo è quello di essere entusiata di qualsiasi cosa io faccia, non importa cosa, e di credere nelle mie capacità. Questo è quello che dicono di me!

Se potesse tornare indietro, cambierebbe qualcosa?

Questo tipo di domande presuppone già che si abbia dei rimpianti, e io non rimpiango nessuna scelta da me fatta in passato. Vivere con dei rimpianti non aiuta certo a stare bene. Ci sono altre scelte che avrei fatto, come approfondire gli studi di legge ed economia. Ma non posso tornare indietro di 25 anni. Quello che posso fare è accettarmi e continuare sulla mia strada cercando sempre nuovi obiettivi.

Quali progetti ha per il futuro?

Voglio viaggiare di più, per esempio vorrei andare a Budapest. Mi piacerebbe imparare a suonare il violoncello e scrivere un libro, forse su mio padre. Vorrei concentrarmi sui miei interessi personali e sulla mia vita privata.

RITA CUGINI

put him in a retirement home. I thought, "What a great lesson I learned today!"

Complaining is so unnecessary. If something in your life is not right, try to change it, and if you can't, accept it.

Photography/*Fotografie:* Dave Gillespie

Che consiglio darebbe alle altre donne per arrivare dove lei è arrivata?

Ogni giorno dovrebbero valorizzare ciò che sono ed essere sempre disponibili ad imparare. Io mi occupo di mia madre ed è molto difficile specialmente con il mio lavoro. Ad esempio, un giorno mi venne a prendere un tassista a cui avevo dato istruzioni particolari su quando doveva presentarsi. Lui dopo essere arrivato me ne chiese il motivo e gli risposi che era perché dovevo occuparmi di mia madre; mi disse che anche lui si occupava di suo padre, di 91 anni e che é tradizione nel suo paese, il Pakistan, che il più grande dei figli si prenda cura dei genitori. Non prendeva neanche lontanamente in considerazione l'idea di metterlo in una casa di riposo. Tra me e me dissi: che grande lezione oggi ho imparato! Lamentarsi è la cosa più inutile che si possa fare; se qualcosa nella tua vita non va cerca di cambiarla e se non ci riesci accettala.

"Spesso si dice che camminare per le strade di Toronto sia come camminare per le strade del mondo. In effetti non credo si possano fare delle distinzioni tra le diverse nazionalità. **In fondo siamo tutti immigrati che hanno qualcosa in comune, forse molto più di quanto non immaginiamo".**

TINA
DELL'AQUILA

Born in Cassino and raised in Pomezia, Tina Dell'Aquila moved to Montreal with her family, where she lived until 1997. In 1998, she was appointed vice-president of Cott Corporation in Toronto, a leading company in the manufacturing and distribution of non-alcoholic beverages in North America and Europe, and in 2005, she was interim chief financial officer of the company. For Tina Dell'Aquila, ambition, determination, effective communication, and dedication to her work have always been key reasons for her success.

Nata a Cassino e vissuta a Pomezia, Tina Dell'Aquila si è trasferita con la famiglia a Montreal dove ha vissuto fino al 1997. Nel 1998 è stata eletta Vice Presidente della Cott Corporation, azienda leader nella distribuzione di bevande analcoliche in Nord America e in Europa e nel 2005 ne è stata nominata direttore finanziario. Per Tina Dell'Aquila ambizione, determinazione, capacità comunicativa, costanza e dedizione al lavoro sono sempre state le parole chiave per arrivare al successo.

Birthplace: Cassino, Frosinone, Italy
Region of Origin: Lazio, Italy

Who was the first person in your family to come to Canada?

The first to discover Canada was my grandfather. He was a traveller, and after having explored Brazil for four years, he eventually moved to Montreal. In 1965, his children, including my father, decided to come to Canada, perhaps out of curiosity or to follow in my grandfather's footsteps, or perhaps simply to give their children a good education and greater possibilities of work, which was difficult in Italy at the time.

Do you speak Italian?

I take advantage of every opportunity I get to speak Italian. I want to retain that ability; it's one of the most important threads to my country, my culture, my values, and my lifestyle.

How did you end up at Cott Corporation?

Ever since I was a child, I have always had a passion for numbers and money. I never played with dolls; I liked counting things. Working in commerce is a passion that I've cultivated and that has matured over time. My dream was to work in a company and manage it, and here I am doing that. Thanks to my parents, I have always had the chance to study what interested me most. To reach this position, I obviously had to work step by step, like everybody else, by doing different tasks, but thanks to my resolution, ambition, and sacrifice, I attained my goals.

Have you ever encountered obstacles because of your gender?

I have never been disadvantaged in any obvious way. At Cott Corporation, the majority of high-level positions are filled by men. In this sector, where there is a lot of competition and where a wrong move can be career threatening, a woman has to work hard in order to succeed. I've always tried to give the best of myself.

You are dedicated to your work. What about your private life?

I've always dedicated a lot of time to my work and consequently sacrificed much of my private life. But it was my choice, and because of this, I am satisfied with what I have and who I am. Not having children makes things a little bit easier; there are fewer responsibilities and more possibilities in reconciling work and private life. I like to keep busy and put myself to the test with objectives that are always more ambitious and challenging. Despite this, I like to be with my husband on the weekends and to spend time with my parents. Whenever I have time, I travel and return to Italy; I want to discover it and know it better.

Would you return to Italy to live?

Certainly. In Italy, I would succeed in living serenely. My husband and I would be quite comfortable. It seems easy to adopt an Italian lifestyle, but in reality, I would not want to take it for granted,

Nata a: Cassino, Frosinone, Italia
Regione di origine: Lazio, Italia

Chi è stato il primo membro della sua famiglia ad emigrare in Canada?
Il primo a scoprire il Canada è stato mio nonno. Lui era un grande viaggiatore e dopo aver esplorato il Brasile e aver vissuto a San Paolo per 4 anni, alla fine si è trasferito a Montreal. Nel 1965 anche i suoi figli, tra cui mio padre, si sono trasferiti a Montreal, forse incuriositi, forse per seguire le orme di mio nonno o semplicemente per dare ai propri figli l'opportunità di una buona istruzione e maggiori possibilità di trovare un lavoro, un'impresa difficile in Italia a quel tempo.

Lei parla italiano?
Appena ho l'occasione di parlare italiano, cerco di sfruttarla. Non voglio assolutamente perdere questa capacità: è un filo conduttore con il mio Paese, la mia cultura, i miei valori ed il mio stile di vita.

Com'è arrivata alla Cott Corporation?
Fin da quando ero bambina ho sempre avuto la passione per i numeri e i soldi. Non ho mai giocato con le bambole, ma mi piaceva fare i conti. La scelta di lavorare nel settore commerciale è una passione che coltivo da sempre ed è maturata nel tempo. Il mio sogno era lavorare in un'azienda e poterla gestire e sono felice che si sia avverato. Devo ringraziare prima di tutto i miei genitori che mi hanno sempre dato la possibilità di studiare quello che più mi interessava. Ovviamente per arrivare a ricoprire una carica di alto livello ho iniziato, come tutti, per gradi, facendo diversi tipi di lavoro, ma grazie alla tenacia, all'ambizione e ai sacrifici, ho raggiunto i miei obiettivi.

Ha mai trovato degli ostacoli in quanto donna?
Non sono mai stata ostacolata in modo evidente. Alla Cott Corporation la maggior parte delle cariche più elevate è ricoperta da uomini. È logico che in un settore come questo, dove c'è molta competizione e dove ogni passo falso può essere deleterio, una donna deve lottare forte per farsi valere e riuscire a sfatare i pregiudizi. Nonostante questo, ho sempre cercato di dare il meglio di me stessa.

Lei è una donna molto dedita al lavoro. E la sua vita privata?
Ho sempre dedicato molto tempo al lavoro e questo ha richiesto il sacrificio di molta parte della mia vita privata. Ma è stata una mia scelta e per questo sono serena e soddisfatta di quello che ho e di quello che sono. Inoltre non avendo figli la vita è un po' più facile, ci sono meno responsabilità e più possibilità di conciliare lavoro e vita privata. Mi piace impegnarmi, mettermi alla prova, avere obiettivi sempre più ambiziosi da raggiungere, lottare e anche sfidare me stessa. Nonostante questa mia forte dedizione al lavoro e il

"Appena ho l'occasione di parlare italiano, cerco di sfruttarla. Non voglio assolutamente perdere questa capacità; è un filo conduttore con il mio Paese, la mia cultura, i miei valori e il mio stile di vita".

because I have lived in Italy more recently as a tourist rather than as a resident. I don't really know what daily life, work, and routines are like. Even though I don't have a clear understanding of the working conditions, bureaucracy, or Italian laws, I am convinced that I would adapt quickly and without problems.

What are the cultural differences between Italy and Canada?

An important difference between Italy and [Canada] is the concept of work. In Canada, our lives revolve around work. When we leave work and go home, we think of the next day's work. Our free time is never enough. Italians, on the other hand, leave work at the office and dedicate the rest of the day to their private lives, to their families, to chat or just be with friends. Other than that, I like the way Canadian society is organized, and I am proud to be a Canadian citizen. The positive aspect of this reality is that everyone has the same opportunities to make their dreams come true. In Canada, you don't need to be famous or need to know someone who's well connected to be able to reach your goals. Everyone can do it. Everyone can succeed. This is what happened to me.

What is the Italian community's most important contribution to Canadian society?

Being able to know Italy and experience its traditions, even its cuisine, for example. I think that previously, Italians were not appreciated as they are now. Toronto has become a better city thanks to Italian influences, and more specifically, to the Italian community here that has contributed towards making the most of our culture, our music, our style of life, our ideas, and the significance of "Made in Italy."

What is the role of women today in the Italian-Canadian community?

Women have important roles within the community. We export and diffuse the Italian language, and this is fundamental. If you work in Italian and understand the language well, you are able to better interpret the significance of words, symbols, and situations. At home, occupying ourselves with family and also playing a greater role in the education of our children, passing on the Italian language and culture, helping them truly understand what Italy really represents.

What are the differences between first and second generation women?

The difference is in our mentalities. Women who immigrated here followed their husbands in their adventure; it is as if they have been frozen at the exact moment of their immigration. Leaving their country behind, they arrived in Canada, but they didn't lose their way of life. For them, time has stood still. Second generation women have integrated themselves into Canadian society and maintained their connections, more or less, with Italian society, which has resulted in a different vision of Italy.

poco tempo libero, nei fine settimana mi piace stare con mio marito e passare del tempo con i miei genitori. Appena ne ho il tempo mi piace viaggiare e tornare in Italia: voglio scoprirla e conoscerla meglio.

Tornerebbe a vivere in Italia?

Certo. In Italia riuscirei a vivere tranquillamente. Io e mio marito ci sentiremmo proprio a nostro agio. Mi pare facile adottare lo stile di vita ed i valori dell'Italia di oggi. Ma, in realtà, non vorrei sbilanciarmi troppo perché ho vissuto l'Italia più da turista che da residente: non conosco fino in fondo la quotidianità, il lavoro, le abitudini di tutti i giorni. Non ho le idee chiare su quali siano le vere condizioni di lavoro, le questioni burocratiche e le leggi che vigono in Italia, ma sono convinta che mi adatterei subito e senza problemi.

Quali sono le differenze culturali tra Italia e Canada?

Una differenza importante tra l'Italia e il Canada è la concezione del lavoro. Qui in Canada si pensa sempre solo a lavorare. Quando si esce dal lavoro si torna a casa e si pensa al lavoro del giorno successivo e a quello del giorno dopo ancora. Il tempo a disposizione per se stessi e per stare con gli altri non è mai abbastanza. Gli italiani, invece, terminate le ore in ufficio, dedicano il resto della giornata alla propria vita privata, alla famiglia, ad una chiacchierata o alla compagnia di amici. Dall'altra parte, però, mi piace l'organizzazione della società canadese e sono fiera di essere una cittadina canadese. L'aspetto positivo di questa realtà è che tutti hanno le stesse opportunità e le stesse possibilità di realizzare i propri sogni. In Canada non bisogna avere un nome famoso o avere relazioni con qualcuno di conosciuto per poter raggiungere i propri obiettivi. Tutti possono farcela e avere successo. Anche a me è successo questo e certo non ritengo di essere migliore di altri.

Qual è il contributo più importante che la comunità italiana ha dato alla società canadese?

Far conoscere l'Italia e le sue tradizioni. Anche la cucina, per esempio. Credo che un tempo gli italiani non erano apprezzati come lo sono ora. Penso che Toronto sia diventata una città migliore grazie all'influenza italiana e, più nello specifico, grazie alla comunità italiana qui in Canada, che ha contribuito a valorizzare la nostra cultura, la nostra musica, il nostro stile, le nostre idee, la qualità del "Made in Italy".

Qual è il ruolo della donna oggi nella comunità italo-canadese?

La donna ha un ruolo importante nella comunità: diffonde la cultura e la lingua italiana e questo è fondamentale. Sul posto di lavoro le donne sono in grado di andare più in profondità, perché, conoscendo bene la lingua italiana, sono in grado di interpretare meglio il significato delle parole, dei simboli e delle situazioni. In casa, occupandosi della famiglia ed essendo più presenti nell'edu-

What advice would you give to women who want to succeed in their professional and private lives?
They need to set objectives for themselves. They must be absolutely sure of their professional capacities and not be influenced by outside factors. They must find the right approach to overcome obstacles. Only in this way can they be successful.

Photography/*Fotografie*: Dave Gillespie

cazione dei figli, le donne trasmettono la cultura e la lingua italiana, facendo capire ai propri figli che cosa rappresenta davvero l'Italia.

Qual è la differenza tra le donne di prima e seconda generazione?
La differenza è nella mentalità. Le donne che sono emigrate hanno seguito i loro mariti in questa avventura, è come se per loro si fosse fermato il tempo al momento della loro emigrazione. Lasciato il loro paese, sono arrivate in Canada, ma non hanno abbandonato lo stile di vita del paese d'origine. Le donne di seconda generazione sono invece più integrate nella società canadese e, pur mantenendo dei legami più o meno stretti con la società italiana, hanno una visione diversa dell'Italia.

Quale consiglio darebbe alle donne per raggiungere il loro successo professionale e personale?
Porsi degli obiettivi concreti. Essere sicure delle proprie capacità professionali e non farsi mai influenzare da fattori esterni. Trovare l'approccio giusto per superare gli ostacoli. Solamente in questo modo il successo è garantito.

"I wanted to prove I was not a **failure**, that I could achieve my goals. I wanted to show I could work well in other areas of the industry, and I found my ability to speak Italian came in very handy."

RITA

Rita DeMontis arrived in Canada in 1957, at the age of two. She was one of a group of Sardinians in the Italian community in Toronto. Her has included covering different for the *Toronto Sun*; hosting a cooking on television; working as a volunteer various humanitarian projects, such as collecting funds for children of and participating in various associations such as the board of governors for Colombo, the National Congress Italian-Canadians, and the Italian Professional Women's Association. She broadcasts on CFRB1010 AM Saturday and Sunday mornings John Donabie and is the editor Lifestyle and Food section of *Sun.*

DEMONTIS

Rita DeMontis è arrivata in Canada nel 1957, all'età di due anni. Faceva parte di un gruppo di sardi della comunità italiana di Toronto. Nella sua carriera si è occupata di diversi lavori: ha ricoperto ruoli giornalistici all'interno del Toronto Sun, *ha condotto un programma televisivo culinario, ha lavorato come volontaria in diversi progetti umanitari, tra cui una raccolta di fondi a favore dei bambini bosniaci, ed ha preso parte a diverse associazioni tra cui Villa Colombo,* The National Congress of Italian-Canadians *e* The Canadian Italian Professional Women's Association. *Oggi, trasmette un programma radiofonico su CFRB1010 AM ogni sabato e domenica mattina con John Donabie come ospite e ricopre l'incarico di responsabile della sezione* Lifestyle and Food *del* Toronto Sun.

Birthplace: Valencienne, France
Region of Origin: Sardinia, Italy

Tell me about your parents.

My father, who passed away five years ago, was an honest and humble construction worker, and my mother was a professional broadcaster and retired chef. When they arrived in Canada in 1957, it was a difficult period, especially for my mother. She had fallen in love with France, where they lived and where I was born. Yet despite the difficulties, they came to Canada with their origins, their culture, and their history. They did it with courage, leaving behind everything that was certain. From their experiences, I learned to look ahead while being aware of the difficulties of the present and constantly desiring to better myself. They taught me that you can learn from every experience, and they made me understand that we must always look at the future in a positive way, even if it is unpredictable. From them, I learned to appreciate all that life offers and to confront adversity and try to transform it into something positive. From the time my brothers and sisters and I were very young (all six of us!), my parents tried to teach us to be autonomous and responsible. We also knew that family was the most important value of all.

Do you feel more Canadian or Italian?

The different approach I use in resolving problems comes from my Italian roots. Generally, I have my whole staff sit around my desk and consider every suggestion to find the best solution. Even my passion for food comes from my background. I like being in the kitchen inventing recipes and discovering new tastes. It is inevitable that the traditions of the Bel Paese would influence me. I am truly proud of being Canadian, and I feel that I am part of the sandwich generation—the magical mix of Italy and Canada.

Have you ever been to the birthplace of your parents?

I went to Sardinia at age 19. Everything seemed so strange to me. I grew up in Canada, and the idea of the long journey to Italy filled me with trepidation. I was a bit hesitant, even though my mother encouraged me to go, telling me she was sure I would change my mind once I got there. From the plane window, I started to fall in love with the landscape—Sardinia often has this effect. When you think of all the riches that Italy has given to the world, it takes your breath away. Sardinians are unusual. They remind me of a combination of nomads and First Nations peoples. They are often reserved, but the relationships they establish are always very intense.

How was your passion for journalism born?

I was a curious child, and I remember thinking I wanted to be a journalist from the time I was a teenager. I had a natural propensity for gathering information, and my instincts help me to examine facts that aren't very clear. Part of my success comes from my ability to memorize a great number of details, something quite

Nata a: Valencienne, Francia
Regione di origine: Sardegna, Italia

Mi parli dei suoi genitori.

Mio padre, che è morto cinque anni fa, era un uomo umile ed onesto e lavorava nell'edilizia, mentre mia madre era una telecronista e cuoca pensionata. Quando arrivarono in Canada nel 1957, era un periodo molto duro, soprattutto per mia madre dal momento che si era affezionata alla Francia, paese dove i miei genitori si erano trasferiti in un primo tempo e dove sono nata. Nonostante le difficoltà, sono riusciti a portare in Canada le proprie origini, la propria cultura e la propria storia e lo hanno fatto con coraggio, abbandonando tutte le loro certezze. Dalla loro esperienza ho imparato a guardare avanti, rimanendo sempre consapevole delle difficoltà del presente e desiderando costantemente di migliorare sé stessi. Mi hanno insegnato che si può imparare da qualsiasi esperienza e mi hanno fatto capire che bisogna sempre guardare al futuro in maniera positiva, nonostante sia imprevedibile. Da loro ho imparato ad apprezzare tutto ciò che la vita offre, ad affrontare le avversità e a trasformarle in aspetti positivi. Fin da quando io e i miei fratelli e sorelle eravamo molto piccoli (tutti e sei!), i miei genitori hanno cercato di farci crescere in modo autonomo e responsabile, considerando la famiglia come il valore più importante.

Lei si sente più canadese o italiana?

Il mio differente approccio alla risoluzione dei problemi è merito delle mie radici italiane: generalmente faccio sedere tutto lo staff alla mia scrivania e prendendo in considerazione ogni suggerimento, cerchiamo di trovare la soluzione migliore. Anche il mio grande amore per il cibo deriva dalle mie origini. Mi piace stare in cucina, inventare ricette e scoprire nuovi gusti. È stata inevitabile l'influenza delle tradizioni e della cultura del Bel Paese ma allo stesso tempo sono davvero orgogliosa di essere canadese: mi sento parte di una generazione "sandwich", il risultato di una magica combinazione tra Italia e Canada.

È mai stata nella terra dei suoi genitori?

Sono stata in Sardegna quando avevo diciannove anni e tutto mi è sembrato così strano. Io ero cresciuta in Canada e l'idea di intraprendere un viaggio così lungo verso l'Italia mi entusiasmava; ero un po' titubante anche se mia madre mi ha incoraggiata a partire, dicendomi che era sicura che una volta raggiunta l'Italia avrei cambiato idea. Già dai finestrini dell'aereo ho cominciato ad innamorarmi del paesaggio - la Sardegna fa spesso questo effetto. Quando ci si rende conto di tutte le ricchezze che l'Italia ha regalato al mondo, ti manca il respiro. I sardi sono persone molto particolari, mi danno l'impressione di essere un popolo nomade e mi ricordano molto le "first nations"; spesso sono persone chiuse, ma i rapporti che si riescono ad instaurare sono sempre profondi.

useful in my work. I have always read a lot, and I continue to read as much as I can.

How did your career develop?

I started working shortly after I finished high school. It was 1973, and I went to work for *TV Guide* magazine, one of only a handful that I knew about that were working with computers. I was there for two years. Then I went through a period characterized by a strong desire to travel and to have new experiences, and that is when I started working for an Italian travel agency in Toronto. I realized that I had made the biggest mistake of my life, but at the same time, it was the mistake that made me grow the most. Five months after I started at the travel agency, I was let go—my father found the job posting for my position listed in the *Corriere Canadese*. When I confronted my boss with the paper clipping, he admitted he was looking for someone to replace me. My boss told me that I should go home, get married, have babies. From that moment, I knew that I wanted to show him and everybody else how much I was really worth.

In 1976, I went to work for the *Toronto Sun*. I called the editorial office and pitched my skills as editor for their television magazine, citing my previous experiences in that field. At first, they said no, but a few days later, they called me and asked, "Are you sure you know the job, Miss DeMontis?" From that moment on, I showed them all how good I was. Once I entered journalism, I worked as a reporter, even working on the police desk alongside seasoned police reporters. At that time, Little Italy was a hot neighbourhood, and thanks to my ability to deal with people and my Italian background, I was able to gather information that nobody else knew about—in some cases, not even rival journalists.

In 1986, I started to work for the lifestyle section as a writer. One moment in particular stands out: my encounter with a 15-year-old Italian-Canadian boy who had terminal cancer. His only wish was to meet Michael Landon, the actor. I went to work to get in touch with Mr. Landon, and when I did, I explained the situation to him. After raising the necessary funds from the Italian community, this young man and I left for California. We were able to realize his greatest desire. I learned that with determination, it is possible to achieve any goal and make everything you believe in come true. For me, achieving success means believing in your potential and being aware of all your abilities, fighting to reach your goal.

Do you think you're a good example for young women?

My work experience has taught me that life is too short to have regrets. That is why I always fought with all my might for what I wanted. I think I am a good role model and a good mentor for the new generation. I can't tell people what to do, but I want to communicate things about my experience so that they can learn to excel with their strengths.

Com'è nata la sua passione per il giornalismo?
Fin da bambina sono sempre stata curiosa ed ho sempre pensato di volere diventare una giornalista, già durante l'adolescenza. Credo di avere una naturale propensione per ottenere informazioni e il mio istinto mi aiuta moltissimo, specialmente quando devo indagare a proposito di fatti non troppo chiari. Direi che il mio successo in questo lo devo alla mia capacità di memorizzare un grande numero di dettagli, cosa molto utile nel mio lavoro. Ho sempre letto moltissimo e leggo tutto quello che posso.

Come si è sviluppata la sua carriera?
Sono stata assunta subito dopo aver terminato gli studi. Era il 1973 e la TV Guide magazine era l'unica guida televisiva dove si lavorava con i computer; sono rimasta lì per due anni. Poi ho trascorso un periodo caratterizzato da un forte desiderio di viaggiare e di fare nuove esperienze e per questo ho iniziato a lavorare per una agenzia viaggi italiana a Toronto. Mi sono resa conto di aver commesso l'errore più grande della mia vita, ma allo stesso tempo è stato l'errore che mi ha fatto crescere di più. Cinque mesi dopo che ho iniziato a lavorare sono stata licenziata. Fu mio padre a notare l'annuncio sul Corriere Canadese in cui si offriva la mia posizione all'agenzia viaggi dove lavoravo. Quando l'ho portato al direttore, quest'ultimo ha ammesso che stava cercando un'altra persona per rimpiazzarmi. Mi ha detto di andare a casa, sposarmi e fare bambini. Da quel momento capii che avrei dimostrato a lui e a tutti quello che veramente valevo.
Cosi nel 1976 ho deciso di lavorare al Toronto Sun. Ho chiamato la redazione e mi sono proposta come curatrice del loro magazine televisivo, dal momento che avevo già avuto un'esperienza simile in quel campo. Inizialmente non mi hanno accettato, ma solo dopo qualche giorno mi hanno richiamato: "È sicura di conoscere il mestiere Signora DeMontis?". E da quel momento in poi ho mostrato a tutti loro quanto valevo. Una volta entrata a far parte del mondo giornalistico, ho iniziato ad occuparmi di cronaca lavorando anche con la polizia e i giornalisti professionisti. A quel tempo Little Italy era un quartiere piuttosto caldo ed io, grazie alle mie capacità di relazione e alle mie origini italiane, ero in grado di raccogliere informazioni di cui nessun altro era a conoscenza, neppure i giornali concorrenti.
Nel 1986 ho iniziato a lavorare nella sezione lifestyle come giornalista, di cronaca di costume. Il momento che più ha segnato la mia carriera è stato l'incontro con un ragazzo di 15 anni appartenente alla comunità italiana che stava morendo di cancro. Il suo unico desiderio era quello di incontrare il famoso attore Micheal Landon. Cosi ho iniziato subito a cercare quest'uomo e nel giro di breve l'ho rintracciato. Gli ho spiegato la situazione e il giorno successivo, dopo avere raccolto i soldi necessari all'interno della comunità italiana, io e quel giovanotto siamo partiti alla volta della California. Eravamo riusciti a realizzare il suo più grande desiderio. Da questo ho imparato che è possibile raggiungere qualsiasi traguardo e realizzare tutto quello in cui si crede, con determinazione. Per me avere

What do you think a woman's role in society is?

Women still have a long way to go before they reach men in terms of equality in the workplace. However, women represent maternal figures. We are the ones who give life and have a deeper interest in the health of the family. Fortunately, women now have huge opportunities to excel in both areas of family and work. Balancing these two aspects is very difficult, but in one way or another, it can be done... Personally, I feel very lucky to have been able to realize all of my dreams. This is due also to my husband and my family, who are always by my side.

Do you think there are still differences between men and women in the workplace?

Absolutely, yes! I feel many women don't get paid for what they really do; often their contribution in the workforce and within the sphere of the family is not recognized and appreciated. I have also noticed that some employers treat female employees in a more authoritative manner. I have always maintained that if I ever became an employer—which I am, effectively—I would try to treat everyone equally, without discrimination. This is the principle that I've always followed. I am convinced that dialogue and equality are the bases of a successful professional relationship.

Are you satisfied with your life? Is there anything you would change if you could go back?

I am absolutely satisfied; I would die fulfilled if I died tomorrow. I have no regrets, but if I could go back, I wouldn't waste so much time being anxious, distressed, self-critical, and doubting my abilities. The death of the person most dear to me, my cousin and best friend, taught me that life is precious, and in order to avoid having regrets, we must be certain to live every moment to its fullest.

What are your future plans?

I'd like to do stand-up comedy; I love humour, and I believe in its power. I am convinced that my sense of humour is a result of having to rise above the many sad moments that I experienced in my youth. I currently appear on several cooking and lifestyle shows on TV, and with comedy, perhaps I could have more time to become more confident in front of the camera. Right now, it's just an idea. I believe that making people laugh is one of my best qualities, and I am convinced that we all need that these days.

Photography/*Fotografie*: Dave Gillespie

successo è credere nelle proprie potenzialità ed essere consapevoli delle proprie capacità. Quello che conta è lottare per persegure il proprio scopo.

Si ritiene un buon esempio per le giovani donne?

Durante i miei anni di lavoro ho imparato che la vita è troppo corta per avere rimpianti, perciò ho sempre lottato con tutte le mie forze per ottenere quello che volevo. Mi ritengo un buon modello e un buon mentore per le nuove generazioni. Non intendo raccomandare delle persone, piuttosto desidero trasmettere loro la mia esperienza insegnando loro ad eccellere con le proprie forze.

Quale pensa sia il ruolo della donna nella società?

Innanzitutto le donne hanno ancora molta strada da percorrere per quanto riguarda l'uguaglianza nel mondo del lavoro. Comunque la donna rappresenta la figura materna, colei che dona la vita e che ha più attitudine al benessere generale della famiglia. Fortunatamente ora le donne hanno maggiori possibilità di realizzarsi in entrambi gli ambiti: lavoro e famiglia. Equilibrare questi due aspetti è molto difficile, ma in un modo o nell'altro ci si può riuscire. Personalmente mi sento molto fortunata, per aver potuto realizzare tutti i miei desideri e questo anche grazie a mio marito ed alla mia famiglia che mi è sempre stata vicina.

Crede che ci siano ancora molte differenze sul lavoro tra uomini e donne?

Assolutamente sì. Mi sembra che molte donne non vengano pagate per tutto quello che in realtà fanno. Ovvero, spesso il loro contributo in campo lavorativo e all'interno della sfera familiare non viene riconosciuto ed apprezzato. Inoltre ho notato che spesso i dirigenti trattano le dipendenti di sesso femminile in maniera più autoritaria. Io mi sono sempre ripromessa che se mai fossi diventata anch'io una dirigente, come è effettivamente stato, avrei cercato di trattare tutti allo stesso modo, senza discriminazioni. Ed è questo il principio che ho sempre seguito. Sono convinta che il dialogo e la parità siano la base di un rapporto lavorativo di successo.

È soddisfatta della sua vita? C'è qualcosa che cambierebbe se potesse tornare indietro?

Sono assolutamente soddisfatta, persino se dovessi morire domani! Non ho rimpianti, ma se potessi tornare indietro non sprecherei tutto il tempo che ho passato in stati di ansia, di angoscia, in cui ho dubitato delle mie capacità e mi sono autocriticata. Ho imparato, dopo la morte della persona a me più cara, mio cugino nonché migliore amico, che la vita è preziosa e che per non avere mai rimpianti bisogna essere certi di vivere ogni momento al meglio.

Che programmi ha per il suo futuro?
*Mi piacerebbe far parte di un programma comico: amo l'umori-
smo e credo nella sua forza. Sono convinta che il mio senso dello
humour sia stata una difesa spontanea per superare tutti i
momenti tristi che ho trascorso durante la mia giovinezza. Al
momento partecipo ad alcuni programmi televisivi di cucina e lifestyle, anche se mi piacerebbe avere piu spazio in televisione. Ma
per il momento si tratta solo di un'idea. Credo che far ridere le persone sia una delle mie migliori qualità e sono convinta che oggi ce
ne sia bisogno!*

"Volevo dimostrare che non ero una fallita, che potevo raggiungere i miei obiettivi. Volevo dimostrare che potevo lavorare bene in altri settori dell'industria e ho scoperto che la mia conoscenza della lingua italiana è stata utile".

"I am a Canadian of Italian origin. **I am indebted to both** these cultures. I love the creativity that comes from a country with a long **history, and** I love the **potential** that a modern country embodies."

JULIE

JULIE DI LORENZO

DI LORENZO

Julie Di Lorenzo is president of the Diamante Urban Corporation and has worked in real estate development since 1982. Among her many projects are the 108-unit Cityhome project in Toronto, non-profit residences in Ottawa, and the development of the Royalton, Domus, and Phoebe on Queen condominium projects, which were all awarded the Project of the Year by the Greater Toronto Home Builders' Association (GTHBA). Di Lorenzo, who sits on the board of many organizations, including St. Michael's Hospital, was also president of the Greater Toronto Home Builders' Association in 2005.

Julie Di Lorenzo è presidente della Diamante Development Corporation e lavora nell'ambito dello sviluppo immobiliare dal 1982. Tra i suoi numerosi progetti si annoverano il Cityhome di Toronto, con 108 unità, case popolari ad Ottawa, i progetti di sviluppo Royalton, Domus e il Phoebe on Queen che sono stati tutti premiati come progetto dell'anno dall'Associazione dei Costruttori dell'Area Metropolitana di Toronto. Julie Di Lorenzo, oltre a numerose presenze in consigli direttivi di prestigio, é stata Presidente dell'Associazione dei Costruttori dell'Area Metropolitana di Toronto nel 2005.

Birthplace: Toronto, Ontario, Canada
Region of Origin: Abruzzo, Italy

What is the story of your parents' arrival in Canada?

My parents' stories are extremely different. My mother still remembers arriving by boat, and her very discouraging walk on Caledonia Road, wearing thin leather Italian shoes, while looking for a job in a factory. My father arrived very comfortably in an airplane.

Did your family encounter difficulties integrating into Canadian society?

My mother knew many other immigrants, mostly from Italy. Multiculturalism allowed many immigrants to remain within their original cultural boundaries, something that I think did not always benefit them. Integration was necessary to improve their sense of belonging. My father wanted to make sure we attended local "English" schools. My sister and I were some of the first, if not the first, Italians at Havergal College.

What were the main obstacles your parents had to overcome?

Due to the insular nature of multiculturalism, I think my mother was slightly intimidated by the language and the new culture. My father's personality, however, allowed him to integrate very quickly.

What principles and values have your parents passed down to you?

I have to say that my sisters and brother and I have been very fortunate, because we always spent our holidays in Italy with my grandmother. There, being sent on errands to Maria *la piatara* or Angela *la pannettiera* gave us a profound understanding of the interrelationship and interdependency for survival and progress. We understood the relevance and the need to be part of a community.

Life in the community is very important to me. I feel a need and a responsibility to contribute to the well-being of those around me. I think having faith in the potential of a community has been very important to my success in business. Our projects have been a result of a variety of opinions and different viewpoints. Being Italian, I discuss and debate in a way that is almost an art. But like in any healthy family, even after battles at the dinner table, we all respect each other, and loyalty comes first and foremost. The result is that, because of creative, respectful confrontation, our ideas get tested and are therefore better for it.

Have you ever felt discriminated against for being Italian?

In grade school, I was teased, but children don't know the impact of what they say. Other than that, not really. It actually helps to be a woman of a different culture in Toronto business.

Nata a: Toronto, Ontario, Canada
Regione di origine: Abruzzo, Italia

Com'è stato l'arrivo dei suoi genitori in Canada?

Le storie dei miei genitori sono estremamente diverse: mia madre ricorda ancora il suo arrivo in nave e la sua faticosa camminata su Caledonia road, indossando scarpe italiane, alla ricerca di un lavoro in fabbrica. Mio padre, invece, è arrivato comodamente in aereo.

La sua famiglia ha incontrato difficoltà ad integrarsi nella società canadese?

Mia madre ha conosciuto molti altri immigrati, soprattutto italiani. Il multiculturalismo canadese ha permesso a molti immigrati di rimanere all'interno dei loro confini culturali originari e ciò non sempre li ha avantaggiati. L'integrazione è stata necessaria per poter migliorare il loro senso di appartenenza. Mio padre si è voluto assicurare che frequentassimo scuole inglesi: io e mia sorella siamo state tra le prime, se non le prime, italiane al Havergal College.

Quali sono stati i principali ostacoli che i suoi genitori hanno dovuto superare?

A causa della natura insulare del multiculturalismo, credo che mia madre sia stata intimidita per lo più dalla lingua e della nuova cultura, mentre mio padre non ebbe grandi difficoltà ad integrarsi e ciò grazie alla sua personalità.

Quali principi e valori le hanno trasmesso i suoi genitori?

Devo ammettere che io ed i miei fratelli siamo stati fortunati, perché abbiamo sempre trascorso le vacanze in Italia da nostra nonna. Abbiamo così vissuto e capito l'importanza della famiglia ed il senso di vita comunitaria tipici della cultura italiana.
La vita di comunità è sicuramente stata fondamentale nel corso della mia vita. Ho sempre sentito il bisogno e la responsabilità di contribuire al benessere di chi mi circonda. Inoltre, avere fiducia nella potenzialità di una comunità è stato molto importante per avere successo nel mondo degli affari. I nostri progetti sono il risultato di opinioni diverse e di punti di vista differenti. Essendo italiana, sono portata alla discussione e al dibattito, che è quasi un'arte. Ma, come in una buona famiglia, anche nel mio ufficio dopo una discussione, anche aspra, si torna amici come prima. Il risultato è che il momento del confronti risulta di arricchimento alle nostre idee.

Si è mai sentita discriminata in quanto italiana?

Alla scuola elementare, venivo presa un po' in giro, ma i bambini non conosco le implicazioni di ciò che dicono. A parte questo, non sono stata discriminata, anzi credo che oggi essere una donna di una cultura diversa possa costituire un vantaggio a Toronto.

JULIE DI LORENZO

What values would you like to pass on to your children?

Respect for all cultures and all viewpoints. Italians do not believe in the myth of hierarchy, and it is normal for a leader to have a discussion with his or her collaborators on equal terms. They do admire hard work and success, though; they may even idolize it. I hope my children will love to discuss and challenge things, and make themselves a resource for their community. In fact, few are better than Italians at turning a challenge into a workable, usable idea. We love to turn obstacles into solutions. Nobody is better than Italians at this. That is why we invented *piazze*, to argue, to be tested, to be inspired by each other and then improve ourselves and add a little colour to the community!

Do you consider yourself to be a Canadian woman of Italian origin or an Italian living in Canada?

I am a Canadian of Italian origin. I am indebted to both these cultures. I love the creativity that comes from a country with a long history, and I love the potential that a modern country embodies. I also appreciate the pressures and enjoy the delights that come from many different cultures [coming together] in a new community.

Do you have any criticisms of the role of women in Italian culture?

Frankly, no. My grandmother has always kept her maiden name on her mailbox. She was a businesswoman and so was her mother. Our family has always believed in education and opportunity for women. My aunt was born in the twenties, and she had to choose between being a doctor, a lawyer, or a nun.

What does it mean to be a woman in a professional field dominated by men?

It is amazing. Men are extremely respectful, and they give recognition when it is deserved. They give you credit for how well you do your job. They also keep the pressure on, since, as one of the few women in the field, you are often the focus of attention.

When you have faced difficulties, where did you find the motivation to continue?

My faith in goodness and the future comes first. The other motivation comes from the desire to always improve myself and to create something positive every day. Because of this, I don't care how hard the daily grind is. With the passing of time, money has little value. What counts is the challenge to improve without making ethical compromises.

What personal characteristics have helped you get to where you are today?

Determination, flexibility, and respect for differences in opinion, while maintaining leadership at the same time. Most women of European origin don't have a problem thinking of themselves as strong and feminine at the same time, and that is certainly the case for me.

Quali valori pensa di trasmettere ai suoi figli?

Il rispetto per tutte le culture e per tutti i punti di vista. Gli italiani non hanno il mito della gerarchia ed è normale per un direttore discutere alla pari con i suoi collaboratori: il lavoro duro e il successo sono ammirati, se non idolatrizzati. Spero che i miei figli amino sempre discutere, confrontarsi e anche farsi valere, con correttezza. Nessuno infatti è più bravo degli italiani a trasformare le sfide in un'idea utilizzabile e brillante: non è un caso che gli italiani abbiano inventato le piazze, proprio per discutere, ispirarsi vicendevolmente e allo stesso tempo migliorarsi e aggiungere un po' di colore alla comunità.

Si considera una donna canadese con origini italiane o un'italiana che vive in Canada?

Mi ritengo una canadese con origini italiane. Sono debitrice ad entrambe queste culture. Amo la creatività di un paese con una lunga storia quale è l'Italia e amo il potenziale che un paese moderno quale il Canada incarna. Apprezzo inoltre le gioie che possono derivare dell'incontro tra molte culture che danno vita a una nuova comunità.

C'è qualcosa che vorrebbe criticare in merito al ruolo della donna nella cultura italiana?

Francamente, no. Mia nonna ha sempre mantenuto il cognome da signorina sulla cassetta delle lettere. Era una donna d'affari e così era stata sua madre. La nostra famiglia ha sempre creduto nell'importanza dell'educazione anche per le donne. Mia zia, nata negli anni '20, dovette fare una scelta: dottoressa, avvocatessa o suora.

Cosa significa essere una donna in un settore dominato dagli uomini?

E' strabiliante. Gli uomini sono estremamente rispettosi e riconoscenti e ti danno merito per come sai fare il tuo lavoro. Contribuiscono a mantenere sempre alta la tensione in quanto, essendo una delle poche donne in questo settore, sei sempre al centro dell'attenzione.

Quando si è trovata a dover affrontare delle difficoltà, dove ha trovato la motivazione per continuare ad andare avanti?

Innanzitutto nella mia fede nella bontà e nel futuro. La motivazione viene poi dalla volontà di migliorare, sempre. Così non importa quanto dura sia la quotidianità. Con l'andare del tempo, i soldi non hanno più valore e quello che conta è la sfida a fare meglio, senza però accettare compromessi di carattere morale.

Quali sono le caratteristiche personali che l'hanno portata al successo?

Determinazione, elasticità e rispetto per tutte le opinioni altrui, mantenendo allo stesso tempo la leadership. Credo che la maggior parte delle donne europee non abbia problemi a mostrarsi allo stesso tempo come donne forti e femminili e questo è cer-

Has your Italian background helped you in life and in business?

Yes, absolutely. The capacity to discuss without prejudice, to listen while continuing to lead the game, and the ability to direct different opinions towards a unified result is typically Italian... as is the push to always give your best. People have said I change my mind a lot, but they say I do it "like a fighter pilot." Intrigue and strategy and leadership are also things that come from ancient cultures like ours.

As a successful developer, how do you balance your private and professional lives?

I work and live every day to its fullest potential, including spending an enormous amount of time doing volunteer work. I love life. I love people. And I am in a hurry to live every minute. In my family, we have a motto: If you are sad or annoyed, you don't have enough to do.

Have you had to make sacrifices in order to achieve professional success?

I have had the luck of finding a marvellous man and of having a child, even if it is a little late in my life at 40. I have worked very hard, all day and every day, from when I was 17 years old. By working so much, I risked the possibility of not having a child, and along the way, I neglected friends who have, thankfully, mostly forgiven me.

What are your ties with the Italian community?

For most of my early adulthood, I did not participate in the Italian community's activities. Then, when I was 25, I was delighted to re-acquaint myself with Italians here through my friendships with some brilliant, outgoing second generation writers and professionals like Nino Ricci, John Montesano, Nick Bianchi, Luigi Ferrara... Amongst other things, they published a magazine about the experiences of second generation Italians. Now, I intend to help our elders by working on the Villa Charities board.

What role do you play in Toronto's Italian-Canadian community?

I believe that young people consider me to be a respected leader. I hope they think of me as being very strong and "with it" and a person of integrity. I am determined to continue to be an active member of the community. I was president of the largest association of builders in Toronto, and I continue to be involved with GTHBA. I am part of the board of the Harbourfront, of the consultative commission for the Schulich School of Business, and I am on the board of directors for Villa Charities. I have been a member of the board of directors for Ontario Science Centre. I am on the board of the Canadian Urban Institute and the board of St. Michael's Hospital. I am now also on the board of Tarion [a private corporation that protects the rights of new homebuyers and regulates new home builders], a very prestigious appointment for someone in the real estate industry.

tamente anche il mio caso.

Il suo background italiano le è stato d'aiuto?

Sì, assolutamente. La capacità di discutere senza pregiudizi, di ascoltare continuando a condurre il gioco, di indirizzare pareri diversi verso un unico risultato è qualcosa di tipicamente italiano. E così pure la spinta a dare sempre il meglio. La gente ha detto che cambio spesso opinione, ma poi dicono anche che cambio parere come un "pilota da combattimento". La strategia, la curiosità e la leadership sono tutte qualità che derivano sempre da una cultura antica come la nostra.

Come imprenditrice edile di successo, come riesce a conciliare vita privata e vita professionale?

Lavoro e vivo ogni giorno al cento per cento e dedico anche molto tempo al volontariato. Amo la vita. Amo la gente. Vivo appieno ogni minuto della mia vita. In famiglia abbiamo un motto: "Se sei triste o annoiato, allora non hai abbastanza da fare".

Crede di aver sacrificato qualcosa per ottenere il successo professionale?

Ho la fortuna di aver trovato un marito meraviglioso e aver avuto un bimbo, anche se con un certo ritardo. Ho lavorato molto duramente, tutto il giorno e tutti i giorni, da quando avevo 17 anni, così ho rischiato di perdere la possibilità di avere un figlio e ho trascurato gli amici che fortunatamente mi hanno perdonato.

Qual è il suo legame con la comunità italiana?

Fino all'età adulta, non ho partecipato a nessuna attività della comunità italiana. Poi, quando aveno venticinque anni, feci amicizia con alcune persone davvero in gamba, quali Nino Ricci, John Montesano, Nick Bianchi, Luigi Ferrara, che, tra le varie attività, pubblicavano una rivista sulle esperienze degli italiani di seconda generazione. Adesso mi impegno per aiutare i nostri anziani lavorando per Villa Charities.

Quale ruolo gioca all'interno della comunità italo-canadese?

Credo che i giovani mi considerino un leader rispettato e spero inoltre che mi reputino una persona forte e integra. Sono determinata a continuare ad essere un membro attivo della comunità. Sono stata presidente della più grande associazione di costruttori di Toronto, la Greater Toronto Home Builders Association e continuo a partecipare alle sue attività; faccio parte del Consiglio d'Amministrazione dell'Harbourfront, della Commissione Consultiva per la Scuola del Commercio Schulich e da poco del Consiglio Direttivo di Villa Charities. Sono stata membro del Consiglio Direttivo dell'Ontario Science Centre, sono nel Consiglio Direttivo dell'Istituto Urbano Canadese e faccio parte del Consiglio Direttivo dell'Ospedale S. Michael. Infine, adesso faccio parte del cosiddetto Consiglio di Tarion, che è una nomina molto importante per chi fa parte del settore immobiliare.

JULIE DI LORENZO

JULIE DI LORENZO

What role does the Italian community play in Toronto?
To sum it up, I think we can credit them with an enormous amount: physical labour, teamwork, and courage. We can also credit them with technological genius and innovation. Of course, Italians here also invented and gave a new hybrid way of life to this city: work hard but play hard and a little loud, a colourful lifestyle made up of the best of being both Canadian and Italian.

What is the role of the Italian-Canadian woman in the future?
I hope we can continue to leave a mark and demonstrate to all women that beauty and charm do not impede a career. A woman does not have to play down her brainpower in order to feel beautiful, like a model or a rock star. In order to feel strong and independent, it is not necessary to sacrifice something. There is nothing more lovely than a strong and gentle Italian or European lady—a lady in the true sense of the word. [A true lady] fights for the disadvantaged, helps her fellow man and is capable of transmitting a strong sense of faith, and also demonstrates decorum. A lady like my grandmother, sitting calmly and elegantly for tea, organizing the family affairs, just after having made a five-course meal for eight people.

Photography/*Fotografie*: Dave Gillespie

Che ruolo gioca la comunità italiana a Toronto?
In sintesi, penso che si debba riconoscere agli italiani l'apporto di un'enorme quantità di lavoro, intendo lavoro fisico e di squadra, nonché di un incredibile genio tecnologico ed innovativo. Certamente, abbiamo contribuito a migliore questa città e a darle un'anima un po' più colorata che ha saputo mescolare il meglio dell'essere canadesi e dell'essere italiani.

Qual è il ruolo delle donne italo-canadesi nel futuro?
Spero si possa continuare a lasciare un segno e a dimostrare a tutte le donne che bellezza e fascino non impediscono di fare e carriera. La donna non ha bisogno di minimizzare la sua intelligenza per sentirsi bellissima, come una modella o una rock star. Per essere forti e indipendenti non è necessario sacrificare qualcosa. Non c'è nulla di meglio, secondo me, di una donna italiana o europea forte e gentile allo stesso tempo; una donna nel vero senso della parola che si batte per le persone disagiate, che aiuta il prossimo e che riesce a trasmettere un senso profondo di fiducia, dimostrando sempre decoro. Corrisponde al ritratto di mia nonna che era solita prendersi un tè per organizzare le attività familiari, giusto dopo aver cucinato un pasto completo per otto persone.

"Mi ritengo una canadese con origini italiane. Sono debitrice ad entrambe queste culture. **Amo la creatività di un paese con una lunga storia quale è l'Italia e amo il potenziale che un paese moderno quale il Canada incarna".**

"We women are strong. We are the stronger of the two sexes; we are the glue that holds the family together. We are the ones who lend a helping hand to our children, and to other women, and to other families, ensuring that they remain united and that they continue to grow and prosper. This is our hope."

ROSSANA

DI ZIO MAGNOTTA

Rossana Di Zio Magnotta arrived in Canada in 1954 with her parents, in search of a future, and today is the president of Magnotta Winery Corporation, the company bearing her name as well as that of her husband, Gabriele. Before starting their winery venture in 1990, Di Zio Magnotta was a medical laboratory technologist at Humber River Regional Hospital in Toronto. She is the recipient of numerous awards and acknowledgements, and in 1999, was the only Canadian among 50 businesswomen from 68 countries chosen as one of the Leading Women Entrepreneurs of the World.

Arrivata in Canada nel 1954 con i genitori in cerca di un futuro, Rossana Di Zio Magnotta è oggi Presidente della Magnotta Winery Corporation, l'azienda che porta la sua firma e quella del marito, Gabriele. Prima di lanciarsi nel business vinicolo nel 1990, Di Zio Magnotta era un tecnico di laboratorio all'Humber River Regional Hospital di Toronto. La signora Magnotta è stata anche vincitrice di numerosi premi e riconoscimenti negli ultimi anni. In particolare è stata l'unica canadese selezionata tra cinquanta imprenditrici provenienti da 68 Paesi del mondo per il Leading Women Entrepreneurs of the World '99.

Birthplace: Alanno, Pescara, Abruzzo, Italy
Region of Origin: Abruzzo, Italy

When did you come to Canada?

I was only 18 months old when I arrived in Canada. Obviously, I don't remember the details; however, it was a very challenging experience for my parents, who, besides having to take care of me, were alone on their journey. The journey by passenger ship had upset them. In March of 1954, we arrived in Halifax. The day was cold, with plenty of snow on the ground. All was dark and desolate. From there we boarded a train bound for northern Ontario, and arrived in Schumacher, the mining town that would become my hometown. During those years, my parents worked a great deal. Only later did we move to Toronto.

Describe what your mother did for a living.

My mother was, and still is, a very gifted woman. She had an unbelievable talent for fashion and was a designer in Italy. Schumacher had a local skating rink very close to my home where the skating competitions took place. At that time, Italy had no concept of designing skating costumes; however, my mother, a very dynamic and creative individual, quickly understood the need for costume designing. She began as a seamstress sewing skating costumes. There was a high demand for her costumes, and thus began her very successful career. Within a five-year period, my parents were able to save enough money to move to Toronto and purchase a house, in which they still live today.

Do you feel more Italian or Canadian?

I feel Canadian, because I really was raised here. Canada is a country that I have come to appreciate, and one that offers many opportunities to individuals, especially to those like my parents who have worked to better themselves and to be successful.

By this I do not [mean that I] intend to abandon my Italian origins. Actually, my Italian origins are my heart and soul. My family has always been able to maintain close ties with our Italian culture, its values and traditions. Keeping with Italian traditions, at Christmas and Easter, I busy myself cooking traditional meals and making all the traditional Italian treats, such as Easter dolls. These traditions I learned from my mother and I have now taught my children. For many special occasions, we make our own wine, bread, pasta, as well as tomato sauce and many other traditional Italian specialties.

Would you like your children to follow in your footsteps?

Of course! They have already shown interest. I have two sons and one daughter. My daughter specialized in business and Italian, because she in particular loves the culture, the language, and the Italian people, but also because one day she plans to be an executive member of the family business. Being present and having participated in every stage of development of Magnotta Winery

Nata a: Alanno, Pescara, Italia
Regione di origine: Abruzzo, Italia

Quando è arrivata in Canada?

Avevo solo 18 mesi quando sono arrivata in Canada. Ovviamente, non ricordo i dettagli, ma è stata un'esperienza veramente tremenda per i miei genitori i quali erano da soli e per giunta con me piccolissima. Il viaggio in nave li aveva sconvolti. Quando siamo arrivati ad Halifax era il marzo del 1954, c'era molta neve e faceva molto freddo, tutto era desolato e buio. Una volta a terra presero un treno diretto verso il Nord dell'Ontario e giunsero in una zona chiamata Schumacher, luogo di miniere, in cui sono cresciuta. Durante quegli anni mia madre e mio padre lavorarono duramente. Solo in un secondo momento ci trasferimmo a Toronto.

Ci parli dell'attività di sua madre.

Mia madre oggi come allora è una donna incredibilmente dinamica, aveva un'incredibile talento nel disegno e nella moda, in Italia faceva la designer. A Schumacher c'era una pista di pattinaggio molto vicina a casa in cui gareggiavano i pattinatori. In Italia allora non esistevano i costumi per pattinatori, ma una donna dinamica e creativa, quale mia madre, fu in grado di capire che ciò di cui si aveva bisogno era la creazione dei costumi da pattinaggio. Iniziò dunque a fare la sarta cucendo le divise per i pattinatori. Le sue divise furono molto richieste e così fece fortuna. Nell'arco di cinque anni i miei genitori furono in grado di mettere da parte abbastanza soldi per poter andare a vivere a Toronto e comprare una casa dove ancora vivono.

Si sente più italiana o canadese?

Mi sento canadese perché di fatto è il Paese in cui sono cresciuta. Il Canada è un Paese che ho saputo apprezzare e che può offrire molte opportunità, soprattutto a persone che, come i miei genitori, hanno lavorato per migliorare le loro condizioni ed avere successo.

Con questo non voglio dire assolutamente che io non riconosca le mie radici italiane. Queste sono la mia anima, il mio spirito. La mia famiglia ha sempre saputo mantenere viva la cultura italiana, i suoi valori e le sue tradizioni. In occasione delle ricorrenze come Natale e Pasqua, ho l'abitudine di cucinare e fare quelle tipiche cose, come i dolci pasquali, appresi da mia madre, che adesso ho insegnato ai miei bambini. Per le festività importanti facciamo noi stessi il vino, il pane, la pasta, le conserve di pomodoro e molte altre specialità italiane.

Vorrebbe che i suoi figli seguissero le sue orme?

Certo! Si dimostrano già abbastanza interessati. Ho due figli e una figlia. Mia figlia in particolare si è specializzata in business e italiano sia perché ama la cultura, la lingua e le persone italiane, sia perché desidera un giorno poter fare parte a pieno titolo della

ROSSANA DI ZIO MAGNOTTA

Corporation, she has experienced the challenges, the obstacles, and the successes. All three of my children are aware of what it means to begin a business of this magnitude, and having witnessed the company's development and growth, they remain very interested. Therefore, they already are a part of the business, and if one day they decide to take over, they will have the advantage of the family name.

My husband, Gabriele, and I founded the company in 1990, and today we are the third largest winery in Ontario. Today we produce more than 180 different products, which include wine, beer, and spirits. My husband and I were present from the beginning, when we produced only two wines from a very small location.

You have excelled in a field that is typically male dominated. Describe your experiences as a woman working in this sector.

The wine business is a sector that is not very receptive to women, at least not in Canada. I was a medical laboratory technologist and always loved to experiment and to discover new things. I did not have a formal business background and never thought I had any real entrepreneurial blood pulsing through my veins. When I first became involved with Festa Juice, a company that produces grape must, I believe my success was achieved because I was able to bring the same passion and commitment to it that I had when I worked in the laboratory. But I became uncomfortable by the treatment I received from some of the Italian and Portuguese clients.

I was very disappointed that the reason for this treatment was because I was a woman. I dealt with comments such as "What are you telling me, lady? You weren't even around when I was born." I was surrounded by people who didn't believe I knew what I was talking about. But they were wrong! I had a strong laboratory background. After a while, the situation deteriorated to the point that I began thinking of returning to my medical profession. Before leaving this sector altogether, I decided to leave no stone unturned; I wrote a book directed at my skeptical competitors on the proper methods of winemaking. This book was widely accepted. From that moment on, I began gaining respect. If some did not come to thank me in person, I attributed this to their male pride.

How did you deal with this treatment?

Luckily, I don't surrender easily... I gave it my all. I was determined, also because of personal pride, to be successful at almost any cost. It was very difficult to accept the skepticism. Soon after the initial shock, I began to understand there was no other alternative for me but to work harder. In due time, I was able to get where I wanted to be and gained unparalleled respect. I believe that this is a lesson for all women attempting to be successful in careers where there is fierce competition between men and women. Women must work very hard and work longer hours; however, it is precisely this that makes us strong and indestructible.

ditta. Avendo assistito passo dopo passo alla costruzione della Magnotta Winery Corporation, ho affrontato le sfide, gli ostacoli e i successi. Tutti e tre i miei figli sanno perfettamente cosa vuol dire mettere in piedi una ditta di queste dimensioni e, avendola vista crescere, ne sono già appassionati. Dunque sicuramente essi sono già parte dell'azienda e se un giorno ne prenderanno la gestione avranno il vantaggio del nome della famiglia.

Siamo stati io e mio marito Gabriele a fondare l'azienda nel 1990 ed oggi siamo la terza realtà vinicola in Ontario. Ora produciamo oltre centottanta prodotti diversi che includono vino, birra e liquori. Mio marito ed io, siamo stati presenti sin dagli inizi quando ancora producevamo solamente due vini in poco spazio.

È riuscita a primeggiare in un settore, quello dei vini, che è tipicamente dominato dagli uomini. Com'è stata questa sua esperienza come donna?

Il settore del vino, qui in Canada, non è molto aperto alle donne. Come tecnico di laboratorio ho sempre amato sperimentare e scoprire cose nuove, ma non avendo alle spalle un'istruzione di tipo manageriale non avrei mai immaginato di avere una vera e propria vena imprenditoriale. Quando ho iniziato ad occuparmi del settore vinicolo per la prima volta con Festa Juice, un'azienda produttrice di mosto d'uva, ho ottenuto ottimi risultati, forse proprio perché ci ho messo la stessa cura e passione con cui lavoravo in laboratorio.

Presto però ho cominciato a sentirmi a disagio per il trattamento ricevuto da alcuni clienti italiani e portoghesi. Fui molto delusa quando compresi che ciò era dovuto al fatto di essere donna. Ho dovuto sentire commenti come: "Che mi dice signora? Lei nemmeno esisteva quando sono nato io". Mi trovai circondata da persone che dicevano che non sapevo neanche di che cosa stessi parlando, ma si sbagliavano! Avevo un solido background in laboratorio. Ad un certo punto però la situazione si era deteriorata a tal punto che ho pensato addirittura di tornare indietro al laboratorio medico. Prima di abbandonare il campo tuttavia ho voluto tentare il tutto e per tutto: ho scritto un libretto indirizzato ai miei competitori tanto scettici in cui insegnavo loro come fare il vino. Il libretto riscosse molto successo e da quel momento cominciai a guadagnare rispetto. Se molti non vennero a ringraziarmi di persona è semplicemente per orgoglio maschile.

Come ha reagito a questo trattamento?

Sono molto fortunata perché sono una di quelle persone che non si arrende facilmente...ho dato tutta me stessa. Ero determinata anche per orgoglio personale, volevo aver successo ad ogni costo. È stato molto difficile accettare di non avere autorità per il solo fatto di esser donna, ma dopo lo shock iniziale realizzai che non ci sarebbe stata altra soluzione per me che lavorare di più. Una volta arrivata dove volevo arrivare, però acquistai automaticamente un rispetto senza eguali. Questo credo valga per tutte le donne che vogliano ottenere dei risultati in un campo dove la competizione

Describe the influence your mother had on your professional career.

I believe that my mother, for many reasons, has transcended the generations. During the period when she arrived in Canada, immigrating to a new country and learning the language was already considered a major accomplishment for a woman. In addition, she wanted to focus on a career. It may be different today; however, it was not easy for a woman to make a name for herself in society, considering the times. This is how my mother was able to pave the way for me.

You have a true understanding of the struggles women in other countries face in the workplace. Where does this awareness come from?

Today in Western countries, both men and women enjoy equal business opportunities, although we must keep in mind that there are still many countries where women do not enjoy any of the same rights as men. The treatment of women in certain countries is so far removed from our experience that it is difficult for us to understand.

I was extremely fortunate. I had opportunities that many other women never did. I was a delegate at the Vancouver Global Summit, "An Entrepreneur with Global Vision," where women from around the world, in particular Afghanistan and Iraq, were invited to express their points of view on this topic. When these women spoke, we broke down in tears because we realized the severity of their situation. The problem is this: we remain ignorant of their tragic situation. We women are strong. We are the stronger of the two sexes; we are the glue that holds the family together. We are the ones who lend a helping hand to our children, and to other women, and to other families, ensuring that they remain united and that they continue to grow and prosper. This is our hope.

You are a woman, entrepreneur, and mother.

And also a daughter and wife. I am responsible for my family and my business. However, the real challenge is to find a balance between all these responsibilities in life.

As a businesswoman, are you satisfied?

This is not a question to ask a businessperson. There is always more to do. For me, a businessperson is someone who is willing to take risks in order to make a dream come true. In the very beginning, we were facing an economic recession as well as dealing with all the obstacles that every new business has to deal with. This caused many sleepless nights, anxiety, and tears. We had invested everything we had. My goal is to have Magnotta products widely distributed all over the world. Creating a business can be an extremely gratifying experience. Satisfaction and pride help me face the daily challenges of life.

tra uomo e donna è accentuata: devono lavorare molto e duramente, ma è proprio questo che ci rende forti e indistruttibili.

Ci parli dell'influenza che sua madre ha avuto sulla sua carriera professionale.

Penso che mia madre per molti aspetti abbia precorso i tempi. All'epoca in cui arrivò in Canada per una donna già il fatto di essere venuta fin qua e avere imparato l'inglese era qualcosa di grandioso. Lei in più volle affermarsi sul lavoro. Ora forse sarebbe diverso, ma, considerando i tempi, non fu affatto facile affermarsi come donna. In questo senso mi ha aperto la strada.

Lei è sempre stata consapevole di quanto duro può essere per una donna affermarsi sul lavoro in altri Paesi. Da dove viene questa consapevolezza?

Oggi nei Paesi occidentali ormai le opportunità di business coinvolgono uomini e donne, ma ciò non ci deve far dimenticare che vi sono molte altre nazioni in cui le donne non godono affatto delle stesse condizioni rispetto agli uomini. In alcune nazioni, in particolare, la condizione della donna è cosi lontana dalla nostra che risulta difficile da capire.

Io sono stata particolarmente fortunata. Ho avuto opportunità che altre donne non hanno mai avuto. Ho partecipato, come delegata, ad una conferenza sulle donne a Vancouver, "An Entrepreneur with Global Vision", dove donne da tutto il mondo, in particolare dall'Afghanistan e dall'Iraq furono invitate a far sentire la propria voce. Quando cominciarono a parlare, scoppiammo tutti in pianto, perché realizzammo quanto la loro situazione fosse drammatica. Il problema è proprio il fatto che spesso non se ne è consapevoli. Ma noi donne siamo forti. Siamo il più forte tra i due sessi: siamo il collante dei legami familiari, coloro che danno una mano ai figli e che aiutano altre donne e altre famiglie affinché stiano unite e continuino a crescere e prosperare. Questa è la nostra speranza.

Lei è donna, imprenditrice e madre.

Non solo, anche una moglie e una figlia! Sono responsabile per la famiglia e per il lavoro. Senz'altro la vera sfida per noi donne imprenditrici è proprio riuscire a trovare un equilibrio tra tutte le diverse responsabilità che abbiamo nella vita.

Come imprenditrice si sente soddisfatta?

Questa è una domanda da non fare ad un imprenditore. Resta sempre qualcosa da fare. Per me un imprenditore è qualcuno che è disposto a correre grandi rischi per realizzare un sogno. All'inizio abbiamo dovuto affrontare la recessione economica e tutti quegli ostacoli che una nuova attività deve fronteggiare. Questo mi ha causato notti insonni, ansia e pianti, proprio perché avevamo investito tutto. Il mio obiettivo è quello di avere i prodotti

ROSSANA
DI ZIO MAGNOTTA

What advice do you have for other women?

My advice will benefit anyone who has the dream of starting a business. First, you must listen attentively and not take anything for granted. In order to learn and better yourself, you need humility. Secondly, take care of your own accounts and do your own research. Before beginning any business enterprise, it is very important to have a good understanding of the market you wish to enter. This will help you to understand your personal strengths and to introduce yourself into the market as unique.

Personally, I do not attribute my success only to my business knowledge, but rather to carefully adhering to my action plan. Besides sound judgment, I would never be where I am without the help of the people in my life and in my work... Fortunately ,[women] possess a sixth sense. If your heart is telling you that you are on the right path, don't give up. Success is just around the corner. This is the truth, and I am living proof of this.

Photography/*Fotografie*: courtesy Magnotta Winery

Magnotta diffusi in ogni parte del mondo. Portare al successo un'azienda è un'sperienza estremamente gratificante. La soddisfazione, e l'orgoglio, mi aiutano ad affrontare la vita tutti i giorni.

Che consigli darebbe ad altre donne?

I miei consigli possono valere per chiunque decida di intraprendere la strada del business: in primo luogo bisogna ascoltare attentamente e non dare niente per scontato, solo con un po' di umiltà, infatti, si è in grado di imparare e migliorarsi. In secondo luogo, fare bene i propri conti e le proprie ricerche. Prima di intraprendere qualunque attività, infatti, è fondamentale avere una buona conoscenza del mercato in cui ci si va a posizionare. Questo servirà a capire quali sono i tuoi punti di forza e ad entrare nel mercato come unico nel genere.

Personalmente non credo di avere avuto successo grazie alle mie capacità imprenditoriali ma piuttosto perché ho fatto bene i miei calcoli. Oltre al mio buon senso, inoltre, non sarei mai arrivata dove sono ora senza l'aiuto delle persone che mi circondano e che lavorano con me. Fortunatamente noi donne abbiamo un sesto senso, se il cuore ti dice che sei sulla strada giusta, non demordere, non c'é dubbio che il successo arriverà. Questa è la verità, io ne sono la prova vivente.

"Noi donne siamo forti. Siamo il più forte tra i due sessi: siamo il collante dei legami familiari, coloro che danno una mano ai figli e che aiutano altre donne e altre famiglie affinchè stiano unite e continuino a crescere e prosperare.Questa è la nostra speranza".

MARTHA

"Whatever I have given to Canadian society is the fruit of the labour of my relatives and co-workers. I think, rather, I hope, that through my creativity and imagination, I have been successful throughout my career at bringing informative, entertaining, and joyous moments to the people around me."

MARTHA FUSCA

FUSCA

After graduating with a specialized honours degree in sociology, Martha Fusca became interested in the media through her work with Norfolk Communications in 1980. In 1983, Fusca, along with Kitson Vincent, founded Stornoway Productions, of which she became president in 1990. Her television and film credits include *After the Harvest, Dragons of Crime, Caught in the Crossfire* and *End of an Empire*. She is the only woman in Canada – and perhaps the world to own and personally operate three television stations.

Martha Fusca, dopo aver studiato sociologia e lettere, inizia ad interessarsi al mondo della televisione, entrando alla Norfolk Communications nel 1980. Nel 1983 fonda, insieme a Kitson Vincent, la Stornoway Production diventandone presidente nel 1990. Fra le sue produzione di film e serie televisive ritroviamo: After the Harvest, Dragons of Crime, Caught in the Crossfire, End of an Empire. Oggi è l'unica donna in Canada – e forse al mondo – a possedere e gestire direttamente tre canali televisivi.

Birthplace: Maierato, Calabria, Italy
Region of Origin: Calabria, Italy

Why did your father choose to move the family to Canada?

Agriculture was the main economic activity in my small city in the southern Italian province of Catanzaro. My parents spent their days cultivating olives, grains, fruits, and vegetables. My father saw Maierato as a place of limited economic opportunities, especially for such a large family as ours, and for this reason, he decided to immigrate to Canada in 1958. My family and I joined him in Canada three years later. He chose Canada because his brother-in-law lived here. He had learned from his father the importance of travel, the importance of discovering other countries and cultures, and if necessary, abandoning his homeland for a better life for his family. If my father had thought that Italy could offer him opportunities, he would not have emigrated. He left his homeland because he felt that Canada held the promise of new and better opportunities for his family.

How did your parents live when they first arrived?

I think it was difficult for them, as it was for all immigrants. My parents wanted first and foremost to provide a promising future for their children. And I must say that, thanks to their sacrifices, my sisters, my brother, and I have had a terrific life. And although my parents have lived most of their lives in Canada, they have never lost their ties with Italy. They were able to instill in us an eternally loving attitude towards their Bel Paese. My ties with Italy are strong and go beyond the desire to dress in fashions "Made in Italy."

How did you embark on your career?

When I was in university, I never imagined working in the telecommunications field. I studied arts and sociology, but my future plans were unclear. I lived alone and had many expenses. When I began my M.A., I realized the best thing to do was to get a job to support my studies and at the same time earn a living. I was tired of the life I was living, tired of coffee and cereal for breakfast, lunch, and dinner… I began to look closely at my life and the many jobs available to me. One day, by sheer luck, a job in television production with Norfolk Communications became available. I was hired, and this was the beginning of my future.

What is the key ingredient for achieving success in your field?

I don't think the ingredient for success is any different in my field than in any other. Passion for what you do is the key to success. Every career has its difficulties and obstacles, but a lack of passion results in a loss of energy that is needed to ensure that hard work and commitment result in success. Tenacity and self-confidence without arrogance are also key. Being aware of risks is very important during one's professional journey, but the forks in the road and potential mistakes should not intimidate us. Finally, there is

Nata a: Maierato, Calabria, Italia
Regione di origine: Calabria, Italia

Perchè suo padre scelse di trasferirsi con la famiglia in Canada?

L'agricoltura era l'attività economicamente più importante a Maierato, il piccolo paese in provincia di Catanzaro, nel sud d'Italia, da dove provengo. I miei genitori, infatti, vivevano con la coltivazione di olive, grano, frutta e verdura. Mio padre considerava Maierato un posto con poche opportunità di crescita economica, specialmente per una famiglia così numerosa come la nostra, ed per questo motivo ha deciso di emigrare in Canada nel 1958. Io ed il resto della mia famiglia lo abbiamo raggiunto tre anni più tardi. Mio padre ha scelto il Canada perché suo cognato era qui. Lui aveva imparato da suo padre l'importanza di viaggiare, scoprire altri paesi ed altre culture e abbandonare, se necessario, il proprio paese alla ricerca di possibilità di vita migliori. Se mio padre avesse creduto che in Italia ci fossero state buone opportunità, non si sarebbe mai spostato. Se ha deciso di farlo è perchè sentiva che il Canada prometteva davvero di più per la sua famiglia.

Come pensa abbiano vissuto i suoi genitori il primo periodo dopo l'arrivo in Canada?

Penso che sia stato molto duro e difficile, come per tutti gli altri immigrati. L'obiettivo principale dei miei genitori era quello di trovare un modo per offrire un futuro promettente ai propri figli. E devo dire che grazie ai loro sacrifici io ed i miei fratelli abbiamo avuto una vita stupenda. Sono dell'idea, però, che i miei genitori, nonostante abbiano trascorso la maggior parte della loro vita in Canada, non abbiano mai tagliato i rapporti con l'Italia. E questo loro amore eterno per il "Bel Paese" in qualche modo lo hanno trasmesso anche a noi, la seconda generazione. Infatti, anch'io ho un legame molto stretto con l'Italia, che va al di là del semplice desiderio di vestire Made in Italy.

Come ha iniziato la sua carriera?

Quando ero all'università non avrei mai immaginato di lavorare nel settore delle telecomunicazioni. Ho studiato lettere e sociologia e non avevo le idee molto chiare sul mio futuro. Inoltre vivevo da sola e le spese erano molte. Quando ho iniziato a frequentare un Master in Relazioni nel mondo del lavoro, mi sono resa conto che la cosa migliore da fare era cercare al più presto un impiego, per avere la possibilità di finire i miei studi e allo stesso tempo guadagnare un po' di soldi. Ero stufa della vita che facevo, stufa di "caffè e cereali a colazione, a pranzo e a cena". Così ho iniziato a guardarmi intorno ed a rispondere alle diverse offerte di lavoro, ma mai avrei pensato di trovare la mia strada e la mia passione in questo campo. Un giorno mi è capitata per caso un' offerta di lavoro della società di produzione televisiva Norfolk Communications. Sono stata assunta e questo ha segnato il mio futuro, nel mondo della telecomunicazione.

M A R T H A   F U S C A

the help and collaboration of those who offer advice, suggestions, and inspiration.

What do you like most about your job?

I like everything about my job—my colleagues, the curiosity and happiness I feel when I start a new project, the constant challenge of new and unforeseen obstacles, and the new and ever advancing technology at your disposal; all this fascinates and motivates me. I am happy about my accomplishments, but I want to accomplish more. I am always learning from all the people I meet in my work and in my daily experiences.

What have you and your fellow Italian immigrants contributed to Canadian society?

Whatever I have given to Canadian society is the fruit of the labour of my relatives and co-workers. I think, rather, I hope, that through my creativity and imagination, I have been successful throughout my career at bringing informative, entertaining, and joyous moments to the people around me.

The contributions that have been made by Italian immigrants to Canada cannot be exaggerated. Italians have not only contributed directly to the construction of this nation, but they have also actively contributed in the social, cultural, and political arenas. These contributions should not be underestimated, when you consider that our community constitutes a very small percentage of the Canadian population and has endured harsh living conditions. They have carried with them three values—a love of family, a strong work ethic, and solidarity within the community—that they have spread throughout Canada. These are three values that I believe in and follow every day.

How would you describe your relationship with the Italian community today?

I grew up in a predominantly Italian neighbourhood, and I have studied and worked with Italians. I have been back to Italy, and I love participating in the festivities organized by the Italian community here. I would like to think I am one of the many individuals of Italian origin who have contributed at a personal level to both the Italian community and to Canadian society in general.

How have you balanced your family life with your career?

I'm lucky to have married a man who has always been very supportive of whatever I have chosen to do. Even when I returned to work and became president of the company, I always put my family ahead of my career. I do know that my children would have preferred a mother who spent more time with them, but they know that I love them and their father more than anything else in life. Nonetheless, it is extremely difficult for me, as it is for all working mothers, who are forced to sacrifice a large part of the time they dedicate to their children, friends, and themselves in order to follow their careers. At the same time, I remain convinced that

Quale crede sia il segreto per eccellere nel suo campo?

Ritengo che quello che porti al successo nel nostro campo non sia molto diverso da ciò che bisogna fare per raggiungere ottimi risultati in un qualsiasi altro. Bisogna amare ciò che si fa ed è questa la cosa più importante. In ogni esperienza professionale si presentano delle difficoltà: se manca la passione, si perde l'energia per affrontare il duro lavoro che il successo richiede. Bisogna essere tenaci, sicuri di sé e disinvolti, senza arroganza. È necessario essere consapevoli dei rischi che si devono correre durante il cammino professionale. I cambiamenti di rotta e i possibili errori non devono intimorirci. Infine credo che sia fondamentale avere la consapevolezza che ciò che si è fatto è anche frutto dell'aiuto e della collaborazione di altre persone, in grado di dare il loro contributo sia concretamente, sia sotto forma di consiglio o di ispirazione.

Che cosa le piace del suo lavoro?

Io amo quasi tutto del mio lavoro: i colleghi, la curiosità e la felicità di cominciare qualcosa di nuovo, la continua sfida verso i possibili ostacoli, l'idea di poter usare tecnologie avanzate e in continua evoluzione. Tutto questo mi affascina e mi stimola. Sono soddisfatta di quello che ho fatto fin'ora, ma voglio fare ancora molto. Non bisogna mai smettere di crescere e di imparare sia dalle persone che incontro sul lavoro sia dall'esperienze che vivo giorno dopo giorno.

A suo parere, lei e gli altri immigrati italiani quale contributo avete dato alla società canadese?

Quello che ho dato al Canada è frutto dell'aiuto e del supporto dei miei famigliari e delle persone che lavorano con me. Penso, o meglio spero, di essere riuscita con il mio lavoro·ad offrire ai canadesi, con la mia creatività e la mia immaginazione, momenti di intrattenimento, di informazione e di gioia. Non penso di esagerare dicendo che la comunità italiana ha avuto un ruolo essenziale nella costruzione del Paese che noi chiamiamo Canada. Gli italiani non hanno solamente contribuito alla costruzione concreta e materiale della nazione, ma hanno partecipato attivamente alla vita politica, sociale e culturale. Gli ottimi risultati conseguiti dagli italiani nei diversi campi non devono essere assolutamente sottovalutati, considerando che in realtà costituiscono una ristretta percentuale della popolazione canadese ed hanno vissuto in condizioni di vita non facili. Qui hanno portato l'amore per la famiglia, la solidarietà all'interno della comunità e l'etica del lavoro. Tre valori che anche io seguo nella vita di tutti i giorni.

Qual è il suo rapporto con la comunità italiana?

Sono cresciuta in un quartiere abitato prevalentemente da italiani, ho studiato ed ho lavorato con italiani, torno spesso in Italia e amo seguire gli eventi organizzati dalla comunità italiana. Mi ritengo quindi una delle tante persone di origini italiane in grado

women choose to work for the benefit of family and society, and in order to make their dreams come true.

If you could go back, would you choose to work and live in Italy?
I often think about Italy, and as time goes on, I do so more often. I would have loved to work in Italy, given the opportunity. I most likely would not have remained in Italy all my life, simply because I have established myself here; however, I would have liked to have spent a part of my life in Italy, and I may still do so someday.

What are your relationships like with other women?
My relationships with my fellow female co-workers are excellent. However, I have come to understand that women can be their own worst enemies. I have been fortunate to have always worked with exceptional colleagues, with women of many talents and incredible generosity. I have learned as much from these women as I have from my four sisters.

Do you think you're a role model for others?
I hope I've been a good role model for my children and for my colleagues. If you know of anyone out there who is from a working-class background, living between two cultures and who is not academically successful, please don't [assume that] they don't have the capability, creativity, and resources to achieve great results. The most important thing is to believe in yourself and your goals. This philosophy, and other lifelong values that I learned from my parents, I have attempted to instill in my children.

In your opinion, what roles should women play in society?
Out of necessity, women assume many roles. We are wives, mothers, sisters, grandmothers, leaders, artists, and professionals. This may seem a rather simplistic statement, but in reality, women did not always have a choice as to what role they would have in society. However, in Canada, women are now in the position of being able to choose their preferred role in society, and can also help other women so that each woman may attain the personal success she aspires to.

Photography/*Fotografie*: Dave Gillespie

di offrire il proprio contributo sia alla comunità italiana, sia all'intera società canadese.

Come è riuscita a conciliare il tempo per la famiglia e quello per il lavoro?
Sono stata fortunata ad aver sposato un uomo che ha sempre appoggiato qualsiasi cosa volessi fare. Anche quando sono tornata al lavoro e sono diventata presidente, ho comunque continuato a mettere la famiglia al primo posto. Sono consapevole del fatto che i miei figli avrebbero preferito avere una mamma più presente, ma sanno che amo loro e loro padre più di qualsiasi altra cosa al mondo. Insomma, è difficile per me e per tutte le altre madri-lavoratrici, che sono costrette a sacrificare gran parte del tempo da dedicare ai figli, agli amici e a se stesse, per seguire il lavoro. Ma nello stesso tempo sono convinta che le donne scelgano di lavorare anche per la propria famiglia, per la società e per realizzare i propri sogni.

Se potesse tornare indietro nel tempo, sceglierebbe di lavorare e vivere in Italia?
Penso spesso all'Italia e con il passare del tempo lo faccio sempre più frequentemente. Mi sarebbe davvero piaciuto lavorare in Italia, se solo si fosse presentata l'occasione. Probabilmente non lo avrei mai fatto per tutta la vita, perché ormai ho tutto qui. Tuttavia, ciò non toglie che mi sarebbe piaciuto vivere per un certo periodo della mia vita in Italia e sarei ancora in tempo per farlo.

Che rapporto ha con le altre donne?
La mia relazione con le colleghe donne in ambito professionale è eccellente. Purtroppo, però, ho anche capito che le donne possono essere tra di loro terribili nemiche, ma fortunatamente ho sempre lavorato con eccezionali colleghe, donne con molte qualità e molto generose. Ho imparato molto da loro, così come dalle mie quattro sorelle.

Si reputa un buon esempio per le altre persone?
Posso solo sperare di essere stata un buon esempio per i miei figli e per i miei colleghi. Se qualcuno, proveniente dalla classe operaia, si ritrova a vivere tra due culture e non ha una carriera scolastica brillante, ciò non toglie che abbia le capacità, la creatività e le risorse per raggiungere grandi obiettivi e ottimi risultati. La cosa più importante è credere fino in fondo in ciò che si fa. Questo è un modo di affrontare la vita che cerco di comunicare ai miei figli, insieme agli altri tipici valori che mi sono stati trasmessi dai miei genitori.

Qual è il ruolo delle donne all'interno della società?
All'occorrenza, le donne hanno un ruolo molteplice: sono mogli, madri, sorelle, nonne, leader, artiste e professioniste. Potrebbe risultare semplicistico un discorso di questo tipo, ma in realtà le donne non sempre hanno avuto la possibilità di poter scegliere il

MARTHA
FUSCA

proprio ruolo all'interno della società. Ciononostante, in Canada oggi le donne hanno l'opportunità di diventare ciò che desiderano e di realizzare i propri sogni. Per questo motivo incoraggio fortemente le donne che sono nella condizione di farlo ad aiutare le altre donne in tutti i modi possibili affinché ognuna possa raggiungere il successo personale a cui aspira.

"Quello che ho dato al Canada è frutto dell'aiuto e del supporto dei miei famigliari e delle persone che lavorano con me. Penso, o meglio spero, di essere riuscita con il mio lavoro ad offrire ai canadesi, con creatività e immaginazione, momenti di intrattenimento, di informazione e di gioia".

ROSSANA
GOLINI

Rossana Golini arrived in Canada in 1959. She was 20 and had a spirit for adventure. After the initial culture shock, she landed her first job with the Toronto Dominion Bank. Her climb up the Canadian banking ladder began when she was hired as a clerk and culminated in her appointment as Toronto's first female bank director. After a very successful professional career, she retired in 1988 and has since dedicated herself to family life.

Rossana Golini è arrivata in Canada nel 1959. Aveva venti anni e un grande spirito di avventura. Superato lo shock iniziale ha trovato il suo primo lavoro presso la Toronto Dominion Bank come impiegata. Dopo un periodo di gavetta, ha inizio la sua scalata nel settore bancario canadese, culminato con la nomina a direttore di banca, prima donna a Toronto a raggiungere tale carica. Dopo aver raggiunto il successo professionale, nel 1988 decide di andare in pensione e dedicarsi alla sua vita privata.

Birthplace: Rome, Lazio, Italy
Region of Origin: Lazio, Italy

What was your first impression of Canada?

When I arrived at the airport, I wanted to take the next flight back. I would have gladly returned to Rome, where I had everything I desired. I left a wonderful life in Rome, a small city at the time, and coming to Toronto was not easy. As soon as I caught my first glimpse of the long rows of identical-looking houses with low roofs from the airplane window, my initial impression was that of complete shock. My sister and brother-in-law decided to come with me to Canada (they were on their honeymoon, and they also wanted to help me when I arrived). I suppose that what I expected ended up being very different from what I first encountered. However, as time progressed, and after many moments filled with tears and sadness, I eventually summoned the strength to face reality and convince myself that I had to follow this path I chose for myself.

What was your first job in Canada?

One day, I happened to find myself in front of the head office of the Toronto Dominion Bank. I entered the personnel department and asked for a job. They hired me on the spot as a junior clerk. Basically, my job was to lick stamps and check for proper postage, write correspondence, go out to buy coffee, and do all the other menial tasks usually expected of every new employee. Working in the bank was not easy and was made more difficult by the fact that I was a woman and Italian. In 1959, social acceptance was not what it is today; the fact that I was an immigrant significantly affected my aspirations for the future and my ability to advance quickly within the workplace. However, I was determined to show everyone that despite this, an Italian woman could still one day become bank director–and eventually I did.

How did you break through the glass ceiling?

In 1974, I was appointed as the director of a Toronto Dominion Bank branch. When I assumed the position, there were three other women working in the branch. Within several months, that number grew to 21. I had very influential clients. Many of them were Italian and Jewish, and I always enjoyed wonderful relationships with the diverse clientele our branch serviced. I have always strived to help those less fortunate, and I made many personal loans to Italians who did not have any financial prospect of buying a home. Although the gratitude and respect of these clients and my co-workers made my job fulfilling, it was very difficult to gain and maintain the respect of the public; it seemed as though whenever I gained some ground in the business world, others would try to set me back.

In 1987, I felt depleted. The banking system was changing, and brokers began focusing on money and profits instead of the clients. This change in customer service perspective presented

Nata a: Roma, Lazio, Italia
Regione di origine: Lazio, Italia

Qual è stata la sua prima impressione del Canada?

Quando sono scesa in aeroporto, avrei ripreso subito l'aereo e sarei tornata volentieri a Roma, dove non mi mancava niente. Lasciare una vita stupenda a Roma, che a quel tempo era una piccola città, e venire a Toronto non è stato facile. Appena ho intravisto dall'aereo le villette a schiera, basse e tutte uguali, mi sono messa le mani nei capelli. L'impatto è stato duro. Con me quel giorno c'erano anche mia sorella e mio cognato che avevano deciso di fare il viaggio di nozze in Canada, per accompagnarmi. Mi aspettavo un paese diverso da quella che in realtà ho trovato. Ma per fortuna, con il passare del tempo, dopo pianti e sofferenze, mi sono rimboccata le maniche e mi sono convinta che dovevo seguire la mia scelta.

Quale è stato il suo primo lavoro in Canada?

Un giorno, trovandomi per caso davanti all'ufficio centrale della Toronto Dominion Bank, sono andata al reparto del personale e ho chiesto un lavoro. Mi fecero riempire una specie di modulo e mi dissero che potevo iniziare subito. All'inizio il mio ruolo era quello di "junior clerk"; in poche parole dovevo leccare i francobolli, scrivere lettere e andare a comprare il caffè per gli altri, la solita gavetta che un po' tutti devono fare. Non fu facile, soprattutto perché ero donna e italiana. Nel 1959 la mentalità non era aperta come lo è oggi. All'inizio mi fecero pesare il fatto che fossi un'emigrata, ma poi decisi di far vedere a tutti che anche una donna, italiana, un giorno sarebbe potuta diventare una direttrice di banca. E così è stato.

Come è riuscita a emergere nel mondo del lavoro?

Nel 1974 diventai la direttrice della succursale della Toronto Dominion Bank. Iniziai a lavorare qui con altre tre ragazze e dopo tre mesi ci ritrovammo in ventuno. A quei tempi avevo grandi clienti, molti italiani ed ebrei con i quali sono sempre andata molto d'accordo. Ho sempre cercato di aiutare le persone meno fortunate di me e ho fatto molti prestiti personali agli italiani che non avevano le possibilità di comprare casa. C'è molta gente che ancora oggi mi ringrazia e dice che senza di me non avrebbe mai comprato la prima casa. Non fu facile arrivare a quel livello e soprattutto mantenerlo. Ogni volta che arrivavo in alto mi tagliavano le gambe e ritornavo in basso.

Nel 1987 mi sono stancata di tutto questo: il sistema bancario stava cambiando, e gli operatori iniziavano a pensare e a parlare solo di soldi, senza interessarsi alle persone. Questo cambiamento di prospettiva del servizio al cliente rappresentò un dilemma per me. Io ero stata abituata a trattare tutti i clienti come persone importanti, anche se non possedevano somme di denaro elevate. Mi dissero che non dovevo perdere troppo tempo con questo tipo di clientela e dovevo concentrarmi invece su chi di soldi ne

a dilemma. I was used to treating my clients as important people, regardless of whether or not they had large sums of money. I was advised to stop wasting time with clients who had minimal financial profiles and instructed to concentrate upon, and cultivate, clients with wealth and material possessions. This approach went against my nature and created a situation where I no longer found pleasure in my work. I think that when the passion has gone from your work, it's best to stop and preserve the good memories.

I stayed with the Toronto Dominion Bank until 1988, after which I pursued other opportunities that proved to be professionally successful. I abandoned the world of calculations and banking, and began to manage and finance restaurants. I am now 66 years old, and I have decided to stop working, even though many people have told me that to do such a thing is a waste, and that I am still needed and have a great deal to offer to the business world.

You have suggested that 50 years ago everything was different and more difficult. Do you believe that this was particularly the case for women?

Yes, I do. Today there are many more opportunities for women. Fifty years ago, I never complained about wages, overtime hours, or anything else. I worked and fought hard to ensure that women, who, just like men, were working in an office from 9:00 a.m. to 9:00 p.m. and were capable of doing work equal to or better than that of their male co-workers, were recognized, admired, appreciated, and above all else, paid as much as or more than men.

Discrimination between men and women should not have existed. I am an equalist, not a feminist and believe that equal respect, remuneration, and appreciation of women's roles and contribution to society are essential. Fifty years ago, and even today, women had to contend with managing numerous responsibilities in their private lives in addition to those attributed to their work and careers. They have always been faced with tougher choices and had to make far more personal sacrifices than men. When I came to Canada, multi-tasking and discrimination made things much more difficult for career-oriented women, and that difficulty was made even greater if you were an immigrant woman. Today, in this city, all that has changed. Now, 50 years after arriving in this country, women finally have the opportunity to be recognized as being equal to men and remunerated, acknowledged, and appreciated accordingly for their contribution and performance at home, in the workplace, and within society.

Do you consider yourself to be more Italian or Canadian?

I consider myself to be half Italian and half Canadian. It is like asking me if I prefer Rome or Toronto. Rome is Rome: a city with a 2000-year-old history and culture that is unique. Toronto is Toronto: a modern city that is continuously changing and improving. Rome is the place of my upbringing, my culture; it is a part of me that can never be taken away or altered. Toronto is the city in

possedeva molti. Ma questo non era per me. Non mi divertivo più e quando una cosa non si fa più con il cuore è meglio darci un taglio, e tenersi solo i bei ricordi.

Sono rimasta alla Toronto Dominion Bank fino al 1988, dopo di che mi sono interessata ad altre opportunità aziendali. Ho abbandonato il mondo dei numeri, delle banche e della finanza e ho iniziato a gestire e finanziare diversi ristoranti. Ora, a 66 anni, ho deciso di smettere di lavorare anche se in molti mi dicono che sono sprecata, che molta gente ha ancora bisogno di me e che posso dare ancora tanto al mondo finanziario.

Lei continua a ripetere che cinquant'anni fa era tutto diverso e più difficile. Pensa che il discorso valga anche per le donne?

Sì. Oggi ci sono più opportunità per le donne. Cinquanta anni fa non mi sono mai lamentata di salari, di ore straordinarie di lavoro o quant'altro. Combattevo e lavoravo perché le donne, in grado di fare lo stesso lavoro di un uomo stando in ufficio dalle 9 di mattina alle 9 di sera pur avendo una vita privata e altre responsabilità fuori dal lavoro, fossero riconosciute, ammirate, apprezzate e soprattutto retribuite come un uomo, se non di più. Non ci dovono essere distinzioni di nessun genere.

Non sono una femminista, ma ritengo che sia fondamentale il rispetto, la remunerazione e il riconoscimento del ruolo e dei contributi essenziali che le donne apportano all'intera società. Cinquant'anni fa, come oggigiorno, le donne hanno dovuto destreggiarsi tra le responsabilità della vita privata nonché di quella lavorativa; hanno dovuto sempre fare molti sacrifici e molte scelte, certo più degli uomini.

Quando sono arrivata in Canada, la discriminazione rendeva tutto più difficile alle donne che erano orientate a una carriera professionale e a questa difficoltà si aggiungeva il fatto di essere una immigrata. Oggi, in questa città tutto è cambiato. Adesso, 50 anni dopo che sono arrivata in questo paese, le donne sono finalmente riconosciute come uguali agli uomini e pagate similarmente, e sono apprezzate per il loro contributo al lavoro, a casa e nella società.

Lei si sente più italiana o canadese?

Mi sento esattamente metà italiana e metà canadese. È come se mi chiedesse se preferisco Roma o Toronto. Roma è Roma, una città con una storia di 2000 anni e con una cultura unica al mondo. Toronto è Toronto, una città moderna, in continuo cambiamento e miglioramento. Roma è la mia educazione, la mia cultura e una parte di me, insostituibile. Toronto è la città dove vivo con la mia famiglia, non mi sognerei mai di ritornare a vivere in Italia.

Il Canada mi ha dato delle grandi soddisfazioni e mi ha reso felice e forse tutto questo in Italia non sarebbe stato possibile. Penso che sia più facile fare carriera qui, ci sono più opportunità e più possibilità di arrivare a buoni livelli professionali. Ci si innamora velo-

which I live with my family.

I would never dream of returning to live permanently in Italy. Canada has provided me with many satisfying and pleasurable experiences that have made me extremely happy; many of these experiences may not have been possible in Italy. One quickly falls in love with Canada. It is easier to be successful here, as greater opportunities and possibilities exist to enable one to succeed as a professional. Yet despite my love for this country, I am extremely proud of Italy, my country of origin. It is with extreme pride that I say I am from Rome and that I am Italian. All Italians should be proud to say "I am Italian." It is a unique opportunity to be able to know and praise the treasures Italy has to offer. Many Italians fail to do so, perhaps because Italy's treasures are obvious, taken for granted, and not as appreciated by Italian citizens.

In your opinion, what is the Italian community's most significant contribution to Canada?

Toronto, with its beautiful buildings, architecture, lifestyle, design, and fashion, would not be such a splendid city were it not for the contributions made by Italians. First generation Italian immigrants sacrificed, and many of them never returned to, their homeland so they could give their children a better education and a life full of professional and personal opportunities. [An overwhelming majority] of second and third generation Italian immigrants studied, worked hard, and now hold important positions in our society. Canada has increasingly continued to offer many opportunities for employment and promotes the acceptance and integration of "foreigners."

What do you think the Italian community should do to play an even more decisive role in Canadian society?

The Italian community has played, and continues to play, a significant role in Canadian society. Italians are present throughout the vast Canadian landscape. Pick up a newspaper, follow politics, go to theatre, travel through our streets, and you can see the impact that the Italian community has had on Canadian lifestyle. Obviously, as is always the case, the community can do more, and when I say this, I am referring to the new generation. There are many bridges that link Canada and Italy. There are grants for student exchange programs, university partnerships promoting academic and cultural exchange between the students of these two countries. The potential exists for further development of these programs.

In terms of the preservation and propagation of Italian cultural traditions, the success of this is dependent upon personal response. Everyone should remain interested in their country of origin and in the history and traditions of one's parents and grandparents. There are individuals who came to Canada at the end of the 1950s and have never gone back to Italy, and there are others who return every year, and some go back three or four times a year. But no matter what the circumstances are, it is our responsibility to

cemente del Canada. Nonostante il mio amore per questo paese sono estremamente orgogliosa dell'Italia, il mio paese di origine. Con grande orgoglio affermo che vengo da Roma e sono italiana. Tutti gli italiani dovrebbero esserlo. È una opportunità interessante dare valore alle cose più belle dell'Italia, che qui in Canada non ci sono. Credo che molti italiani non diano il giusto valore ai tesori che l'Italia offre in quanto li dà per scontati.

Secondo lei, qual è il contributo più grande che la comunità italiana ha dato alla società canadese?

Senza il contributo degli italiani, Toronto non sarebbe questa città splendida, per gli edifici, l'architettura, lo stile di vita, il design, l'eleganza.

Gli italiani emigrati di prima generazione hanno fatto molti sacrifici e spesso non sono neppure mai ritornati nel loro paese, per dare ai propri figli un'istruzione migliore e una vita ricca di possibilità, dal punto di vista professionale e personale. La stragrande maggioranza degli italiani di seconda e terza generazione ha studiato, ha lavorato sodo e ora ricopre cariche importanti. E la società canadese ha offerto molte opportunità di lavoro e ha favorito l'integrazione di questi "stranieri".

Cosa dovrebbe fare la comunità italiana per rendere ancora più incisivo il suo ruolo all'interno della società canadese?

La comunità italiana ha fatto e sta facendo già molto per la società canadese. Ormai gli italiani si trovano un pò ovunque, basta leggere i giornali, seguire la politica, andare a teatro, girare per le vie, per rendersi conto del ruolo della comunità italiana nella vita canadese. Ovviamente la comunità, come sempre accade, potrebbe fare di più, e mi riferisco soprattutto alle nuove generazioni. Mi sembra che ci siano molti ponti tra l'Italia e il Canada. Per esempio ci sono agevolazioni per gli scambi culturali e gemellaggi tra scuole e università, per favorire gli scambi tra gli studenti dei due paesi. Naturalmente tutto questo potrebbe essere incrementato.

Riguardo invece alla diffusione della cultura e delle tradizioni italiane, il discorso si sposta sul piano personale: ognuno può mantenere viva la curiosità sul paese d'origine dei propri genitori o nonni. Ci sono persone che sono venute qui alla fine degli anni '50 e che non sono mai più tornate in Italia e altre che ogni anno tornano in Italia, anche tre o quattro volte all'anno. Qualsiasi sia la circostanza, é nostra responsabilità che le generazioni future siano educate alla cultura e storia italiana così potranno meglio riconoscere il loro ruolo nel contesto della cultura italiana e canadese.

Come è riuscita a conciliare carriera e maternità?

Ho deciso di avere un solo figlio perché il mio principale interesse era fare carriera. Mi sono sempre detta "uno lo posso crescere e tirare su bene, ma due no". Inutile sottolineare che quando lavoravo molto, mio figlio è cresciuto con la baby sitter e con i miei

ensure that we educate successive and future generations about our incredible and fascinating Italian culture, heritage, and history, so that they can better understand themselves within the context of both their Italian and Canadian cultures.

What was it like to manage such a successful career and motherhood?

I decided to have only one child because I wanted to be a successful career woman. I always told myself, "One I can handle, but not two." It is pointless to express guilt about having left my son with a babysitter because of my busy career. This was the reality of my situation, as it is with all women who decide to have a family and a career. One thing that helped me manage both was that my husband helped me a great deal. He was always available and very understanding.

I have a terrific relationship with my son. It was more like brother and sister than mother and son. I tried to teach him that the most important thing was not the amount of time spent together, but rather the quality of time spent together. It is a value in life that I constantly preach. I have always taught my son to be honest and sincere with me. If he encountered any sort of difficulties in his life, he knew that he could always count on me to be available to him. I wanted my son to know that I have always been, and will always be, his best friend, forever ready to lend him a helping hand to meet the challenges that life presents. He has never had to ask for my assistance, because he has always been self-sufficient and responsible, and he always makes time for me. Even today, whenever he has a minute, he calls me on the phone to talk and inquire after my well-being, and we spend countless hours talking about various things occurring in both our lives.

What accomplishment are you most proud of in your life?

I am proud of having demonstrated that an Italian woman can attain professional success. I am proud of my marriage, which, after 46 years, continues to grow and prosper. And last but not least, I am proud of the person, man, husband, and father my son has become. I am proud of his family and the relationship I have with him.

What advice would you give other women hoping to be as successful as yourself?

My motto is "To want is to be stubborn." If you really want something, you can get it through conviction and determination. My advice is this: have clear goals, have the ambition and desire to strive for your goals, and always remain firmly grounded. However, while doing this, you must at the same time maintain all your other responsibilities and ensure the happiness of your family. Only by upholding these goals and responsibilities can you truly be satisfied. You must always try to make good decisions and you must make sacrifices, and you must do so while always remembering to keep smiling, to conduct yourself in a dignified manner, and never

rimorsi di doverlo lasciare ogni giorno. Il discorso vale per me e per tutte le donne che hanno deciso di avere una famiglia e nello stesso tempo fare carriera. Devo dire che mio marito mi ha aiutato molto, è sempre stato disponibile e comprensivo.

Con mio figlio ho un rapporto meraviglioso: siamo più fratello e sorella che madre e figlio. Ho sempre cercato di fargli capire che la cosa più importante non era la quantità del tempo trascorso insieme, ma la qualità. Questo è uno dei valori che gli ho trasmesso. Inoltre gli ho sempre insegnato ad essere onesto e sincero con me: se avesse avuto dei problemi nella sua vita, poteva sempre contare su di me. Volevo che capisse che sono e sarò la sua amica migliore, pronta ad aiutarlo ad affrontare qualsiasi situazione e problema. Per fortuna non ha mai avuto bisogno di me perché è sempre stato molto autonomo e responsabile. Ancora oggi appena ha tempo mi chiama e stiamo al telefono delle ore parlando di ogni cosa.

Qual è il risultato che la rende più orgogliosa?

Sono orgogliosa di essere riuscita a dimostrare che anche una donna italiana può arrivare al successo professionale. Sono orgogliosa del mio matrimonio che ancora dopo 46 anni continua a crescere forte e rigoglioso. Sono orgogliosa di mio figlio, di quello che è diventato, della sua famiglia e del rapporto che ho con lui.

Che consiglio darebbe ad altre donne che sperano di avere successo quanto lei?

Il mio motto è "Volere è essere testardi". Se davvero si vuole qualcosa, con determinazione e convinzione prima o poi ci si arriva. Il mio consiglio è questo: avere degli obiettivi, avere la volontà di raggiungerli, ma mantenere sempre i piedi per terra. Naturalmente però bisogna anche cercare di seguire le esigenze, le responsabilità e la felicità della famiglia. Solo così si possono ottenere delle soddisfazioni. Certo bisogna fare delle scelte e dei sacrifici, ma sempre con il sorriso e senza rinfacciare niente a nessuno. Non ho mai messo la mia carriera su un gradino più alto di mio marito o della mia famiglia e ho sempre cercato di dare il 100% di me stessa a tutto e tutti. Io sono fiera di me, di quello che ho fatto, di come sono, insomma della mia vita.

Qual è oggi il suo obiettivo?

Io voglio ancora essere una brava mamma, una brava moglie e una brava nonna. Ogni tanto mi viene in mente di tornare a lavorare. Ma poi mi guardo indietro, mi rendo conto che in passato ho già fatto molto e mi convinco che è giunto il momento di dedicarmi ad altro. Ormai mi sento appagata e voglio dedicarmi alla mia vita personale. Finché ho ancora lo spirito e la salute per farlo, voglio sfruttare al massimo il mio tempo. Mi piace viaggiare, stare con la mia famiglia e quando posso cerco ancora di aiutare gli altri.

ROSSANA
GOLINI

to throw anything back in someone else's face. I have always understood the importance of managing priorities, and I never placed my career above my husband or my family. I have continuously attempted to give 100 percent of myself to both. I am proud of myself, of what I have accomplished, and of who I am. Basically, I am happy with my life.

What is your goal at this stage in your life?
It is important to me that I continue being a good mother, wife, and grandmother. I often feel the desire to go back to work. But then I look back, realize that I have already accomplished a great deal, and then I convince myself that the time has come for me to dedicate my life to something else. I have realized that I am fulfilled, and I want to dedicate myself and the rest of my time to my private life. As long as I have the willpower and the health to do it, I would like to take full advantage of the time I have left on this earth and spend it travelling, being with my family, and continuing to help others.

Photography/*Fotografie*: Dave Gillespie

PAULA

"Women have the talent and ability to find the right balance between their interests and obli-gations, and this makes them excellent candidates for responsible positions in government."

PAULA MACRI DILL

MACRI D

After graduating from the University of Waterloo, Paula Macri Dill worked as an urban planner for the Province of Ontario and the City of Calgary, later becoming commissioner of planning for the City of North York, assistant deputy minister at the Province of Ontario, and commissioner of urban development services for the City of Toronto. She is now the chief operating officer for the Toronto 2015 World Expo Corporation.

Paula Macri Dill, dopo essersi laureata all'Università di Waterloo, ha lavorato come urbanista per la Provincia dell'Ontario e per il Comune di Calgary e in seguito come commissario alla pianificazione urbanistica per il Comune di North York. Sottosegretario alla Provincia dell'Ontario e commissario per lo sviluppo urbanistico presso il Comune di Toronto, oggi Paula Macri Dill è direttore municipale per la Toronto 2015 World Expo Corporation.

Birthplace: Toronto, Ontario, Canada
Region of Origin: Calabria, Italy

What were your early years like?

I was born in Toronto in 1952. I come from a family of six sisters and one brother. My family's roots are from Calabria, although my mother was born here in Toronto. I was raised in what appeared to be a typical Italian family. Although it was generally accepted that the role of the woman was primarily to marry and care for her home and children, I have always been surrounded by women who continuously strive towards professional goals. My sisters and I were encouraged by our parents to attend university and were exposed to art and culture.

Are you proud of your Italian origins?

Absolutely! My Italianness is marked by my vivacity and my ability to communicate with others. My gestures, my impulsive outlook on certain matters, my determination, and my attitude are testaments to my Italian background and are true imprints of my success in my private and professional life. I love the Italian lifestyle, yet at the same time, I also love the free lifestyle that is so characteristic of Canadian society. Canada provides us the opportunity to express ourselves as unique individuals and to follow our own paths to success. I have always worked in a very competitive world, but Canada has always made me feel that I was an integral member of society. This country allows us to feel free and independent and offers unlimited opportunities to become someone important in society, especially for women, who, thanks to the ideals of equal opportunity and social justice, can make their dreams come true here. I myself have never encountered any difficulties due to my gender, even if there is a perceptible difference in the treatment of men and women.

So there are differences in the way men and women are treated?

I have always worked as a government employee, and I have come to realize that in this sector, more so than in the private sector, there are a great deal of women occupying positions of responsibility. Also, urban planning attracts a large number of women. I think that any professional government job offers a significant variety of duties and interesting opportunities that guarantee great flexibility, giving women the opportunity to balance work with their personal lives. Women have the talent and ability to find the right balance between their interests and obligations, and this makes them excellent candidates for responsible positions in government.

Family and career: how do you manage to balance the two?

I must admit, it isn't easy. Without the help and guidance from my husband and family, I wouldn't be where I am today. I am a very ambitious person, and I have invested a lot in my career. For this reason, I decided to become a mother later in life, and I was able to dedicate myself to my career and to my family without having

Nata a: Toronto, Ontario, Canada
Regione di origine: Calabria, Italia

Come sono stati i suoi primi anni qui?

Sono nata a Toronto nel 1952 e provengo da una famiglia composta da sei sorelle ed un fratello. Le radici della mia famiglia sono calabresi, anche se mia madre è nata qui, a Toronto. Sono cresciuta in una tipica famiglia italiana, e nonostante a quell'epoca fosse diffusa l'idea che il ruolo della donna fosse principalmente quello di sposarsi ed occuparsi della casa e dei figli, in realtà sono sempre stata circondata da esempi di donne lavoratrici proiettate verso la realizzazione professionale. Io e le mie sorelle, siamo sempre state incoraggiate dai nostri genitori a frequentare l'università e siamo sempre state orientate all'arte e alla cultura.

È orgogliosa delle sue origini italiane?

Assolutamente si. I segni della mia italianità sono la vivacità e una spiccata abilità nel comunicare con gli altri. I miei gesti, le mie decisioni impulsive, la mia determinazione e i miei atteggiamenti dimostrano quanto io sia italiana e danno un'impronta decisiva e di successo alla mia vita professionale e privata. Amo lo stile di vita italiano, ma nello stesso tempo amo lo stile di vita libero, tipico della società canadese. Il Canada permette ad ognuno di noi di essere se stesso e di seguire il cammino verso il successo personale. Ho sempre lavorato in un mondo abbastanza competitivo, ma il Canada è riuscito a non farmi mai sentire diversa dagli altri. Qui in generale si sente una grande libertà e ci sono maggiori possibilità di raggiungere ruoli importanti. Questo vale soprattutto per le donne, che grazie alle pari opportunità e alla giustizia sociale presenti qui, sono più libere e determinate nel realizzare i propri sogni. Io stessa non ho mai trovato molte difficoltà, anche se bisogna riconoscere che spesso le differenze di trattamento tra uomini e donne sono percettibili.

Quindi, crede che esistano delle differenze di trattamento tra uomini e donne?

Ho sempre lavorato per il Governo e mi sono resa conto che in questo campo vi sono più donne che ricoprono cariche di alto livello, piuttosto che nel settore privato. Inoltre la mia professione, la pianificazione urbana, attrae un elevato numero di donne. Sono dell'idea che qualsiasi professione governativa offra una significativa varietà di mansioni, di lavori interessanti e garantisca una grande dose di flessibilità; viene quindi permesso alle donne di conciliare più facilmente la vita familiare e quella lavorativa. Le donne hanno il talento, la capacità di trovare un equilibrio tra diversi interessi e tra diversi impegni, e questo fa di loro delle ottime candidate per i ruoli dirigenziali all'interno del Governo.

Famiglia e carriera: come riesce a bilanciare entrambe le cose?

Devo ammettere che non è facile. Senza l'aiuto e la guida di mio marito e della mia famiglia, non sarei sicuramente arrivata dove

to make many sacrifices. Until my first child was born, my husband and my career were always my sole priority; I worked hard, I put in long hours, and I dedicated every ounce of energy to my profession. After my children were born, things changed, and although my work remained extremely important and very satisfying, my first priority became my family.

What characteristics must a woman possess in order to be successful in your field of work?
First of all, you must have strong leadership and managerial skills and a good understanding of civil proceedings. You also need to have excellent communication and mediation skills, and you must be willing to find consensus and middle ground in many matters. You must be strategic but also decisive. You also require the support of your husband and family. Finally, you should surround yourself with good people.

What is the role of the Italo-Canadian woman in our society?
Traditionally, a woman's role was to care for the family: the home, the children, the propagation of Italian traditions. Today women still occupy these traditional roles, but women have come to be considered role models in more varied areas, more so than they were in the past. Today women are seen as bridges between the transmission of traditional family values and those of contemporary generations—they develop a dialogue between these two distinct things. Also, more women are beginning to enter the top [levels] of their professional careers, and are becoming new role models for their children while also becoming more involved in their communities.

Do you consider yourself a good role model for your children?
I shouldn't be answering this question! I hope I am a good role model for them, realizing that, like everyone, I have my strengths and weaknesses. I know that I am proud of myself and of the many experiences I have had in my life. I try to make my children understand that my achievements are also available to them, and that they should strive to do better and achieve more. They will be able to attain more in life and to give back to their community if they believe in themselves.

What values have you attempted to teach them?
I have attempted to instill in them the same values my parents taught me; family solidarity, honesty, respect, and a good work ethic are the fundamentals that I would like my children to follow in their own personal and professional lives. Besides this, I have attempted to teach my children the importance of finding a good balance in all things in life, and maintaining a vivid curiosity.

If you could change something in your past, what would it be?
First of all, I would not have such a large age gap between my children so that they could grow up having more things in common,

sono oggi. Sono una persona molto ambiziosa ed ho investito molto nella mia carriera. Per questo motivo ho deciso di avere dei figli più tardi e sono riuscita così a dedicare tutta me stessa al mio lavoro e alla mia famiglia, senza dover fare molti sacrifici. Finchè non ho avuto il primo figlio, ho sempre messo mio marito e la mia carriera al primo posto; ho lavorato molto, facevo orari pesantissimi e dedicavo alla professione ogni mia energia. Ma da quando sono nati i miei figli le cose sono cambiate e, nonostante il lavoro rimanga molto importante e molto appagante, la famiglia è diventata la priorità.

Per avere successo nel suo campo, quali caratteristiche dovrebbe avere una donna?
Prima di tutto dovrebbe avere spiccate qualità manageriali e di leadership, oltre a un'ottima conoscenza dei processi della pubblica amministrazione. Inoltre, per ottenere soddisfazioni in questo campo, è sicuramente necessario avere buone capacità di comunicazione e di mediazione in quanto spesso bisogna cercare di ottenere il consenso tramite lunghe trattative con le parti coinvolte: bisognerebbe essere quindi strategiche e anche risolute. È necessario, inoltre, il supporto di tuo marito e della tua famiglia e, infine, bisognerebbe circordarsi di persone positive.

Qual è, a suo parere, il ruolo della donna italo-canadese all'interno della società?
I ruoli tradizionali della donna erano principalmente di supporto alla famiglia: le donne erano responsabili della casa, dei bambini, della trasmissione delle tradizioni italiane. Oggi, le donne ricoprono ancora i ruoli tradizionali, ma sono anche diventate dei modelli da imitare, molto più di quanto non lo fossero in passato. Le donne hanno assunto una funzione di collegamento, uniscono i valori tradizionali della famiglia e quelli delle nuove generazioni – riescono perciò a creare un ponte tra due realtà molto diverse. Inoltre, sempre più donne iniziano ad accedere a ruoli professionali di alto livello, diventando nuovi esempi da seguire per i loro figli e per la comunità.

Si considera un buon esempio per i suoi figli?
Non dovrei essere io a rispondere a questa domanda! Ovviamente spero di essere un buon esempio per loro anche se, come tutti, so di avere lati positivi e negativi. L'unica cosa di cui sono sicura è che sono orgogliosa di quello che sono e di tutte le esperienze che ho vissuto. Cerco di far capire ai miei figli che i traguardi che ho raggiunto io sono aperti anche a loro e anzi possono fare di meglio e andare oltre. Ma potranno raggiungerli solo se crederanno in se stessi.

Quali valori ha cercato di trasmettere ai suoi figli?
Ho cercato di trasmettere loro gli stessi valori con i quali io sono cresciuta: la solidarietà familiare, l'onestà, il rispetto, l'educazione e la dedizione al lavoro sono i principi che vorrei che i miei figli

although as they grow older, the gap between them seems less. (There is an eight-year gap between them.) I would not change anything else. I am completely satisfied with my life, marriage, and work, and I am very happy to have discovered the Italian identity within my family.

Do you believe that the Italian community has changed since you were a child?
Absolutely! Today the community is larger, more united, more motivated, and interested in showing the world all that is "Made in Italy." Italian immigrants have never been as appreciated as they are today. In recent years, we have come to realize how important the impact and contribution of the Italian community has been, and continues to be, in terms of Canada's development and growth. In many areas such as the arts, manufacturing, and culture, Italians have been instrumental. Thanks to the commitment, perseverance, and the culture that distinguishes Italy, the Italian community is much more visible today, and its influence on this country is forever growing. Also, Italians have aimed high and have been able to occupy important positions at the federal, provincial, and municipal levels of government. All this is thanks to their work ethic and to the respectability and passion that they demonstrate in everything they do. However, a lot still needs to be done. I only hope that my children contribute significantly to the community. I would like to say to all Italo-Canadians like myself to always maintain the symbols, culture, and language of Italy.

What is your greatest contribution to Canadian society?
I think it is in my capacity as urban planner and administrator, setting the groundwork for future growth in Ontario and Canada. This is my greatest contribution... and also raising my two young Canadian children.

What advice would you give to other women who want to be successful?
My husband has always been there for me. I think I've been extremely fortunate in this regard, and at the same time, I've been rewarded for my dedication to my work. Nobody has an advantage over anybody else, and both men and women can attain what I have attained and more. You just need to have a clear vision of your goals, personal objectives, and you need to work hard and be ready to confront different roads along the journey. You have to believe in yourself and have a passion for whatever you do.

What would you like to do in the future?
I have worked a lot and given my all. I've dedicated myself to my professional life. Now I would like to retire and dedicate myself to other pursuits, my personal life and my family. Through my municipal employment, I have made my greatest dream come

seguissero nella loro vita, sia professionale che personale. Ma oltre a questi ho cercato di insegnare ai miei figli l'importanza di trovare un giusto equilibrio nella cose della vita mantenendo sempre viva la curiosità.

Se potesse cambiare qualcosa del suo passato, quale sarebbe?
Prima di tutto farei in modo che i miei bambini abbiano una minore differenza di età (ci sono ben otto anni di differenza tra loro), in modo tale da poter avere più cose in comune tra loro, anche se, crescendo questa differenza si nota sempre meno. Non cambierei nient'altro. Sono completamente soddisfatta della mia vita, del mio matrimonio, del mio lavoro e sono felice di aver conservato dei momenti di ritrovo all'interno della famiglia, tipicamente italiani.

Ritiene che la comunità italiana sia mutata da quando lei era una bambina?
Sicuramente sì. Oggi la comunità è più numerosa, più compatta, più motivata e più interessata a mettere in rilievo tutto ciò che è "Made in Italy". Gli italiani emigrati qui non sono sempre stati apprezzati come lo sono ora. Da pochi anni ci si è resi conto di quanto sia stato fondamentale, e continui ad esserlo, il contributo degli italiani allo sviluppo e alla crescita del Canada. In molti campi, quali quello dell'arte, dell'industria e della cultura, gli italiani hanno giocato un ruolo fondamentale. Grazie al tempo, alla perseveranza e alla grande cultura che contraddistingue l'Italia, la comunità italiana ora è molto più visibile e la sua influenza sul territorio è sempre maggiore. Inoltre gli italiani hanno puntato in alto riuscendo ad occupare cariche di rilievo a livello federale, provinciale e ministeriale. E questo grazie alla loro etica del lavoro ed alla serietà e passione che riversano in ogni cosa. Comunque, ci sono ancora molte cose da fare. Vorrei solo che i miei figli contribuissero in modo rilevante alla comunità. E vorrei dire a tutti gli italo-canadesi come me di conservare sempre i simboli, la cultura ed il linguaggio dell'Italia.

Qual è il contributo più importante che lei ha dato alla società canadese?
In quanto urbanista e amministratrice, ritengo di aver contribuito a porre le basi per il futuro sviluppo dell'Ontario e del Canada. Questo è il mio contributo più grande...oltre al fatto di educare due giovani canadesi!

Che tipo di consigli darebbe ad altre donne che vogliono raggiungere il successo?
Mio marito è sempre stato vicino a me. Penso di essere stata sempre molto fortunata e nello stesso tempo premiata per la mia dedizione al lavoro. L'unica cosa che posso dire è che nessuno ha nulla in più degli altri e tutti, donne e uomini indistintamente, possono tranquillamente arrivare dove sono arrivata io o fare di più. Bisogna solo avere sempre in mente la propria meta e i propri

PAULA   MACRI   DILL

PAULA
MACRI DILL

true. I am satisfied with myself and with all my accomplishments. I would like to have the time to enjoy my life and all that I have accomplished.

Photography/*Fotografie:* Dave Gillespie

obiettivi, lavorando tanto e accettando anche l'eventualità di poter cambiare rotta. Insomma bisogna sempre credere in se stessi e amare quello che si fa.

Cosa vorrebbe fare in futuro?
Ho lavorato molto e mi sono dedicata alla vita professionale intensamente. Ora desidererei andare in pensione e dedicarmi di più alla mia vita privata e alla mia famiglia. Con la direzione municipale ho realizzato la mia più grande ambizione e penso di essere soddisfatta di tutto quello che sono e che ho fatto. Vorrei solo avere il tempo per godermi la vita e tutto ciò che ho ottenuto fino ad ora.

"Le donne hanno il talento e la capacità di trovare un equilibrio tra diversi interessi e diversi impegni e questo fa di loro delle ottime candidate per i ruoli dirigenziali all'interno del Governo".

MARIA

"I don't think I became exactly what I expected; I certainly arrived in a very different place than was planned. Despite this, **I think we should never quite feel that we have 'arrived'—we should keep looking for new challenges."**

MARIA MINNA

MINNA

Maria Minna arrived in Canada in 1957 as a child. She paid for her own studies, making many sacrifices in order to do so, and obtained a degree from the Faculty of Sociology at the University of Toronto. From 1981 to 1992, she served as the volunteer president of COSTI-IIAS, the country's largest immigrant services organization. In 1993, Minna was first elected to Parliament and was soon appointed vice-chair of the Standing Committee on Human Resources Development. She served as parliamentary secretary to the Minister of Citizenship and Immigration from 1996 to 1998 and in 1999, became Minister for International Cooperation. Today, Maria Minna is a member of Parliament for the Beaches-East York district and in February 2006, was appointed as opposition critic for the Status of Women, Seniors and Multiculturalism.

Maria Minna arriva da bambina in Canada nel 1957. Consegue la laurea presso la Facoltà di Sociologia dell'Univesità di Toronto, pagandosi gli studi con molti sacrifici. A partire dagli anni `70 inizia a occuparsi di politica; fa la volontaria presso un'associazione, il COSTI, di sostegno agli immigrati italiani. Grazie alle sue capacità si afferma in politica sino a diventare Ministro per la Cooperazione Internazionale con il governo Chretien. Oggi Maria Minna è Consulente di Politiche Pubbliche, parte attiva del Partito Liberale e membro del Parlamento per la circoscrizione Beaches-East York.

Birthplace: Pofi, Italy
Region of Origin: Lazio, Frosinone

What was your first impression of Canada?

I was very angry, because I knew that I could never again find what I left in Italy. In fact, in Canada, with myself and my family finally reunited, we moved to the second floor of an apartment where everything was so different from what I had known in my life so far. My first impression of Canada? Hatred! I hated it because I didn't feel at ease, I didn't know the language, I couldn't bond with people in this place, and I couldn't stand the climate.

When did you become involved in politics?

When I was in university, if anyone had told me that I would become a minister or a member of Parliament, I would have thought it was a joke. My desire as a youth was to become a teacher, and I never would have thought of working for the government. I don't think I became exactly what I expected; I certainly arrived in a very different place than was planned. Despite this, I think we should never quite feel that we have "arrived"—we should keep looking for new challenges. In the same year I began university, in 1972, I started getting myself busy promoting local candidates and participating in community meetings, where I fought for the rights of my area in my community. In that period, I did many things simultaneously. I was a full-time university student, I did volunteer work with Italian immigrants, I participated in local politics, and I worked in other odd jobs.

What exactly did your volunteer work consist of?

I worked in an association [COSTI] that proposed to help Italians that had just arrived in Canada. We would find them a place to stay, obtain the necessary documents, and find them work. We also dealt with employees, especially injured ones. Basically, we were a sort of labour union. When Chinese immigrants arrived, we also decided to help them, and we later offered our services to all immigrants—French, Spanish, Mexican... The association has since grown, involving more people and organizing more programs for acceptance and integration into the Canadian reality. I directed COSTI for many years, and our centres for the advocacy of families have now become a model for all other communities.

      The volunteer work I was involved in didn't deal only with immigrants. In fact, I have invested a huge part of my energy defending women, and I have fought to sustain their often trampled rights. Shortly after the great emigration of Italians to Canada, the work situation of Italians in general, particularly women, was disastrous. They were forced to work in factories from morning to night, in order to help their family, and were paid as little as possible.

Nata: Profi, Italia
Regione d'Origine: Lazio, Frosinone

Qual'è stata la sua prima impressione del Canada?

Ero davvero molto arrabbiata, perché sapevo che non avrei mai più trovato quello che avevo lasciato in Italia. In Canada, infatti, io e la mia famiglia finalmente riunita, ci siamo trasferiti al secondo piano di un appartamento, dove tutto era così diverso da quello che fino ad allora aveva rappresentato la mia vita. La mia prima impressione del Canada? Odio! L'ho odiato perché non mi sentivo a mio agio, non conoscevo la lingua, non potevo legare con le persone del posto e non sopportavo il clima.

Quando ha iniziato ad essere coinvolta in politica?

Se qualcuno, durante il periodo dell'università, mi avesse detto che sarei diventata un ministro o un membro del parlamento, avrei pensato a uno scherzo. Il mio desiderio da ragazza era quello di diventare professoressa e mai avrei pensato di lavorare per il Governo dell' Ontario. Non credo di essere diventata esattamente quello che mi aspettavo: sono certamente arrivata dove non avrei mai pensato. Nonostante questo, penso che non ci si debba mai sentire 'arrivate', e che si debbano cercare sempre nuove sfide. Lo stesso anno in cui ho iniziato l'università, nel 1972, ho cominciato a darmi da fare per promuovere candidati locali e a partecipare sempre alle riunioni comunali, dove combattevo per i diritti del mio quartiere, della mia comunità. In quel periodo facevo molte cose contemporaneamente: ero una studentessa universitaria a tempo pieno, facevo volontariato a favore degli immigrati italiani, partecipavo alla politica locale ed ero impegnata in altri lavori saltuari.

In cosa consisteva esattamente la sua attività di volontariato?

Lavoravo in una associazione che si proponeva di aiutare gli italiani appena arrivati in Canada: trovavamo loro un alloggio, i documenti necessari ed un posto di lavoro. Ci occupavamo anche dei lavoratori, specialmente di quelli infortunati. Praticamente eravamo una sorta di sindacato. Quando sono arrivati gli immigrati cinesi, abbiamo deciso di aiutare anche loro ed abbiamo offerto i nostri servizi a tutti gli altri immigrati, francesi, spagnoli, messicani...Così, con il tempo, l'associazione ha raccolto sempre più successi, coinvolgendo molte persone e organizzando programmi di accoglienza e integrazione nella realtà canadese. Ho diretto il COSTI per molti anni ed i nostri centri per il sostegno delle famiglie sono diventati presto un modello per tutte le altre comunità.
Ma il volontariato in cui ero coinvolta, non riguardava solo questo. Infatti ho investito gran parte delle mie energie a difesa delle donne: mi sono battuta per sostenere i loro diritti, spesso calpe-stati. Subito dopo la grande emigrazione italiana in Canada, la situazione lavorativa, degli italiani in generale e delle donne in particolare, era disastrosa. Costrette a lavorare nelle fabbriche, dalla mattina alla sera, per mantenere la famiglia, venivano pagate il meno possibile.

Do you believe that Canada is more capable of accepting immigrants than Italy?
Yes. This is the fruit of a long Canadian tradition of acceptance of immigrants. Our founding fathers (English and French) were also immigrants. Even today, Italy has a point of view that is only slightly open to other cultures, despite the fact that immigration is a huge resource. The future of Canada depends on immigrants, and for this reason, Canadians are avoiding closing the door to them. If they did this, in about 10 years we would be a very poor country.

For me, Canada is a "nation under construction," and I appreciate it because it has the knowledge that there is still much more to do in order to better the living conditions for the population. During one of my work-related visits to Italy, I spoke with different ministers regarding the problem of pluralism and multiculturalism, a problem rarely found in Italy, but something [Canada] can teach the rest of the world about. I have always tried to sensitize people to this issue. I engage in this dialogue because, for me, it represents a better way to bring about successful cohabitation.

What do you think the role of the Italian community has been here in Canada?
The Italian community is very strong in Canada. There are Italian representatives in every sector of Canadian society, from health to the judiciary, and from economics to politics. Canada owes a lot to Italy and its population—in art and fashion, in architecture and lifestyle, and in food. Initially, Italians contributed as labourers, constructing Canada's buildings. Today they are the owners of [these] buildings, and I must say that their dedication to work has been rewarded throughout all these years. I believe that the Italian community has given the largest contribution to Canada. What fascinates me more, day by day, is the capacity of people in the Italian community to help others and share in the joys and sorrows of life. Canada is admired because it accepts every type of diversity, and I believe that at times, even the Italian community has contributed to making Canada this advanced and open to plurality.

What has been the largest contribution of the Italian community to the Canadian society?
Without the shadow of a doubt, I must answer that it is COSTI. This association is not limited to helping Italian immigrants, but helps everyone. It is one of the few associations to interest itself in the spreading of social justice.

Have you had the chance to go back to Italy?
Yes, of course. As soon as I had enough money to allow myself the trip, I went. First, I travelled around Europe, and in the end, I stayed for a long while in my country of origin.

I always smile when I think of this story. When I went back to Italy after several years, I remember that as soon as I arrived in my town in the province of Frosinone, one of my Italian

Il Canada sembra molto più disposto dell'Italia ad accogliere gli immigrati. È d'accordo con questa affermazione?
Sì. Questo è frutto di una lunghissima tradizione canadese di accoglienza degli immigrati. Gli stessi padri fondatori (Inglesi e Francesi) sono stati immigrati. Ancora oggi, l'Italia ha un punto di vista poco aperto alle altre culture, nonostante l'immigrazione sia una risorsa grandissima. Il futuro del Canada dipende dagli immigrati, dal momento che la natalità è prossima allo zero. Per questo motivo è interesse dei canadesi evitare di chiudere le porte agli immigrati, perché, se dovesse farlo, nel giro di dieci anni diventerebbe una nazione poverissima. Questo "paese multiculturale", icona ormai diffusa in tutto il mondo, non solo ha saputo aprirsi ad una molteplicità di culture, ma è sempre stato in grado di rispettarle, rendendosi famoso per il suo clima di pace e per l'atmosfera priva di dissensi interni.
Per me il Canada è una "nazione in costruzione" e lo apprezzo perché ha la consapevolezza che c'è ancora molto da fare per migliorare le condizioni di vita della popolazione. Durante uno dei miei incontri di lavoro in Italia, ho parlato con diversi ministri proprio riguardo al problema del pluralismo e della multiculturalità, un argomento poco diffuso nel Bel Paese, che ha molto da imparare dal Canada. Insomma, nel mio piccolo, ho sempre cercato di sensibilizzare le persone riguardo a queste tematiche, attraverso il dialogo che per me rappresenta la via migliore da percorrere per raggiungere l'obiettivo di una convivenza migliore.

Quale pensa sia stato il ruolo della comunità italiana qui?
La comunità italiana è piuttosto forte qui in Canada. Sono presenti rappresentanti italiani in ogni settore della società canadese: dalla sanità alla magistratura, dalla economia alla politica. Il Canada deve molto all'Italia e alla sua popolazione, nell'arte e nella moda, nell'architettura e nello stile di vita, nell'alimentazione. Gli italiani hanno iniziato a dare il proprio contributo come operai, costruendo materialmente gli edifici. Ora sono i proprietari di società immobiliari e di imprese edili, e direi che la loro dedizione al lavoro è stata premiata con ottimi risultati conseguiti in tutti questi anni. Credo che la comunità italiana abbia dato il contributo più grande al Canada. E posso dirle una cosa? Ciò che mi affascina di più, giorno dopo giorno, è la capacità delle persone della comunità italiana di aiutarsi vicendevolmente dividendo gioie e dolori della vita. E se da un lato ammiro il Canada perché è aperto ad accogliere ogni tipo di diversità, sono dell'idea che a sua volta anche la comunità italiana abbia contribuito a rendere il Canada stesso così avanzato e aperto alla pluralità.

Sempre riguardo a questo argomento, qual'è il contributo più grande che la comunità italiana ha dato alla società canadese?
Senza ombra di dubbio posso rispondere che è il COSTI. Questa associazione non si è limitata ad aiutare gli immigrati italiani, ma lo ha fatto in generale per tutti. Ed è una delle poche associazioni ad interessarsi della diffusione della giustizia sociale.

relatives offered to pick me up in his car and accompany me to the home of my birth. I did not accept his offer, because I wanted to test myself and see if I could remember the roads and the places of that small city that I had abandoned more than 20 years prior. I remember that on that day I did not have a moment of hesitation. Every single road was perfectly etched in my memory, as if I had never left.

Would you like to live and work in Italy?
It was a recurring thought throughout my youth, but now it's different. Now my whole life is here, and although there are many things to do in Italy regarding issues such as the rights of women, multiculturalism, and pluralism, I am convinced that I could never go back forever.

Have you encountered any difficulties in your career because of your gender?
Yes, at least as far as my generation is concerned. In fact, being a woman and an immigrant was a double disadvantage. When I was president of COSTI, I was the only female to guide an Italo-Canadian association, and for this I am very proud. The women who have had political influence in the community, and in Canadian society in general, can be counted on the fingers of one hand! With my personal experience, I can say that sometimes in Canadian society there have been slight differences in the treatment between men and women, but not at COSTI. Members of [COSTI's] board of directors always encouraged me, sustained me, and admired me—they had been the ones who insisted I become president.

The men of my generation did not appreciate that a woman could have a position of leadership, but with determination and ambition, I never let them intimidate me and I earned respect from all of them. Now I am a member of Parliament. I must admit that the world of politics is still very competitive and full of obstacles, especially for a woman. An example? When I was part of the national committee, [myself and other women would offer] suggestions, and every time, the same thing happened. At the start, [the women who tabled the suggestion] would not be given any consideration, but later, after being reworded by a man, we were listened to. I don't think it happened intentionally, but they simply did not give us their attention. Today the situation has improved, but the differences are still evident.

How do you balance your career with your private life?
It wasn't easy. Surely, not having had a child was an advantage. If I had children, there is no way I could have taken away time from them. Therefore, I would not have arrived where I am now. I have always had my work close to my heart, so much so that I would spend all my free time working. I am certain that it was worth the effort.

Le è mai capitato di tornare in Italia?
Si certo, non appena ho avuto i soldi per potermi permettere il viaggio ci sono andata: prima ho girato parte dell'Europa ed infine sono tornata e rimasta a lungo nel mio paese d'origine. C'è una cosa che mi fa sorridere. Quando sono tornata in Italia dopo parecchi anni, ricordo che, appena arrivata al mio paese in provincia di Frosinone, un mio parente italiano si è offerto di venirmi a prendere e di accompagnarmi in auto alla mia casa natale. Ma la cosa che mi fa sorridere è che non ho accettato perchè volevo mettermi alla prova e vedere se mi ricordavo le strade e i luoghi di quella piccola cittadina che avevo abbandonato più di vent'anni prima. E ricordo che quel giorno non ho avuto un attimo di esitazione: ogni singola via era perfettamente disegnata nei miei ricordi, come se non fossi mai andata via.

Le piacerebbe vivere e lavorare in Italia?
Era un'idea piuttosto ricorrente durante il periodo della mia giovinezza. Ma adesso è diverso. Ormai tutta la mia vita è qui e, nonostante ci siano molte cose da fare anche in Italia, riguardo alle tematiche dei diritti delle donne, della multiculturalità e del pluralismo, sono convinta che non potrei mai tornarci per sempre.

Ha trovato difficoltà nella sua carriera, in quanto donna?
*Si, almeno riguardo alla mia generazione. Infatti per noi essere "donna" e nello stesso tempo "immigrata", era un duplice svantaggio. Quando ero presidente del COSTI ero l'unica donna a guidare un'associazione italo-canadese e di questo sono molto orgogliosa. Le donne che hanno avuto influenza politica nella comunità, e nella società canadese in generale, si contano sulle dita di una mano! Per esperienza personale posso dire che a volte all'interno della società canadese ho notato una leggera differenza di trattamento tra uomini e donne, ma al COSTI no. I membri del consiglio direttivo mi hanno sempre incoraggiata, sostenuta e ammirata e sono stati loro ad insistere perché ne diventassi presidente. Gli uomini della mia generazione non apprezzavano che una donna avesse una posizione di leadership, ma con determinazione e ambizione non mi sono fatta intimorire ed ho ottenuto il rispetto da parte di tutti. Ed ora sono membro del Parlamento.
Devo ammettere che il mondo della politica è ancora oggi molto competitivo e pieno di ostacoli, in particolare per una donna. Un esempio? Quando facevo parte del Comitato Nazionale, mi è capitato più volte di dare suggerimenti e tutte le volte succedeva la stessa cosa: all'inizio non venivano tenuti in considerazione da nessuno, solo più tardi, dopo essere stati ripresi da un uomo, venivano ascoltati. Non credo fosse intenzionale, semplicemente non mi degnavano della loro attenzione! Oggi la situazione è migliorata, ma le differenze sono ancora evidenti.*

In quanto donna, come è riuscita a conciliare tutto ciò che faceva con la sua carriera e la sua vita privata?
Non è stato facile, sicuramente non avere avuto figli è stato un

Do you define yourself as a "successful" woman?

Yes, I really believe so. Or better, I believe I have achieved diverse successes, both personally and professionally. I am proud of having arrived at a level above all my expectations. Despite this, it is important to be humble and have the knowledge that there will always be new objectives to overcome. Believing in your dreams and following them is the key to success.

Photography/*Fotografie:* Dave Gillespie

vantaggio. Se li avessi avuti non avrei mai potuto rinunciare al tempo per loro, quindi non sarei potuta arrivare dove sono ora. Ho sempre avuto a cuore il mio lavoro, tanto da sacrificare molto spesso tutto il mio tempo libero. Ma sono certa che ne sia valsa la pena.

Si ritiene una donna di successo?

Credo proprio di si. O meglio, credo di aver conseguito diversi successi sia personali che professionali. Sono fiera di essere arrivata ad un livello superiore alle mie aspettative. Ma nonostante questo è importante essere umili e avere la consapevolezza che ci saranno sempre nuovi obbiettivi da raggiungere. Credere nei propri sogni e perseguirli è la chiave del successo.

"Non credo di essere diventata esattamente quello che mi aspettavo: sono certamente arrivata dove non avrei mai pensato. **Nonostante questo, penso che non ci si debba mai sentire 'arrivate', e che si debbano cercare sempre nuove sfide".**

NANCY OLIVIERI

Dr. Nancy Olivieri is a professor of pediatrics and medicine at the University of Toronto and executive director of Hemoglobal. She received her bachelor's degree at the University of Toronto in 1975, and her M.D. at McMaster University in 1978. She received post-graduate training at McMaster University, the University of Toronto, and Harvard University, returning to Toronto in 1986 to take up a position as a researcher and clinician in medical and pediatric hematology. Dr. Olivieri has dedicated herself to researching thalassemia, a disease so common in Italy that it was once known as "Mediterranean Anemia."

In 1996 Dr. Olivieri identified unexpected risks of a drug she was studying in industry-sponsored clinical trials involving patients with thalassemia. When she moved to inform patients, the drug's manufacturer ended the trials and threatened her with legal action should she disclose her findings. In 1998, Dr. Olivieri published her discoveries in a leading scientific journal, bringing the dispute to the public's attention. The debate and the controversy have raged on ever since.

Dr. Olivieri is a recipient of several honours, including the Order of Merit from the National Congress of Italian Canadians; the Nader Foundation's Award for Civic Courage; a mayoral honour from the City of Hamilton; the Vanessa Young Award from Drug Safety Canada; and the Civil Justice Award from the Association of Trial Lawyers of America.

La dott.ssa Nancy Olivieri è docente di pediatria e medicina presso la Università di Toronto ed è segretario generale di Hemoglobal. Laureatasi alla Università di Toronto nel 1975, ha poi conseguito la specializzazione presso la McMaster University di Hamilton nel 1978. In seguito ha seguito corsi di formazioni post-laurea alla McMaster University, alla Università di Toronto e ad Harvard per poi tornare a Toronto nel 1986 come ricercatrice nel campo dell'ematologia medica e pediatrica. Tra le più brillanti nel suo campo, la dott.ssa Olivieri ha dedicato la sua carriera alla ricerca nel campo dell'ematologia, occupandosi soprattutto di talassemia, una malattia piuttosto comune in Italia, tanto da essere un tempo conosciuta come "anemia mediterranea".

Nel 1996, durante esperimenti clinici su pazienti malati di talassemia, la dottoressa Olivieri scoprì degli effetti collaterali non previsti correlati al medicinale sperimentale che stava loro somministrando. Agendo con esemplare responsabilità, decise di informare all'istante i pazienti che erano stati trattati con il medicinale pericoloso; tuttavia, saputo di questa sua iniziativa, la casa farmaceutica per la quale lavorava (la quale produceva il farmaco incriminato) la minacciò di adire a via legali in caso lei avesse intenzione di proseguire con la sua opera informativa rendendo pubbliche le sue scoperte relative alla pericolosità del farmaco. La diatriba ottenne l'attenzione dell'opinione pubblica due anni più tardi, nel 1998: in quell'anno, infatti, la dottoressa Olivieri pubblicò i risultati delle sue scoperte in un' importante rivista scientifica; da quel momento la polemica continua.

Fra i numerosi premi ricevuti si annoverano l'Ordine al Merito del National Congress of Italian Canadians,; il Nader Foundation's Award for Civic Courage, l'onoreficenza dal Comune di Hamilton, il Vanessa Young Award dal Drug Safety Canada e il Civil Justice Award dalla Association of Trial Lawyers of America.

> "Should we strive for important discoveries for those who live in the richest nations of the world and who can afford expensive medicines, or rather should we seek as a profession to contribute to the health of patients worldwide? If we intend to pursue the latter, the process of drug development must be changed."

Birthplace: Hamilton, Ontario, Canada
Region of Origin: Abruzzo, Italy

What are your ties to Italy?

Two of my grandparents are Italian, both born in Gagliano Aterno, a small town in Abruzzo. My mother's family was born in Poland. I think I have tried to understand what my grandparents went through after leaving their countries of origin to immigrate to Canada. It must not have been easy. When my paternal grandfather arrived in Canada in 1906, he was part of the first wave of Italian immigrants to the country. I respect the decision he had to make to leave, and I am very proud of him–it was undoubtedly difficult to be the subject of the discriminatory attitudes that existed then towards Italians. My grandparents settled in Hamilton, and my family was raised there as part of a traditional Italian family.

What traits did you inherit from your parents?

In 1948, my father was one of the first graduates in medicine within the Italian community in Canada. In essence, he and other young Italo-Canadians were pioneers of medicine in their community. My father cared for many Italian patients from the Hamilton community, practising medicine for nearly 50 years. I am happy to have followed in his footsteps. My dad's enjoyment of, and dedication to, medicine was an inspiration; my mother's support and dedication to her family offered equal inspiration.

Did you have difficulties pursuing your career because of your gender?

Definitely not at the beginning of my career. However, later in my career, like many women, I realized that as a woman my views were not highly regarded by all, only because many individuals (men and women) may unfairly prejudge people based upon gender.

The situation I found myself in–declaring concerns about an experimental drug–was likely worsened by the fact that I was a woman; many assumed women are incapable of battle and unable to defend themselves or their positions, however correct they may be.

Were you confronted with discriminatory views?

I had to fight against what my colleagues and I believed to be the dismantling of integrity at many different levels. The really difficult situation began at the Faculty of Medicine at the University of Toronto; many in the senior administration there focus on their ambitions of fame and profit, and many risk their integrity for the sake of meeting those less elevated objectives. Throughout our ordeal, those in authority at the University of Toronto and the Hospital for Sick Children tried (unsuccessfully) to strip me of my medical licence, and to ridicule and smear my colleagues and myself. These tactics are also a problem in similar situations in the U.S.; for example, those who raised concerns about the safety of Vioxx in 2004 were similarly attacked personally and professionally.

Nata a: Hamilton, Ontario, Canada
Regione di origine: Abruzzo, Italia

Qual è il suo legame con l'Italia?

Due dei miei nonni sono italiani, nati entrambi a Gagliano Aterno, una piccola cittadina in Abruzzo; la famiglia di mia madre, invece, è polacca. Ho cercato di capire quel che la mia famiglia ha passato quando lasciò l'Italia per venire in Canada. Non deve essere stato semplice. Quando mio nonno venne in Canada nel 1906, giunse con la primissima ondata di emmigrati italiani. Rispetto la sua decisione di emigrare e sono molto fiera di lui. Deve essere stato molto difficile trovarsi di fronte ai pregiudizi che esistevano contro noi italiani. I miei nonni si stabilirono ad Hamilton e noi crescemmo qui in una tradizionale famiglia italiana molto numerosa.

Che cosa pensa di aver ereditato dai suoi genitori?

Mio padre fu uno dei primi laureati in medicina della comunità italiana nel 1948. In un certo senso, lui e altri italo-canadesi furono i "pionieri" della medicina nella comunità. Ebbe un'ampia clientela italiana nella città di Hamilton e svolse la sua attività per quasi cinquant'anni. Sono felice di aver seguito la sua strada. La sua passione e la sua dedizione per la medicina è stata la mia ispirazione. Allo stesso tempo, anche l'aiuto di mia madre e la sua attenzione alla famiglia mi hanno ugualmente offerto un importante esempio.

Ha avuto difficoltà nell'affermarsi professionalmente in quanto donna?

All'inizio della mia carriera no. Ma, andando avanti nella mia carriera, mi sono resa conto che, come altre donne, le mie idee non erano considerate altrettanto importanti quanto quelle di altri, solo perchè molti (sia uomini che donne) avevano ancora numerosi pregiudizi basati sul sesso. La situazione in cui mi sono ritrovata, mi dichiaravo scettica e preoccupata sulla sperimentazione di un farmaco, è peggiorata semplicemente per il fatto che ero una donna; molti credevano che le donne fossero incapaci di battersi e difendere la propria posizione, per quanto fosse stata corretta.

Ha dovuto fronteggiare posizioni discriminatorie?

Ho dovuto combattere contro ciò che i miei colleghi ed io stessa percepivamo come il venir meno dell'integrità morale, a molti livelli. La prima situazione difficile si creò alla facoltà di medicina alla Università di Toronto: le amministrazioni di molti istituti universitari puntano alla fama ed al denaro, e alcune di queste rischiano di agire in modo scorretto per raggiungere tali obiettivi. Durante tutta la vicenda, alcune personalità della Università di Toronto e dell'Hospital for Sick Children hanno cercato, senza successo, di isolarmi professionalmente, di infangare la mia reputazione e quella di altri miei colleghi.

"*Dovremmo puntare effettivamente ad ottenere fama e fortuna grazie a grandi scoperte per coloro che possono permettersi costosi medicinali nei paesi più ricchi o dobbiamo contribuire alla salute dei pazienti di tutto il mondo? Se vogliamo perseguire quest'ultimo obiettivo, allora la strada da percorrere deve cambiare*".

For the better part of my professional life, I had believed in the system and was convinced that the system was founded on merit. Unfortunately, this is clearly often not the case. The most important consequence of this situation is that many citizens, in Canada and worldwide, do not understand that each of them are affected by this. Each of us potentially runs a health risk due to the premature approval of drugs after inadequate research.

I would do the same today, but do not take me literally–mine is not a success story. Had it been, many of the individuals at the Hospital for Sick Children and the University of Toronto who were challenged for those attacks on us would no longer be in power.

Are you proud of your achievements in the field of research?

Yes, I believe that I experienced a certain degree of success in those first 10 years of my professional life. What has shaped my later concerns has been a belief that medical research should be aimed at improving treatments and patients' health. Unfortunately, as I have learned, much research that is desperately needed for much of the world's population is never funded, because other research (less important, in my view) anticipated to yield large financial profits for the industry becomes a priority–for drug companies and for individual doctors and scientists.

How does a woman deal with the emotional involvement of your work?

Again, this is not necessarily a gender issue; in my situation, it makes no significant difference that I am a woman, or that I am of Italian origin. Mine is a typical story of the ongoing struggle for academic freedom and for the rights of patients involved in clinical trials conducted at the academic-industry interface.

If I have been able to deal with this experience, along with many of my colleagues, it has been only thanks to the solidarity and support I have been blessed with: friends, family, four local scientists in particular, as well as several others, who have proven to be as loyal as family and who have fought alongside me. One can survive with the support of such people who do not remain neutral, whether defending the scientific merits of the matter or the equally important ethical issue of openness to patients in a clinical trial. Some Italians are good warriors, even though the Italian army may not be seen as the strongest in history.

In 2000, you were presented with an award from the National Congress of Italian Canadians. How did that feel?

This was a great honour, because the controversy and... the attacks on us were ongoing, but they were not proven yet to be false and misleading, as they were later revealed to be. The NCIC award indicated that many members of the Italian community supported us in our struggle.

While it is clear that money is necessary for research and for scientific success at all levels, a true uneasiness has spread.

Questa è una tattica utilizzata anche in altri casi: negli Stati Uniti, per esempio, quelli che hanno sollevato dubbi circa la sicurezza del farmaco Vioxx nel 2004 sono stati ugualmente attaccati professionalmente e personalmente.

Per una buona parte della mia vita professionale ho creduto nel sistema e pensavo che si basasse su un sistema meritocratico. Tuttavia, non sempre è così e la conseguenza più importante è che molti cittadini, nel Canada e nel mondo, non capiscono che tutti siamo coinvolti: tutti noi, infatti, siamo potenzialmente esposti a un rischio di salute dovuto alla prematura approvazione di farmaci dopo un'inadeguata sperimentazione.

Rifarei la stessa cosa oggi, ma - non prendetemi alla lettera - la mia storia non è una storia di successo. Se lo fosse stata, molte delle persone con cui mi sono scontrata all'interno dell'Hospital for Sick Children e della Università di Toronto non sarebbero più al potere.

È fiera dei risultati ottenuti nell'ambito della ricerca?

Si, penso di aver avuto un certo successo nei miei primi dieci anni di carriera. Le ricerche mediche e cliniche dovrebbero ovviamente essere finalizzate al miglioramento delle cure e della vita dei pazienti. Ma, sfortunatamente, come ho potuto constatare, una grossa fetta della ricerca che è necessaria per una buona parte della popolazione mondiale non è mai finanziata ed è sacrificata a favore di altre ricerche scientifiche - a mio parere meno importanti - volte a privilegiare un ritorno economico per industrie farmaceutiche e medici o ricercatori.

Una donna come gestisce il coinvolgimento emotivo che è insito nel suo lavoro?

Sulle questioni etiche, come nel mio caso, non fa differenza che io sia donna o che abbia origini italiane: la mia storia è un esempio della lotta quotidiana per la libertà accademica e per la difesa dei pazienti coinvolti nella sperimentazione medica in ambito accademico-ospedaliero ed universitario.

Se sono riuscita a superare questa esperienza, insieme ai miei numerosi colleghi, è solo grazie al supporto e alla solidarietà di cui sono stata circondata: amici, quattro ricercatori locali nello specifico, insieme a molte altre persone, inclusa la mia famiglia che ha provato di essere sia leale che combattiva al mio fianco. Una persona può sopravvivere solo grazie al supporto di quelle persone che non rimangono neutrali nel momento in cui difendono i meriti scientifici di una questione o l'altrettanto importante tema dell'apertura psicologica nei confronti dei pazienti sottoposti a sperimentazione medica. Alcuni italiani sono grandi combattenti, anche se l'esercito italiano non si è mai dimostrato particolarmente forte nella storia.

Nel 2000 ha ricevuto un premio da parte del National Congress of Italian Canadians. Cosa ha provato?

È stato un grande onore, perchè la controversia e gli attacchi nei

NANCY
OLIVIERI

Should we strive for important discoveries for those who live in the richest nations of the world and who can afford expensive medicines, or rather should we seek–as a profession–to contribute to the health of patients worldwide? If we intend to pursue the latter, the process of drug development must be changed. While the measure of success in the business world will always be profit, there must be other measures of success.

Photography/*Fotografie:* Erin Riley

nostri confronti erano ancora molto accesi, e non era ancora stato dimostrato che erano falsi, come poi si sono rivelati.
Ricevere quel premio dal NCIC era il segnale che alla fine buona parte della comunità italiana ci stava sostenendo in questa lotta. Se è vero che il denaro è necessario alla ricerca e al successo scientifico a tutti i livelli, un reale senso di inquietudine si è diffuso. Dovremmo puntare effettivamente ad ottenere fama e fortuna grazie a grandi scoperte per coloro che possono permettersi costosi medicinali nei paesi più ricchi, o dobbiamo contribuire alla salute dei pazienti di tutto il mondo? Se vogliamo perseguire quest'ultimo obiettivo, allora la strada da percorrere deve cambiare. Mentre l'unità di misura del business è senza dubbio il denaro, ci devono essere altri parametri per misurare il successo.

GIANNA

"My mother never pushed us to marry. We knew we had to become independent and be able to take care of ourselves without having to depend on a man. I grew up with the idea that freedom to choose and to do what you want is the most important value."

functioning the way it had in Italy, and her life in Canada forced her to become more independent and autonomous–working, taking care of her finances, and raising my sister and me, all in a new and strange country where she did not speak the language. Living a different life than most other Italian women, she accepted that the traditional values she had always believed in were no longer the most important thing, and for me and my sister, there had to be other roads. She wanted us to study in order to find a better job than hers, a profession that would give us much more satisfaction than hers. My mother never pushed us to marry. We knew we had to become independent and be able to take care of ourselves without having to depend on a man. I grew up with the idea that freedom to choose and to do what you want is the most important value.

Did you ever disown your heritage?

No. When you live in your country of origin, speak its language, know its culture, religion, lifestyle, and have relationships with people, you are part of that reality, and in it, your identity is formed. But when you are catapulted into another country, so completely different and unknown, something unexplainable happens. You lose all your reference points. This is how the world that you lived in for nine years suddenly acquires a deep significance, and you try to protect it, to keep it alive in yourself. It becomes the only reference in remembering who you are. So I have never disowned my Italian origin; I've always defended it, in contrast to many friends who did not accept theirs, even modifying their names. To negate your origin is to deny a part of yourself. The tie with Italy was all I had. How could I forget it? Why would I want to be called by another name?

Do you feel more Canadian than Italian, or vice versa?

I have tried to value Canada, I am a good citizen, I have worked hard in this country, and I think I have made a contribution, but the Italian beauty of my memories is still too much alive. In a way, that child I was in Italy has never grown up and has not been able to find such beauty in Canada.

What does it mean to be an Italian in Canada today?

The Italian community was very different in the sixties. Italians were not acknowledged like they are now. Today "Made in Italy" is held in high esteem by everyone in the world. I remember that when I arrived, there was a racist attitude towards people like me who had just immigrated. I suffered this discrimination. In school, I was made fun of because I was Italian, and we were all criticized. Notwithstanding that kind of start, the Italian community has changed this city from a cultural and architectural standpoint and in the world of fashion and lifestyle.

We Italians, a group of immigrants disembarked in a different world, have always worked and collaborated to find a way to build a better life for ourselves. We have made many sacrifices

educare me e mia sorella e tutto in un paese straniero, del quale lei non conosceva nemmeno la lingua. Vivendo una realtà diversa rispetto alle altre donne italiane, si è resa conto che i valori tradizionali in cui aveva sempre creduto non erano poi così importanti e che per me e per mia sorella dovevano esserci altre strade. Voleva che studiassimo tanto, per trovare un lavoro migliore del suo, un'attività che potesse darci più soddisfazioni. Non ci ha mai spinte al matrimonio. Sapevamo che dovevamo diventare indipendenti e riuscire a badare a noi stesse senza dover dipendere da un uomo. Sono cresciuta con l'idea che la libertà di poter scegliere e di poter fare la propria vita fosse un valore e il più importante.

Ha mai rinnegato le proprie origini?

No. Quando si vive nel proprio paese, si parla la lingua, si conosce la cultura, la religione, lo stile di vita e le relazioni tra le persone, si è parte di questa realtà e su questa realtà si fonda la propria identità. Ma quando si viene catapultati in un altro paese, completamente diverso e sconosciuto, succede qualcosa di inspiegabile. Si perde ogni punto di riferimento. Così il mondo in cui si è vissuti per nove anni improvvisamente acquista un profondo significato e si cerca di proteggerlo, di mantenerlo vivo dentro se stessi. Diventa l'unico riferimento certo per ricordare a noi stessi chi siamo. Quindi non ho mai rinnegato le mie origini italiane e le ho sempre difese, a differenza di molti amici che invece non le hanno mai accettate e hanno addirittura modificato i loro nomi. Negare le proprie origini è come negare una parte di sé. Il legame con l'Italia era l'unica cosa che avevo. Come avrei potuto dimenticarlo? Perché avrebbero dovuto chiamarmi con un altro nome?

Si sente più canadese o italiana?

Ho provato a valutare il Canada, sono una buona cittadina, ho lavorato tanto in questo paese e penso di aver dato il mio contributo, ma la bellezza italiana che ho nei miei ricordi è troppo viva. In un certo senso, la bambina che ero in Italia non è mai cresciuta e non è mai riuscita a trovare altrettanta bellezza in Canada.

Cosa significa essere italiani in Canada al giorno d'oggi?

La comunità italiana era molto diversa negli anni sessanta. Gli Italiani non erano riconosciuti come ora. Oggi, infatti, il "Made in Italy" è valorizzato e apprezzato da tutti. Ricordo che quando sono arrivata c'era un certo atteggiamento razzista verso le persone che come me erano emigrate: ho sofferto questa discriminazione. A scuola venivo presa in giro perché ero italiana e tutti noi venivamo criticati. Nonostante questi inizi, la comunità italiana ha cambiato questa città dal punto di vista culturale e architettonico, nella moda e nello stile di vita.
Noi italiani, gruppo di immigrati sbarcati da poco in un mondo diverso, abbiamo sempre lavorato e collaborato cercando di costruire una realtà migliore. Abbiamo fatto molti sacrifici e abbiamo lottato per far valere la nostra cultura. Per fortuna abbiamo

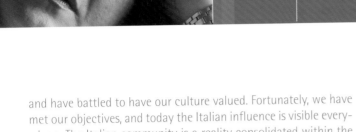

and have battled to have our culture valued. Fortunately, we have met our objectives, and today the Italian influence is visible everywhere. The Italian community is a reality consolidated within the Canadian society. The possibility to express and develop our talents and to realize all of our dreams was offered to us, and we achieved it through hard work and determination.

What is the Italo-Canadian community's weakest point?

As a community, we should be more united and decisive in sustaining our artists. We still do not realize the fundamental role of writers, painters, filmmakers, and poets. Their worth is not recognized and appreciated as it should be. In my view, they are the only ones who can and will maintain a historical and cultural tie with Italy. We do not have a nice theatre or a big library that promotes Italo-Canadian artists; there is still much work to do to improve this situation. In fact, there seems to be a general lack of interest and willingness to sustain and promote new opportunities and artistic expression in shows and cultural events. I hope that in the future, the community will be more knowledgeable about the importance of and the need for artists as cultural historians as well as future voices of our changing and moving culture. Italo-Canadians need them, and for this reason, we must value them.

How do you balance your passion for poetry with family and work?

It is very difficult for a woman to combine all these things, and I am convinced that if I were a man, my life would have definitely been easier. We have to make sacrifices and choices. For a male writer, writing comes before all else; the rest is secondary. For a woman, it is different. There are many aspects of my life that I would like to give a lot of attention to. However, I think this is the condition of all women; if we try to do everything, it is inevitable that something must come last. I want to be with my family, and at the same time, work as a teacher and also write. It is not easy. Luckily, the conditions for women have improved.

If you could go back, what would you change about your life?

I am very satisfied with who I am and what I have done. The only aspect of my life that I would like to change is my relationship with my father. There was a time when my father and I had a rapport marked by strong contrasts. We could not communicate. I was very young and arrogant. I found myself in a world that was new, and I had very different ideas. We could never seem to get along. When I immigrated, or better yet, when I came to live in a world I did not choose, I was not mature enough to fully understand the sacrifices my father had endured in order to offer us a better life. I would very much like to go back to understand him, to try to talk and rebuild a relationship. I am convinced that I am who I am because of this break with my father. I would like to be able to embrace my father and simply say "I love you, Papa."

raggiunto i nostri obiettivi e oggi il "segno" italiano è visibile ovunque. La comunità italiana è una realtà consolidata all'interno della società canadese, anche perché è stata data agli italiani la possibilità di esprimere e sviluppare i propri talenti e di realizzare i propri sogni.

Qual è il punto debole della comunità italo-canadese?

Come comunità dovremmo essere più uniti e decisi nel sostegno ai nostri artisti. Non ci rendiamo ancora conto del ruolo fondamentale degli scrittori, dei pittori, dei poeti. Il loro valore non viene compreso e apprezzato come dovrebbe. A mio parere sono gli unici in grado di mantenere il legame culturale e storico con l'Italia. Non abbiamo un bel teatro o una grande libreria che promuovano gli artisti italo-canadesi: c'è ancora tanto da fare per migliorare la situazione. Infatti, nonostante vi siano mostre o eventi culturali, di fondo manca l'interesse e la volontà di sostenere e promuovere nuove opportunità di espressione artistica. La mia speranza, quindi, è che in futuro la comunità sia più consapevole dell'importanza degli artisti. La comunità ha bisogno di loro e per questo noi dobbiamo valorizzarli.

Com'è riuscita a bilanciare la passione per la poesia con la sua famiglia e il suo lavoro?

È molto difficile per una donna riuscire a conciliare tutto e sono convinta che se fossi stata un uomo la mia vita sarebbe stata sicuramente più facile. Bisogna fare dei sacrifici e delle scelte. Per uno scrittore uomo lo scrivere viene prima di ogni altra cosa, tutto il resto è in secondo piano. Per una donna è diverso. Ci sono molti aspetti della mia vita a cui voglio dare grande attenzione. Ma penso che questa sia la condizione delle donne; se si vuole riuscire a fare tutto è inevitabile che qualcosa sia all'ultimo posto. Voglio seguire la mia famiglia e nello stesso tempo lavorare e scrivere e non è facile. La condizione della donna per fortuna è cambiata è migliorata.

Se potesse tornare indietro, c'è qualcosa che cambierebbe?

Sono soddisfatta di quello che sono e di quello che ho fatto. L'unico aspetto della mia vita che vorrei cambiare è la relazione con mio padre. C'è stato un periodo in cui io e mio padre avevamo un rapporto segnato da forti contrasti. Non riuscivamo a comunicare. Io ero molto giovane, arrogante, mi trovavo in un mondo nuovo e avevo delle idee diverse dalle sue. Non riuscivamo ad andare d'accordo. Quando sono emigrata, o meglio quando sono venuta a vivere in una realtà che non avevo scelto, non ero abbastanza matura per comprendere appieno i sacrifici che mio padre aveva fatto per offrire a noi una vita migliore. Vorrei tanto tornare indietro per poterlo capire, per potergli parlare e per riallacciare un rapporto; oggi sono però convinta di essere così come sono anche per questa rottura con mio padre. Vorrei essere capace di andare da lui, abbracciarlo e semplicemente dirgli "ti voglio bene, papà".

GIANNA   PATRIARCA

GIANNA
PATRIARCA

When you think about your future, what do you see?
We must be optimistic. Without hope, there is no reason to create. Therefore, as a writer and poet, I must be very optimistic. I believe in people, in their potential, and in their creativity. I believe, or I hope, to always follow my path with an open heart and an open mind.

Quando pensa al suo futuro, che cosa vede?
Bisogna essere ottimisti. Senza speranza non esiste ragione per creare. Quindi come scrittrice e poetessa devo essere molto ottimista. Credo nelle persone, nelle loro potenzialità, nella loro creatività. Credo, anzi spero, di riuscire sempre a seguire la mia strada con un cuore e una mente aperti.

Photography/*Fotografie:* Dave Gillespie

"Mia madre non ci ha mai spinte al matrimonio. Sapevamo che dovevamo diventare indipendenti e riuscire a badare a noi stesse senza dover dipendere da un uomo. **Sono cresciuta con l'idea che la libertà di poter scegliere e di poter fare la propria vita fosse un valore, e il più importante".**

SILVIA
PECOTA

From an early age, the visual arts resonated with Silvia Pecota. She has worked in design and photography and has exhibited in Italy, Germany, and the former Soviet Union. Her photographs have appeared in major publications in Europe and North America, and her work is frequently exhibited at the Columbus Centre. She is presently freelancing for the *National Post* and the Department of National Defence. Her book, *Hockey Across Canada*, was recently translated into Inuktitut, and her newest project combines painting and photography.

Fin da giovane età, la vocazione di Silvia Pecota è per l'arte figurativa. Ha lavorato in disegno e fotografia e ha esposto i suoi lavori in Italia, Germania e nell'ex Unione Sovietica. Le sue fotografie sono apparse in autorevoli pubblicazioni sia in Europa che in Nord America e i suoi lavori sono stati spesso esposti al Columbus Centre, il centro comunitario italiano a Toronto. Al momento è freelance per il National Post e per il Ministero della difesa canadese. Il suo libro, Hockey across Canada, è stato tradotto in Inuktitut (lingua parlata dagli Inuit in Nunavut) e il suo nuovo progetto di elaborazione artistica combina la pittura con la fotografia.

"Inspiration and passion are necessary, and this I derive from my Italian roots. A bit of luck is also necessary. I am not interested in money. Otherwise, I would have become a wedding photographer."

Birthplace: Toronto, Ontario, Canada
Region of Origin: Veneto, Italy (mother) and Dalmatia, Croatia (father)

Where is your father from?
My father is from Zara, so I have both the mountains and the sea in my blood. In a certain way, this gives me a full perspective of life. I learned a lot from my father's history; he came to Canada after the war, where he had been in a refugee camp in Italy. He met my mother at the Italo-Canadian Recreation Club in Toronto.

The Italian community was very solid at that time. My mother worked with the Piccolo Teatro Italiano, and my father worked for *Corriere Canadese*. I have an artistic background, and my mother is my first critic, although not the harshest. I have frequently exhibited at the Columbus Centre, thanks to my contacts in Canada and my numerous exhibitions in Italy. I also collaborate with small regional associations like the Bellunesi nel Mondo, for example. I have received prizes from *Lo Specchio* and have made many contacts, thanks to the Italian community. I have also contributed to *Corriere Canadese*.

What have Italians contributed to the city of Toronto?
First, they constructed the roads and did every type of manual labour, and did it well. Today Italians are everywhere, from politics to fashion. They have infused this city with a certain type of aesthetic taste and attention to detail. Thirty years ago, you couldn't find a café with an outdoor patio; you couldn't find certain kinds of flooring, furniture, fashion, or food. Now Italian products are everywhere and are appreciated by a large number of people. I am proud of this contribution.

What are you working on right now?
I am primarily a photographer, but I'm experimenting with a new technology that involves combining photographs and painting. I just published a book on hockey using this technique—it took me two years to finish it. I work for the Canadian army, and I freelance for the *National Post*. In 2004, I had three exhibitions in Italy–in Milan, in Desenzano del Garda, and in Fonzaso, near Feltre, where my mother is from. I also had four exhibitions in Torino during the winter Olympics, as well as one in Kandahar Airbase (Afghanistan) where I was on assignment for the *National Post*.

What has Italian culture contributed to your art?
As a Canadian, I'm very proud of my Italian heritage. I've been able to travel to Italy frequently, and this gives me a lot of inspiration, as I am especially influenced by artwork from the Italian Renaissance. Italy is in my blood. It is visible in my photographs in some of the details and classical colours, which is in contrast to the avant-garde style, for instance. Given the sheer quantity of art visible in Italy, it is reflected in everything from lifestyle, art, and fashion, with influences ranging from classical antiquity, Byzantine to

Nata a: Toronto, Ontario, Canada
Regione di origine: Veneto, Italia (madre); Dalmazia, Croazia (padre)

Da dove viene suo padre?
Mio padre è di Zara, il che significa che ho sia le montagne che il mare nel mio sangue. In un certo qual modo questo mi dà una prospettiva ampia della vita. Mio padre ha una storia interessante, dalla quale si può imparare molto. È venuto in Canada dopo la guerra, dove era stato in un campo di rifugiati in Italia. Ha incontrato mia madre all'Italo- Canadian Recreation Club di Toronto.
La comunità italiana era molto forte a quell'epoca. Mia madre lavorarava con il Piccolo Teatro Italiano e mio padre lavorava per il quotidiano Corriere Canadese. *Ho un background artistico alle spalle e mia madre è la mia prima critica anche se non la più severa. Sono spesso al Columbus Centre, grazie ai miei contatti in Canada ed alle mie numerose esposizioni in Italia. Collaboro inoltre con piccole associazioni regionali, la Bellunesi nel Mondo, ad esempio. Ho ricevuto premi da Lo Specchio ed ho avuto la possibilità di avere molti contatti, grazie alla comunità italiana.Ho contribuito anche al* Corriere Canadese.

Qual è stato il contributo degli italiani alla città di Toronto?
Innanzitutto, hanno costruito le strade e fatto ogni tipo di lavoro manuale e l'hanno fatto molto bene. Oggigiorno gli italiani sono ovunque, dalla politica alla moda. Hanno diffuso un certo tipo di gusto estetico e l'attenzione ai dettagli. Trent'anni fa non si trovava un caffè dove si potesse bere un cappuccino all'aperto o un certo tipo di piastrelle, di mobili, di vestiti, di cibo. Ora i prodotti di gusto italiano si trovano ovunque, e le persone hanno iniziato ad apprezzarli. Sono fiera di questo contributo.

A che cosa sta lavorando in questo momento?
Sono essenzialmente una fotografa, ma sto cercando di sperimentare una nuova tecnologia, che permetta di combinare la tecnica della pittura con quella della fotografia. Ho appena pubblicato un libro sull'hockey con questa tecnica e mi ci sono voluti due anni per terminarlo. Lavoro per l'esercito canadese e faccio la freelance per il National Post. *Nel 2004 ho fatto tre mostre in Italia - a Milano, a Desenzano del Garda e a Fonzaso, vicino a Feltre, da dove viene mia madre. Ho organizzato quattro mostre anche a Torino durante le Olimpiadi invernali e una a Kandahar Airbase, in Afghanistan – quando avevo l'incarico dal* National Post.

Qual è stato il contributo della cultura italiana alla sua arte?
Come canadese sono orgogliosa delle mie origini italiane. Ho potuto viaggiare molto in Italia, e questo mi ha dato una grande ispirazione: sono stata particolarmente influenzata dal Rinascimento italiano. L'Italia è nel mio sangue, persino nelle mie fotografie, che hanno alcuni dettagli e colori classici, in contrasto con lo stile d'avanguardia, ad esempio. Data la quantità di opere

the Renaissance and baroque. This sense of creating and making art is instinctual as well as cultural. I am very interested in this mix of stimuli.

Are there benefits to working in your field in Italy?

At this stage in the evolution of my career, I could not go to Italy, even if I desired to. This is a period of transition, and I couldn't affirm myself in Italy the way I could here. I believe Italy has a certain "bravo syndrome," meaning that if one person affirms that you are good, then everyone agrees. I never feel at ease with this type of attitude.

What pushes you to create?

When I work in my studio, I am always creating something. At this moment, I am developing a new style of art. I can "feel" my art. It is a deep feeling that I have even when I am exhausted. It is pure passion and energy.

Has anyone ever tried to undermine you?

In every field, there is always someone who tries to take advantage. When you are at the bottom looking up, you should always pay attention to the people who are halfway there. This field is dominated by men, many of whom feel personally and professionally threatened by women. I hate to admit it, but a woman always has to work twice as hard!

Do you think that any of your male colleagues are jealous of your success?

It's a sign of insecurity. There have been a few scandals around the nudity represented in my photographs. I show nudity always with taste and when it represents an allegory. Woman is a symbol of beauty. I love representing and photographing luminous, angelic figures like those of the Italian Renaissance. Perhaps I am better than those who criticize me, or maybe I just won't let them demoralize me.

What makes you a good artist?

Inspiration and passion are necessary, and this I derive from my Italian roots. A bit of luck is also necessary. I am not interested in money. Otherwise, I would have become a wedding photographer.

Photography/*Fotografie:* Dave Gillespie

d'arte visibili in Italia, è diffusa una naturale predisposizione all'estetica, e questo ha dei riflessi nello stile di vita, nell'arte, nella moda. Si possono vedere poi svariate influenze, da quella greco-romana a quella bizantina, rinascimentale e barocca. Questo senso di creare e fare arte è sia istintivo che culturale. Sono estremamente interessata a questa mescolanza di stimoli.

La sua carriera avrebbe dei benefici se lavorasse in Italia?

A questo punto della mia carriera, non potrei andare in Italia, anche se mi piacerebbe. E' un periodo di transizione e non riuscirei ad affermarmi in Italia come riesco a fare qui. Inoltre credo che l'Italia abbia una specie di "sindrome-bravo": se qualcuno afferma che tu sei bravo allora tutti ti osannano. Io non mi sento a mio agio con questo tipo di atteggiamento.

Che cosa la spinge a creare?

Quando lavoro nel mio studio sto sempre creando qualcosa. Al momento sto provando a creare un nuovo stile di arte. Posso "sentire" la mia arte, è un sentimento profondo che provo anche quando sono esausta. È pura passione, energia.

Qualcuno ha mai provato a ostacolarla?

In qualsiasi settore c'è sempre qualcuno che cerca di approfittarne. Quando sei alla base e stai cercando di salire in cima bisogna sempre stare attenti alle persone che sono già a metà strada. E poi la fotografia è un ambiente dominato dagli uomini che spesso si sentono minacciati personalmente e professionalmente da noi donne. Odio ammetterlo, ma una donna deve sempre lavorare il doppio.

Pensa che qualcuno dei suoi colleghi sia invidioso del suo successo?

È un segnale di insicurezza. Ci sono stati alcuni scandali dovuti al fatto di aver rappresentato la nudità nelle mie fotografie. Rappresento la nudità sempre con delicatezza e quando indica un'allegoria. Le donne sono il simbolo della bellezza. Adoro dipingere e fotografare figure luminose, angeliche come quelle del Rinascimento italiano. Probabilmente la mia arte è migliore rispetto a quanto dicono le critiche o forse è solo un modo per non lasciarmi demoralizzare.

Che cosa la rende una brava artista?

Ispirazione e passione sono necessarie e questo deriva dalle mie radici italiane. C'è anche bisogno di un pizzico di fortuna. Non sono interessata ai soldi. Altrimenti, avrei scelto di fare la fotografa ai matrimoni

SILVIA PECOTA

Marisa Piattelli is the only child of Italian parents. Her father immigrated to Canada in the 1940s, her mother in 1957. Both her parents are from Abruzzo, from Chieti and from Francavilla al Mare, Pescara. Marisa is a senior executive, former Canadian diplomat, spouse, mother, and daughter. She is currently vice-president of government relations and special project management with the Toronto Waterfront Revitalization Corporation. Piattelli's previous career in the Canadian foreign service included senior diplomatic assignments in Ottawa, New York, Geneva, Paris, and Milan.

Marisa Piattelli é figlia unica di genitori italiani. Suo padre è emigrato in Canada negli anni Quaranta, mentre sua madre è arrivata nel 1957. Entrambi i suoi genitori sono abruzzesi, provengono da Chieti e da Francavilla al Mare. Marisa é donna di carriera, moglie, madre e figlia. È attualmente vice-presidente delle Relazioni Governative e Gestione Progetti Speciali alla Toronto Waterfront Revitalization Corporation. Precedentemente, ha avuto incarichi nel corpo diplomatico canadese a Ottawa, all'ONU, New York, Ginevra, Parigi e Milano.

MARISA
PIATTELLI

Birthplace: Toronto, Ontario, Canada
Region of Origin: Francavilla al Mare, Abruzzo, Italy

Why did your parents emigrate?

My father emigrated first. He is from a very large family, some of whom were already here. He emigrated as a young man to find his fortune. He later returned to Italy, where my parents married, and they then both came back to Canada. They started a business. Unfortunately, they divorced when I was very young—a rarity in the Italian community at that time.

What was their business?

They opened a grocery store at Dundas and Euclid in the 1950s. They were very successful. Their clients were the growing Italian immigrant population. My mother recalls that she learned about the different dialects that exist in Italy in Canada, from her clients. They did very well for themselves. They both have wonderful memories of setting up the business, which flourished overnight because of the influx of Italian immigrants to Toronto at that time.

What values did you grow up with?

I think the values are the traditional ones you might expect, though perhaps with somewhat more intensity because my mother was a single mother and we were very much on our own. But essentially, my parents stressed diligence in studies, in relationships with others, excelling, and making the family proud of one's progress—you know, the classics.

What Italian traditions have you kept alive?

My children are fluent in Italian and French. Italian is their first language. When you talk about Italian traditions, my spouse and I interpret those broadly. Tradition is about a sense of cultural heritage, including the values that are transmitted through language. We try to demonstrate to our children the privileges that come from their cultural heritage and how that can inform who they are as Canadians.

Tradition is more than knowing how to make a good tomato sauce from scratch. It is about culture and language and the possibility that those traditions and values, coupled with the reality and privilege of being born in Canada, help define a more interesting citizen.

How do you balance career and family?

Like every other woman probably, I think, "Not as successfully as I might," and I am not sure that being Italian makes any difference in that regard. Any successful professional woman who also wants a family that is happy, healthy, and nurtured is going to think she is not giving enough time one way or another. I am lucky because my spouse is flexible and supportive; we juggle our schedules so that the children are always with one or the other. I am lucky also that I can call upon an extended family who can step in and help.

Nata a: Toronto, Ontario, Canada
Regione di origine : Francavilla al Mare, Abruzzo, Pescara

Perchè i suoi genitori sono emigrati in Canada?

Mio padre é arrivato per primo. Proviene da una famiglia molto numerosa e alcuni di loro erano già emigrati in Canada. É arrivato qui molto giovane, in cerca di fortuna. In seguito è tornato in Italia, dove ha sposato mia madre e poi insieme sono tornati qui, in Canada. Hanno iniziato una attività commerciale, ma sfortunatamente hanno divorziato quando ero molto piccola, cosa abbastanza rara nella comunità italiana di quell'epoca.

Di che cosa si occupavano?

Hanno aperto negli anni Cinquanta un negozio di generi alimentari all'incrocio tra Dundas Street ed Euclid Street. Hanno avuto molto successo in pochi anni. I loro clienti erano i primi immigrati italiani e mia madre racconta che è stato proprio in Canada, grazie ai suoi clienti, che ha scoperto i diversi dialetti italiani. Entrambi i miei genitori hanno ricordi molto piacevoli di come la loro attività sia diventata molto redditizia nel giro di pochissimo tempo grazie agli emigrati italiani che arrivavano a Toronto in quegli anni.

Con quali valori è cresciuta?

Penso che i valori con cui sono cresciuta siano quelli tradizionali, anche se forse in qualche cosa sono stati valori vissuti più intensamente in quanto mia madre era una madre single ed io e lei siamo rimaste da sole. Ma essenzialmente i miei genitori mi hanno educato alla diligenza negli studi, ai rapporti con le altre persone, ad eccellere e a rendere la mia famiglia orgogliosa dei miei progressi, insomma i classici valori.

Quali tradizioni italiane ha mantenuto?

I miei figli parlano bene l'italiano e il francese. L'italiano è la loro prima lingua. Quando si parla di tradizioni italiane, mio marito ed io intendiamo "tradizioni" nel senso più ampio del termine. La tradizione riguarda la trasmissione di un patrimonio culturale, compresi tutti i valori che vengono trasmessi attraverso la lingua. Cerchiamo di mostrare ai nostri figli i vantaggi che derivano dal nostro patrimonio culturale e come questi possono aiutarli ad avere una maggiore consapevolezza di chi sono loro come canadesi.

La tradizione è qualcosa di più del sapere come fare una buona passata di pomodoro dal nulla; riguarda una cultura e una lingua e la possibilità che le tradizioni e i valori italiani insieme alla realtà e al privilegio di essere nati in Canada, possano aiutare a formare un cittadino più interessante.

Come riesce bilanciare carriera e famiglia?

Probabilmente come ogni altra donna penso "non riesco in questa impresa come vorrei" e non credo che essere italiana faccia

We deal with it that way. Other professional women deal with it in other ways. I think increasingly that balance is also an issue for men. They want to be nurturers in their families as well.

What obstacles have you faced in getting where you are?

I have been extraordinarily lucky, I think. I have always known that you have to be smart, that you must do things well, that you have to articulate and communicate who you are and what you can do, and give fully to anything you undertake. I think I have accomplished that in my professional life, and those efforts have been recognized along the way. I had an extremely rewarding career in the diplomatic service. The revitalization of Toronto's waterfront is proving to be an extraordinary challenge, well worth pursuing. I personally have not experienced insurmountable obstacles. I think it is important also to provide my daughter with a positive message: that if she is smart, focused, and determined, she can do anything she sets her mind to. As a parent, the challenge is to ensure she has all the options ahead of her. In this respect, the privilege of dual heritage and of language can only be assets. It is exactly the same discussion for my son.

Are women still held back? Of course they are, and for any number of reasons. One has only to listen to the different stories and experiences that attest to this still existing reality. I have been fortunate. I have always worked with enlightened people willing to recognize a job well done.

What's your biggest achievement?

I think that it is the continual struggle for balance. The children seem happy–we must be doing something right! To have gratifying work and the opportunity to raise children to be responsible, interesting adults are challenges worth pursuing.

How does your mother feel about your career?

I think she is proud of me. When I joined the Ministry of Foreign Affairs in 1982, for instance, there may have been less than a handful of Canadians of Italian origin in the Canadian diplomatic service. I was proud to have been one of the few to forge the way in that respect, and so was my family.

What's your relationship with Italy like now?

Our relationship with Italy is very, very close. We have a home there, near Francavilla, where we vacation most summers. My father and extended family are there. The children speak Italian and consider it a second home. My spouse was born in Italy, in Lazio, and has both personal and professional ties to Italy.

In terms of immigration, women are rarely heralded as primary contributors in spreading their culture and tradition in a foreign country. What are your thoughts on this?

I think that the backbone of successful Italian immigration is due in large part to those women who not only worked two or three

alcuna differenza in merito. Ogni donna in carriera che desideri anche una famiglia felice, in salute, seguita, pensa sempre di non dedicare abbastanza tempo da una parte o dall'altra. Io mi ritengo molto fortunata perchè mio marito è flessibile e solidale; organizziamo i nostri impegni in modo tale che i nostri bambini siano sempre con uno di noi. Sono fortunata anche perchè posso contare su dei famigliari che sono disposti ad aiutarmi. É così che riusciamo a gestire la cosa. Altre donne possono affrontarla in modi diversi. Penso che la questione del bilanciare famiglia e carriera riguardi anche gli uomini. Anche loro vogliono occuparsi della loro famiglia.

Quali ostacoli ha incontrato per arrivare dove lei è adesso?

Io sono stata straordinariamente fortunata, credo. Ho sempre saputo che devi essere intelligente, devi fare le cose bene, devi saper comunicare chi sei e ciò che puoi fare e devi dare il massimo in qualsiasi cosa tu faccia. Penso di aver fatto questo nella mia vita professionale e che ciò sia stato apprezzato durante il mio percorso. Ho avuto una carriera estremamente gratificante nel corpo diplomatico. La riqualificazione del porto di Toronto si è rivelata una sfida straordinaria, che vale la pena portare avanti. Personalmente non ho mai incontrato ostacoli insormontabili. Credo che sia importante dare un messaggio positivo a mia figlia: se lei è intelligente, costante e determinata sarà in grado di fare qualsiasi cosa. Come genitori si spera sempre di poterle assicurare tutte le opportunità possibili. Rispetto a ciò il privilegio di un doppio patrimonio culturale e della lingua può essere considerato solo un vantaggio.

Le donne sono ancora ostacolate? Certo, e per diversissime ragioni. Basta solo ascoltare le diverse storie e le diverse esperienze che lo dimostrano. Io sono stata molto fortunata. Ho sempre lavorato con persone disposte a riconoscere un lavoro ben fatto.

Qual è il suo più grande successo?

Credo che sia il continuo sforzo per trovare il giusto equilibrio. I miei figli sembrano felici, dunque qualcosa di giusto dovremmo averla pur fatta! Avere un lavoro gratificante e l'opportunità di educare i figli affinchè diventino adulti responsabili e maturi è una sfida per cui vale la pena lottare.

Che cosa pensa sua madre della sua carriera?

Penso che sia orgogliosa di me. Quando ho iniziato al Ministero degli Affari Esteri nel 1982, i canadesi di origini italiane nel corpo diplomatico erano pochissimi. Ero orgogliosa di essere una dei pochi che iniziava a tracciare una strada in qusta direzione e cosi anche la mia famiglia.

Qual è oggi il suo rapporto con l'Italia?

Il nostro rapporto con l'Italia è molto, molto forte. Abbiamo una casa, vicino a Francavilla, dove andiamo ogni estate. Mio padre e i miei parenti vivono lì. I bambini parlano italiano e considerano

MARISA PIATTELLI

jobs in factories, etc., but who came home in the evening, made dinner, cleaned, and prepared meals for the next day. If husbands and children have succeeded, it is also because of these women who were multi-tasking before the word existed. They are primary contributors to maintaining culture and tradition. These women have contributed everything.

What do you think the roles of women in Canadian society are, and how do they compare to the roles of Italian-Canadian women?

I honestly don't know. Is there a difference between myself and the way I run my life and try to balance things, and the way a friend of mine who is not Italian does? No, I don't think so. I think that for the modern woman who has a professional career and a family, we all face the same challenges. Is there a lot of emphasis on family in the Italian community? Yes, and that is a good thing, but that is not to say that it does not exist in other communities as well.

Do you consider yourself to be a role model for young Italo-Canadian women?

You do the best you can with the opportunities that are presented to you. I think that mentoring is very important. I have offered the benefit of my experiences both professionally and personally to young women. It is something I believe you have to do, because though women have come a long way, they continue to struggle with many of the same issues women were struggling with 20 years ago, though perhaps the challenges are more subtly couched today.

I believe mentoring is important not from the perspective of my being a model for anyone, but rather from the perspective of any potential value a young person might draw from me tabling my own experiences and the possibility that there might be something of relevance for them in those.

What advice do you have for young women who want to be successful and climb their own corporate ladder?

I would say do not lose your moral centre. Be true to the person you are, undertake the work with a commitment to doing the best job you can, find mentors, people who you think have done interesting things, and ask them for advice.

But ultimately, my advice is to maintain your own moral centre, to be guided by your own sense of right and wrong, and your own sense of trying to provide excellence in what you undertake.

Photography/*Fotografie:* Erin Riley

l'Italia come una seconda casa. Mio marito è nato in Italia, nel Lazio ed ha un legame con l'Italia sia personale che professionale.

Riguardo all'immigrazione, le donne sono raramente considerate protagoniste nella diffusione delle loro culture e tradizioni in un paese straniero. Che cosa ne pensa?

Credo che la spina dorsale dell'immigrazione siano state proprio le donne che, non solo avevano due o tre lavori nelle fabbriche, ma tornavano a casa ogni sera, cucinavano, pulivano e preparavano il pranzo per il giorno successivo. Se i mariti e i figli hanno avuto successo, lo si deve anche a queste donne che erano in grado di fare più cose contemporaneamente. Loro sono le prime ad aver contribuito al mantenimento della cultura e della tradizione. Queste donne hanno contribuito su ogni fronte.

Qual è secondo lei il ruolo delle donne nella società canadese e come questo può essere comparato al ruolo delle donne italo-canadesi?

Onestamente non lo so. C'è forse differenza tra me e il modo in cui conduco la mia vita e cerco di bilanciare le cose e il modo in cui lo fa una mia amica che non è italiana? No, non credo. Penso che una qualsiasi donna moderna, che ha sia una carriera professionale che una famiglia abbia gli stessi ostacoli. Si dà molto peso alla famiglia nella comunità italiana? Si e questa è una cosa positiva, ma questo non vuol dire che nelle altre comunità ciò non avvenga.

Si ritiene un buon esempio per le giovani donne italo-canadesi?

Uno fa il meglio che riesce a fare con le opportunità che si presentano. Credo che ricevere un consiglio sia molto importante. Ho dato consigli raccontando le mie esperienze sia professionali che personali ad una giovane donna italo-canadese. É qualcosa che credo bisogna fare, perchè sebbene le donne abbiano fatto grandi passi avanti, stanno ancora combattendo alcune delle stesse battaglie che stavano combattendo le donne di venti anni fa – anche se forse oggi le stesse battaglie possono sembrare meno evidenti.

Consigliare qualcuno è importante non tanto perchè io possa essere un modello, quanto nella consapevolezza che ogni potenziale valore che una giovane donna può ereditare da me. Esso deriva dalla mia personale esperienza e può avere qualcosa di interessante anche per la sua.

Quale consiglio darebbe a giovani donne che voglio avere successo e scalare la gerarchia aziendale?

Io direi: non perdere i tuoi valori morali. Sii leale con te stessa, lavora con impegno per dare il massimo che puoi, trova qualcuno che ti dia consigli, perosne che pensi abbiano fatto cose interessanti e confrontati con loro.

Alla fin fine, però, il mio consiglio più grande è di cercare di mantenere i propri valori morali e di essere guidati da uno spiccato senso del giusto e dello sbagliato e dalla voglia di eccellere in qualsiasi cosa.

ELEM
RINOMATO-PAVAN

With a degree in urban planning, and with a certain amount of experience behind her, Elem Rinomato-Pavan was offered seven employment opportunities after graduation; the first six were from private consulting and engineering firms, the last (and least appealing) was from her own father, founder of Torino Drywall. Funny that today, Elem is now president of the company that her father named after his birthplace, Torino di Sangro.

Dopo la laurea in Urbanistica e con una certa esperienza alle spalle, ha preso in esame sette offerte di lavoro: le prime sei provenivano da studi privati di consulenza e di ingegneria, l'ultima, la meno interessante, da suo padre, il fondatore della Torino Drywall. Eppure oggi Elem Pavan è Presidente della azienda che suo padre ha chiamato con il medesimo nome del suo paese di origine, la Torino di Sangro.

> "I was born in Canada, but I was raised as a true Italian; the passion, the energy, and the optimism with which I confront my days and my life, I inherited from my Italian culture. I love all that I do, I love my job, I love my family, I love my friendships, I love the rapport with my colleagues, and I have the passion of becoming the best person that I can be."

Birthplace: Toronto, Ontario, Canada
Region of Origin: Abruzzo, Italy

Why did your father decide to immigrate to Canada?

In the 1950s in Toronto, every sector of society was flourishing. The years immediately following the Second World War offered great employment opportunities compared to Italy and the small village of Torino di Sangro. My father's story of immigration is a very typical one: little money, difficulty finding a job, great sacrifices, and a desire to become a better person with a better life for his family. And also self-confidence, because when you're young, you're convinced you can accomplish anything. At the age of 17, my father, an optimistic young man with a great desire to do, to succeed, and to become someone, exhibited all these characteristics. Arriving in Canada in 1957 with the drive to become an entrepreneur, my father, Tony Rinomato, dedicated himself to a strong work ethic, quickly developing a very good reputation. In 1964, he decided to become self-employed, and thus began his business.

He did not simply come to Canada to make money; rather, he was motivated by other factors. In fact, if his primary goal was simply to earn a living, he would have chosen to go to Rome or Milan, two very prosperous and advanced Italian cities during that time. Instead, he chose to immigrate to Canada, because this country was seen as the "land of opportunity": a land that offered everyone the ideal conditions to make their dreams come true.

I am very close to my father, because he instilled in me important values needed in the working world and in one's personal life. He taught me to believe in myself, to work hard, using my head, and to strive and fight in order to attain my personal objectives. I learned from him the importance of keeping one's word and of valuing one's word as if it were gold. I was raised with the sound principle that if you commit to something, you must do it without hesitation, without delay, with honesty and an open mind.

What can you tell us about your mother?

My mother is an angel! She was raised with seven brothers and six sisters. My grandmother died when my mother was only four years old, and my grandfather was so busy supporting the family; my mom was essentially raised by her siblings. Without a mother, she grew up believing that the perfect maternal figure was the one described in fairy tales. And although she was raised by her brothers and sisters since her infancy, to me she has always been, and continues to be, perfect. She taught me to behave, to be friendly and open to everyone in any situation. She made me understand that simplicity and not believing that you are better than anyone else are the best things in life. In order to enrich your life and to discover the many faces of reality, you must follow your heart, love yourself as you do others, converse with others, be honest with yourself, do not compare yourself to others, and

Nata a: Toronto, Ontario, Canada
Regione di origine: Abruzzo, Italia

Perché suo padre ha deciso di emigrare in Canada?

Toronto negli anni '50 stava crescendo in tutti i settori. Negli anni dopo la seconda guerra mondiale offriva maggiori opportunità di lavoro rispetto all'Italia e al piccolo paese di Torino di Sangro. Quella di mio padre è una delle tipiche storie di emigrazione: pochi soldi, difficoltà nel trovare un lavoro, sacrifici pesanti e il desiderio di diventare una persona migliore con una vita migliore per la propria famiglia. E fiducia in se stessi, perché quando si è giovani si è persuasi di poter fare qualsiasi cosa. A 17 anni mio padre, un ragazzo ottimista e con una gran voglia di fare, di arrivare, di diventare qualcuno, sapeva dimostrare tutte queste qualità. Arrivato in Canada nel 1957 con l'idea di fare l'imprenditore, mio padre, Toni Rinomato, ha cominciato a lavorare intensamente, facendosi in breve tempo un'ottima reputazione. Nel 1964 ha deciso di mettersi in proprio e ha aperto la sua azienda.

Non è venuto in Canada solo per "fare soldi", ma spinto da altri motivi. Infatti, se il suo scopo primario fosse stato il guadagno, avrebbe scelto Roma o Milano, che a quel tempo erano due città prosperose e all'avanguardia. Invece è emigrato in Canada, perché questa rappresentava la "terra delle oppurtunità", una terra in grado di offrire a tutti le condizioni migliori per realizzare i propri sogni.

Sono molto legata a mio padre anche perché mi ha trasmesso valori importanti, sia nel lavoro che nella vita privata. Mi ha insegnato a credere sempre in me stessa, a lavorare molto usando la mia testa, a fare sacrifici e a lottare per raggiungere i miei obiettivi. Ho imparato da lui a mantenere sempre la parola data e a considerarla come se fosse oro. Sono cresciuta con il principio che se si dice una cosa bisogna farla, senza esitazione e senza indugio, con onestà ed elasticità mentale.

Cosa mi racconta invece di sua madre?

Mia madre è un angelo! Ha vissuto insieme a sette fratelli e sei sorelle. Mia nonna è morta quando lei aveva solo quattro anni e mio nonno era troppo impegnato per occuparsi della famiglia. Mia mamma è stata allevata essenzialmente dalle sue sorelle e dai suoi fratelli. Senza una madre, è cresciuta con l'idea che la figura materna perfetta fosse quella descritta nelle fiabe. E devo dire che, nonostante tutto ciò, per me è stata ed è perfetta. Mi ha insegnato ad essere educata, solare e aperta con tutti ed in ogni situazione. Mi ha fatto capire che nella vita è importante la semplicità, non considerarsi migliori degli altri. Per arricchire la propria vita e conoscere le numerose facce della realtà, bisogna seguire il proprio cuore, amare se stessi e gli altri, essere onesti con se stessi, non confrontarsi continuamente con gli altri e trascorrere del tempo insieme a loro. E naturalmente bisogna divertirsi, essere felici, ridere, godersi al meglio ogni singolo momento della vita.

spend quality time with people. Of course, you have to find happiness, laughter, and fulfillment every step of the way.

Are these the same values you have attempted to teach your own children?

My parents have served as the best role models, the best examples, and the best teachers. Thanks to their teaching and their advice, I have become self-confident, fulfilled, and happy. I am proud of them, and I would want my children to one day feel the same way about me. This is why I try to teach them all that my parents have taught me, so one day they can in turn teach their children these same values. I want my children to follow the same family values and traditions. Above all, I want them to love life and be happy, and to believe in themselves. They must never experience regret.

I love to have dinner with all of them seated around one table, eating, drinking, talking, laughing, and singing. It is a special moment belonging only to us, where the outside world, work, and all problems seem to vanish, leaving room for us and our thoughts.

What within you is Italian?

Sitting around a table and chatting for hours on end with your family is something typically Italian. I always speak of Italy, because it is part of me. I have an enduring rapport with my country. I feel Italian in every moment, with everything that I do. I was born in Canada, but I was raised as a true Italian; the passion, the energy, and the optimism with which I confront my days and my life, I inherited from my Italian culture. I love all that I do, I love my job, I love my family, I love my friendships, I love the rapport with my colleagues, and I have the passion of becoming the best person that I can be. Simply put: I love life.

What is the most important contribution made by the Italian community to Canadian society?

The contributions have been numerous; however, the most important is the cult of being united. Spending time around a table talking and having fun among friends is a way of life of which Italy should be proud. The Italian community can be proud of having shared the values of the family and of having preserved traditions from generation to generation. And let's not forget the most important contribution of all... good wine!

What was your reaction when your father offered you a job?

I told my father that his offer was the worst, because he was offering me the most insignificant position in the company and a lower pay than all the other employees. At the beginning, I was uncertain, but given that I had always wanted to work in the same field as my father, I accepted Torino Drywall's offer. I wanted to ensure that the family traditions continued, and my father was offering me the possibility of working independently, without anyone holding me back. And so I began my journey.

Questi sono gli stessi valori che lei cerca di trasmettere ai suoi figli?

I miei genitori sono stati degli ottimi esempi, dei grandi maestri e degli eccellenti modelli. Grazie ai loro insegnamenti e ai loro consigli sono diventata sicura di me, serena e felice. Sono fiera di loro e vorrei che anche i miei figli un giorno possano pensare di me la stessa cosa. Ecco perché cerco di trasmettere loro tutto quello che i miei genitori hanno insegnato a me cosi che un giorno i figli possano a loro volta insegnare ai loro bambini gli stessi valori. Voglio che i miei figli seguano gli stessi valori e le stesse tradizioni della mia famiglia. Ma soprattutto voglio che amino la vita e che siano felici e che credano in se stessi. Non devono mai avere rimpianti. Mi piace cenare con loro, tutti insieme intorno a un tavolo, e mangiare, bere, parlare, ridere, cantare. È un momento privato speciale, durante il quale il mondo esterno, il lavoro, i problemi sembrano svanire lasciando spazio a noi e ai nostri pensieri.

Cosa c'è in lei di italiano?

Sicuramente sedersi intorno ad un tavolo e chiacchierare per ore e ore con la propria famiglia è una cosa tipicamente italiana. Parlo sempre dell'Italia, perché è parte di me. Ho con il mio paese un rapporto stretto. Mi sento italiana in ogni cosa che faccio e in qualsiasi momento. Sono nata in Canada, ma sono cresciuta come una vera italiana: la passione, l'energia e l'ottimismo con cui affronto le mie giornate e la mia vita sono un'eredità della mia cultura italiana. Amo ogni cosa che faccio, amo il mio lavoro, amo la mia famiglia, amo i miei amici, amo il rapporto con i miei colleghi e desidero diventare la persona migliore che posso essere. In una parola: amo la vita.

Qual è il contributo più importante che la comunità italiana ha dato alla società canadese?

I contributi sono molti, ma il più importante è il "culto" dello stare insieme. Passare il tempo intorno ad una tavola, parlare e divertirsi in compagnia è uno stile di vita di cui l'Italia deve essere fiera. La comunità italiana può essere orgogliosa di aver trasmesso il valore della famiglia e aver conservato le tradizioni di generazione in generazione.
E non dimentichiamo il miglior contributo di tutti...il buon vino!

Come ha reagito quando suo padre le ha offerto di lavorare per lui?

Ho detto a mio padre che la sua proposta era la peggiore, perché mi stava offrendo il posto più insignificante dell'ufficio e lo stipendio più basso di tutti gli altri dipendenti. All'inizio ero incerta, ma poi, dato che da sempre volevo lavorare nello stesso settore di mio padre, ho scelto l'offerta della Torino Drywall. Volevo portare avanti la tradizione di famiglia, e mio padre mi offriva anche la possibilità di lavorare con libertà, senza dipendere da nessuno. E così è iniziata la mia avventura.

E L E M   R I N O M A T O - P A V A N

Describe your typical workday.

A typical day for me is hectic. I'm up early, usually around 5:30 a.m., and I'm off to the gym. I believe that a healthy body helps to create a healthy mind. Then I'm off to the office feeling refreshed and ready to start my day. I like to return my phone calls, handle any issues that may arise, and check in with my supervisors and foremen. I attend meetings, and I like to inspect my job sites at least once a week. When work is done, I'm home tending to the children, listening to them practise piano, helping with homework, eating dinner together, and maybe even watching our favourite show together. I like my days!

Like many women, you are a worker, a mother, a sister, a friend. How do you balance it all?

There is no time to figure out how to balance everything. You just do it. My strength and perseverance come from my tranquility within and from my happiness. If you look at yourself in the mirror and are proud of the reflection, then you can confront any situation. If you love yourself, you can find the right balance in life. I have been lucky to be able to count on the support of my family and friends, but external help is not sufficient. You have to have the internal fortitude to face life. Time passes quickly, and there are always many things to do. I must not stop to think how I must balance each thing. I do not have the time to stop and consider the best way to face life's challenges; I simply do it!

Do you consider yourself a good role model for your children?

Yes, and I'll tell you why. On my birthday, my nine-year-old daughter prepared a sandwich for me, saying that that was her gift to me and she felt sad that she did not have anything better to give me, because she had no money. Then she presented me with a note that I read aloud: "Mom, you are my role model, my teacher. You are the woman that I would like to become. I want to be like you."

Knowing that you are important to others is an accomplishment; however, hearing that you are the perfect role model from your own children is so much more gratifying, a truly indescribable feeling. I like to think that I serve as a role model for other women too. And not because I think I have any better qualities than they do, just different experiences.

As a successful woman, what would you like to say to all other women?

Everyone defines success differently. I define success based on the happiness I have achieved, and on the ability to see myself as a happy individual... This is a success that must be enjoyed with all the people around us: family, friends, community, and colleagues. Success is not measured by materialistic gains or by the amount of money in your bank account; it's measured by the smile on your face and the happiness in your soul.

Photography/*Fotografie*: Dave Gillespie

Mi descriva la sua giornata tipo.

E' piena. Mi sveglio presto, solitamente verso le 5.30 e vado in palestra. Credo che un corpo sano aiuti ad avere una mente sana. Così dopo posso andare in ufficio sentondomi carica e pronta ad iniziare la mia giornata. Mi piace rispondere personalmente alle chiamate per me, occuparmi di tutte le questioni che possono nascere e confrontarmi con i miei collaboratori. Vado alle riunioni e mi piace controllare i posti di lavoro almeno una volta alla settimana. Una volta che il lavoro è finito, vado a casa e dedico del tempo ai miei figli, li ascolto mentre suonano il piano, li aiuto a fare i compiti, mangiamo insieme e magari guardiamo il nostro programma preferito insieme. Mi piacciono le mie giornate!

Come molte altre donne, lei è una lavoratrice, una madre, una sorella, un'amica. Come fa a conciliare la sua vita privata con quella professionale?

Non c'è tempo per pensare a come conciliare ogni cosa. Bisogna farlo e basta. La mia forza e perseveranza deriva dalla mia tranquillità interiore e dalla mia felicità. Se ci si guarda allo specchio e si è fieri della persona che si vede riflessa, allora si riesce ad affrontare qualsiasi cosa. Se si ama se stessi, l'equilibrio si trova. Sono stata fortunata di aver potuto contare sul supporto della mia famiglia e degli amici, ma l'aituo che viene da fuori non è sufficiente. Ci vuole anche energia interiore, per affrontare la vita. Il tempo scorre veloce e le cose da fare sono sempre troppe. Non mi devo fermare a pensare a come equilibrare ogni cosa. Non ho tempo di fermarmi e riflettere su quale sia il modo migliore per affrontare la vita, lo faccio e basta.

Si considera un buon esempio per i suoi figli?

Sì, e le racconto perché. Il giorno del mio compleanno mia figlia di nove anni ha preparato un panino per me dicendomi che quello era il suo regalo di compleanno e che le dispiaceva non avere altro da regalarmi, perché non aveva soldi. Poi mi ha dato un bigliettino, che ho letto ad alta voce: "Mamma, sei il mio esempio, la mia maestra. Tu sei la donna che vorrei essere. Vorrei diventare come te".
Sapere di essere importante per gli altri è un successo, ma essere considerata un esempio di vita dai propri figli è ancora più gratificante, una sensazione indescrivibile. Mi piace pensare di essere un buon esempio anche per altre donne. E non perché penso di avere qualità migliori di loro, ma solo perchè abbiamo esperienze diverse.

Come donna di successo, cosa vorrebbe dire alle altre donne?

Il successo ha un significato diverso per ogni persona. Io valuto il successo in base alla felicità che si è raggiunta e sulla possibilità di vedermi felice come persona. Questo è un successo che deve essere condiviso con le persone che ci stanno intorno, la famiglia, gli amici, la comunità, i colleghi di lavoro. Non si misura con quello che si è riusciti ad ottenere o con i soldi in banca, ma si misura guardando al sorriso che si ha in volto e alla felicità che si ha nell'anima.

MARISTELLA
ROCA

Maristella Roca was born and raised in a world of jazz and visual arts. Writer, lyricist, performance artist, director, author of an operatic libretto and of many theatrical works and dance scenarios, she blends Italian emotion and passion with Canadian language and rationality.

Maristella Roca è nata e cresciuta nel mondo della musica jazz e delle arti visive. Scrittrice, autrice di canzoni, attrice, regista, compositrice di un libretto d'opera e di molti lavori teatrali e di scenari per balletti, ha saputo fondere l'emotività e la passionalità italiana con la lingua e la razionalità canadese.

Birthplace: Mola di Bari, Puglia, Italy
Region of Origin: Puglia, Italy

What did your parents experience when they arrived here?

Like many Italian immigrant experiences, it was bad. In the fifties, Italian immigrants became social outcasts because of Mussolini and the effects of World War II. My father left everything behind–family, friends, language, and home–but luckily he didn't abandon music. When he arrived, my father found some friends with whom he could practise and perform his music, and in so doing, keep his true passion alive. My mother designed and sewed dresses. She worked long hours outside of the home. She was an extremely generous woman. She sold her designs for much less than what they were actually worth, at times simply to increase the public's awareness of her designs. In reality, she was lonely and isolated. It was frustrating to live in a country that didn't welcome you. So my parents, especially my father, tried to sever all ties with Italy. My father wanted to become a true Canadian and wanted to fully integrate himself into this society. He has always lived far from the Italian community. He no longer spoke Italian to his offspring, and he introduced himself as a Canadian, not an Italo-Canadian.

Did things change and get easier for Italian-Canadians?

Everything changed! In the 1970s, Italians became the best in everything. Toronto experienced changes in terms of design, architecture, management, health, fashion, and lifestyle, thanks to the creativity, the art, and the vivid imagination typical of the Italian population. Today the Italian population in Toronto is considered a true force, and they are the largest Italian community residing outside of Italy. Italians have given a melody to our Canadian lifestyle. And this change I have personally experienced.

For many years, I too hid my Italian origin, because it made my life more complicated and difficult. I wanted to free myself from a surname that was a burden. I was tired of suffering and living in anger, depression, and sadness. I wanted to do something, so I shed my old identity and disguised myself as an English journalist. I abandoned "Mari" and my surname. I took "Stella" as my first name, and I used my husband's surname, "Owens." Then I changed my physical appearance by dyeing my hair blonde. For approximately 10 years, this part of me remained hidden. In 1976, I shed this mask and realized how foolish it was to have hidden my true identity. I wanted to release myself from this disguise; it no longer comforted me as it had in the beginning. I abandoned my Anglo name and restored my hair to its original colour. I reintroduced myself to everyone with "I am Maristella Roca, and I am of Italian origin. This is the true Maristella."

Describe your life in Canada after you arrived from Italy.

I've always lived in Toronto, with the exception of two years in the West Coast's interior. All my relatives lived in New York, and I

Nata a: Mola di Bari, Puglia, Italia
Regione di origine: Puglia, Italia

Come pensa abbiano vissuto i suoi genitori il loro arrivo in questa nuova realtà canadese?

Male, come tutti gli altri emigrati italiani. Negli anni cinquanta, a causa di Mussolini e delle conseguenze della seconda guerra mondiale, gli emigrati italiani erano emarginati dalla società. Mio padre si era lasciato indietro tutto: la famiglia, gli amici, la lingua, la casa, ma per fortuna non aveva abbandonato la musica. Una volta arrivato in Canada trovò delle persone con cui suonare e così facendo continuò a coltivare la sua vera passione. Mia madre, invece, disegnava e creava vestiti. Lavorava molto fuori casa. Era particolarmente generosa. Vendeva i suoi capi ad un prezzo minore rispetto al loro reale valore e a volte lo faceva semplicemente per cercare di accrescere la notorietà della sua "firma". In realtà si sentiva sola ed isolata. Vivere in un paese in cui non si è accettati è frustrante. E così, i miei genitori e in particolare mio padre, decisero tagliare ogni legame con l'Italia. Mio padre voleva diventare un vero e proprio canadese e integrarsi completamente in questa società. Ha sempre vissuto lontano dalla comunità italiana. Non parlava più in italiano e si presentava alle persone come canadese e non come italo-canadese.

Le cose cambiarono e diventarono più facili per gli italo-canadesi?

Tutto è cambiato! All'improvviso, negli anni Settanta gli italiani sono diventati i migliori in tutti i campi. Toronto è cambiata moltissimo in termini di design, architettura, management, alimentazione, moda, stile di vita, grazie alla creatività, all'arte e alla fantasia tipiche della popolazione italiana. Oggi la popolazione italiana di Toronto è considerata una vera forza e rappresenta la comunità italiana più numerosa fuori dall'Italia. Gli italiani hanno dato un "tocco di musica" allo stile di vita canadese. E questo cambiamento l'ho vissuto sulla mia pelle.
Anch'io per molti anni ho cercato di nascondere le mie origini italiane che mi stavano rendendo la vita complicata e difficile. Volevo liberarmi da quel cognome italiano che per me era solo un peso. Ero stufa di soffrire e di continuare a vivere nella rabbia, nella depressione e nella tristezza. Volevo fare qualcosa e così mi sono sbarazzata della mia vecchia identità e mi sono "travestita" da giornalista inglese. Prima di tutto dovevo abbandonare il mio nome italiano: ho abbandonato "Mari" e il mio vero cognome. Ho usato il nome "Stella" e il cognome di mio marito, "Owens". Poi ho cambiato il mio aspetto fisico e mi sono colorata i capelli di biondo platino. Per circa dieci anni una parte di me è rimasta nascosta. Nel 1976 ho deciso di togliere la maschera e mi sono resa conto di quanto fosse ridicolo nascondere la mia vera identità. Volevo liberarmi di una identità che non mi rendeva più così felice come all'inizio. Ho abbandonato il mio nome inglese e mi sono ricolorata i capelli secondo il mio colore natu-

"Mia madre mi ha sempre detto che ho iniziato a scrivere prima ancora di parlare. Ero una ragazza molto tranquilla, un po' introversa, che parlava poco. Non mi piaceva esprimermi oralmente. Da piccola scrivevo quello che provavo: un misto di rabbia, tristezza e delusione per quel mondo che considerava gli italiani degli estranei".

always envied them. I thought that life in New York was much more interesting than life in Toronto. The mentality in the years immediately following the Second World War was more open, and I always assumed my parents would join our relatives in New York, but the Vietnam War changed my father's mind, so he was determined to remain in Canada forever.

What does jazz mean to you?

Every time I create, I listen to jazz, a passion I inherited from my father. I began writing when I was eight years old, and I have never stopped; I need it to survive. My mother always said that I began to write before I could talk. I was an introspective child, extremely introverted, who hardly spoke. I did not need to express my feelings through speech. As a child, I wrote what I felt: mixed feelings of anger, sadness, and disappointment for the world that considered Italians outsiders.

Do you have one work that you favour above all the rest?

I have yet to write that theatre piece. I hope I never do. If you are happy with what you do in life, then you always do your best. I have always written what has inspired me. I cannot fathom doing something that I do not love. I am proud of my accomplishments, but I am also never satisfied. I am only momentarily satisfied, and I always have this need to be involved in new adventures.

What are the things that make you happiest?

Directing and writing. One of my favourite moments is the start of a new performance. It is the first step in a creative process where the theatre company comes together to begin its collaborative work. The producer, the actors, the costume designers, the lighting crew, the stage crew, and many others come together to discuss and make decisions on all the necessary parts of a production. By the end of the day, my energies as producer are spent and the only thing I want is to disappear. I also love the moment where fantasy and imagination come together.

What else would you like to do?

I would like to have more time and more opportunities to travel. I find it fascinating to understand the language of another country and be lucky enough to get close to another culture. I would like to be able to live anywhere in the world, to be able to inhale the colours, the fragrance, and the atmosphere of each location. There are many things that I would like to do in the future, but first and foremost, I would like to write and travel and find a way to blend the two together.

Do you feel more Italian or Canadian today?

I consider myself both Italian and Canadian. For many years, I denied a part of me, but fortunately, I rediscovered that missing part, and I now feel complete. I never begin anything with a structured idea or an organized plan. Emotions overwhelm me and

rale. Mi sono ripresentata a tutti dicendo "Sono Maristella Roca ed ho origini italiane. La vera Maristella è questa".

Ci parli della sua vita in Canada dopo il suo arrivo dall'Italia.
Ho sempre vissuto a Toronto, fatta eccezione per due anni nella parte interna della costa occidentale. Il resto dei miei parenti viveva a New York e li ho sempre invidiati. Credevo che la vita newyorkese fosse molto più interessante rispetto a quella di Toronto. La mentalità era più aperta durante gli anni del secondo dopoguerra e ho sempre pensato che anche i miei genitori volessero raggiungere il resto della famiglia a New York, ma poi la guerra in Vietnam fece cambiare idea a mio padre che decise di rimanere in Canada per sempre.

Che cosa significa per lei il jazz?
Ogni volta che creo qualcosa, ascolto la musica jazz, una passione che ho ereditato da mio padre. Ho iniziato a scrivere quando avevo otto anni e da quel momento non mi sono mai fermata. Mi è necessario per sopravvivere. Mia madre mi ha sempre detto che ho iniziato a scrivere prima ancora di parlare. Ero una ragazza molto tranquilla, un po' introversa, che parlava poco. Non mi piaceva esprimermi oralmente. Da piccola scrivevo quello che provavo: un misto di rabbia, tristezza e delusione per quel mondo che considerava gli italiani degli estranei.

C'è una tra le sue opere che preferisce alle altre?
Devo ancora scrivere il pezzo di teatro. Spero di non farlo mai. Se si è soddisfatti di quello che si fa nella vita, allora si cerca sempre di dare il meglio. In sostanza ho sempre scritto quello che mi ispirava. Non riuscirei a pensare di poter fare qualcosa che non amo. Sono orgogliosa di tutto quello che ho fatto, ma è anche vero che non sono mai soddisfatta. Il problema reale è che sono appagata solo per un minuto e voglio sempre cercare di fare qualcosa di nuovo.

Quali sono le cose che la rendono più felice?
Fare la regista e scrivere. Il momento in cui si inizia a mettere in scena una nuova opera è uno dei miei preferiti. È la prima fase di un processo creativo, in cui la compagnia si riunisce e tutti insieme si inizia il lavoro. Il produttore, gli attori, i costumisti, le persone che si occupano delle luci, del palcoscenico, e molte altre, si incontrano a discutere e decidere insieme tutto ciò che è necessario alla realizzazione dello spettacolo. Alla fine di una giornata così, le mie energie come regista sono spente e la sola cosa che vorrei è scomparire. Mi piacciono anche momenti in cui la fantasia e l'immaginazione lavorano insieme.

C'è qualcos'altro che vorrebbe fare?
Mi piacerebbe avere più tempo e più possibilità per viaggiare. Conoscere la lingua di un altro paese e soprattutto avere la fortu-

sweep me away. I am only an instrument, a medium, for transmitting my feelings to others.

What obstacles have you faced in your life?

Being Italian was for many years a great obstacle in my life. Later, when things changed and the label "Made in Italy" was envied, I found myself in the opposite situation. I was lucky to be at the right place at the right time. When Canada opened its doors to Italian culture, I found myself in very favourable circumstances. The change in mentality proved to be very beneficial for me.

What values have your parents passed on to you?

My parents were very creative; my father was a musician who loved jazz, and my mother had, on top of everything else, a beautiful voice. I was raised in an environment filled with music and rhythm. I cannot imagine or dream if I am not listening to music. A large degree of creativity comes from music. The curiosity to discover and passion for life are values that my parents taught me. Also, my father taught me the importance of a strong culture and an excellent knowledge of the English language.

As a woman, have you ever been subjected to any discrimination?

I have been extremely lucky as far as the issue of discrimination is concerned; first of all, because in the world of theatre, entertainment, art, and writing, discrimination has never been a major problem. New immigrant women suffered more than first generation women like me.

Life in general is full of obstacles. It is dangerous and unpredictable. One never knows what lurks around the corner. I have never planned my future. I live life day to day.

Photography/*Fotografie*: Dave Gillespie

na di avvicinarsi ad un'altra cultura, lo trovo afffascinante. Mi piacerebbe poter vivere ovunque nel mondo e respirare i colori, i profumi e le atmosfera di ogni luogo. In futuro ci sono ancora tante cose che vorrei fare, ma prima di tutto scrivere e viaggiare, cercando di fondere insieme entrambe le cose.

Si sente più italiana o canadese?
Oggi mi sento allo stesso modo sia italiana che canadese. Per molti anni ho negato una parte di me, ma per fortuna l'ho riscoperta ed ora mi sento più completa. Non ho mai iniziato una cosa con una idea ben strutturata o un piano organizzato. Le emozioni mi sopraffanno e mi travolgono. Sono solo uno strumento, per trasmettere i miei sentimenti agli altri.

Quali ostacoli ha incontrato nella sua vita?
Essere italiana, per molti anni della mia vita, è stato un ostacolo. Poi, quando le cose sono cambiate e il "Made in Italy" si è affermato, mi sono ritrovata nella situazione opposta. Penso di essere stata molto fortunata perché mi sono trovata al momento giusto al posto giusto. Quando il Canada ha spalancato le porte alla cultura italiana, mi sono trovata in una condizione molto favorevole. Il cambiamento di mentalità ha giocato a mio favore.

Quali sono i valori che i suoi genitori le hanno trasmesso?
I miei genitori erano delle persone molto creative: mio padre suonava ed aveva la passione per il jazz mentre mia madre aveva, tra le tante qualità, una bellissima voce. Sono cresciuta in un ambiente pervaso di musica e ritmo. Se non ascolto la musica, non riesco a sognare e a fantasticare. Gran parte del processo di creazione deriva dalla musica. Ciò che mi hanno trasmesso sono la curiosità di conoscere il più possibile e la passione per la vita. Inoltre mio padre mi ha insegnato l'importanza di una cultura solida e di una perfetta conoscenza della lingua inglese.

Ha in qualche modo subito discriminazioni in quanto donna?
Anche riguardo a questo mi ritengo molto fortunata. Prima di tutto perché nel campo del teatro, dello spettacolo, dell'arte e della scrittura la discriminazione non è mai stato un grande problema. Le donne appartenenti emigranti della nuova generazione soffrono maggiormente rispetto alle donne della prima generazione come me
La vita in generale è piena di ostacoli. È pericolosa ed imprevedibile. Uno non sa mai quale sorpresa si possa incontrare dietro l'angolo. Non ho mai programmato il mio futuro e ho vissuto ogni singola esperienza giorno per giorno.

MARISA
ROCCA

Marisa Rocca moved to Canada in 1989, at the age of 24, in search of new opportunities. After a strenuous period of working as a dishwasher, Marisa discovered her true calling: cooking. In 1992, she opened Sotto Sotto Trattoria, one of Toronto's finest Italian restaurants, known not only for its simply prepared, exquisite dishes, but also for its top-notch service.

Marisa Rocca si è trasferita in Canada nel 1989 all'età di 24 anni in cerca di nuove opportunità. Dopo un inizio difficile come lavapiatti, Marisa trova la sua strada, diventando chef. Nel 1992 ha aperto Sotto Sotto Trattoria, uno dei migliori ristoranti italiani di Toronto, non solo per la semplicità dei suoi ingredienti e la bontà dei suoi piatti, ma anche per il servizio.

Birthplace: Rome, Lazio, Italy
Region of Origin: Lazio, Italy

Describe your first years in Canada.

In Rome, I lived comfortably. However, my future in Italy would have been less promising and more difficult, as I feel I would not have completely fulfilled my personal dreams there. Growing up, my dream was to study and to travel in search of new experiences and cultures. As a young adult in Italy, I intended to become an interior designer. Unfortunately, the circumstances I was raised in did not allow me the luxury of travel or of higher education.

Once I graduated from high school, I enrolled in a course to become a window dresser. At the time, this was the best way for me to express my ambitious creativity and my artistic spirit. After a while, I managed to reach an upper level position in my field of work. Even though I was able to express myself artistically at this job, I knew I was capable of accomplishing more. I wanted to become someone who would stand out from others and contribute something to the culture around me. I knew the only way to accomplish this was to leave Italy in search of better opportunities elsewhere.

Two of my very close childhood friends, Enrico and Saro, had moved to Toronto at young ages and were happily leading lives here. Following their advice, I purchased a one-way ticket from Rome to Toronto. I had nothing to lose. Despite my initial enthusiasm, my first winter in Toronto was more difficult than I had anticipated. Apart from my friend Saro and his girlfriend, Cindy, who I was living with at the time, I found myself alone in a country that was far away from my home. I had zero support and hardly any money. I was an outsider to the language, and there was no one around with the time or patience to teach me. Taking that into consideration, my opportunities for work were extremely limited. The only job I could do—washing dishes—was offered to me by my good friend and future business partner, Enrico, who owned Fieramosca restaurant on Avenue Road and Yorkville.

At that time, there were no dishwashing machines, so I had to wash every dish by hand. For many months, my hands were red and irritated by the water, the detergent, and the cold. Although I worked incredibly long hours, my pay was poor. I worked there seven days a week, from morning until late at night, without days off. After a few months, I was promoted and was in charge of all kitchen preparation.

I was feeling very depressed, and I had come to a point where I felt I had only two options: buy a ticket back to Italy, or keep working in the hopes of overcoming my turmoil. I decided to remain, to persevere, work hard, and resist and rise above my loneliness.

Fortunately, one day my determination paid off. Enrico was late for lunch preparation at the restaurant, and customers were already seated. Someone turned to me and said, "Marisa, you cook." I was white as a ghost, but I managed to pull it off. I was

Nata a: Roma, Lazio, Italia
Regione di origine: Lazio, Italia

Ci descriva i suoi primi anni in Canada.

A Roma stavo discretamente bene. Il mio futuro in Italia, però, sarebbe stato meno promettente e più difficile, mi sembrava che non avrei potuto realizzare pienamente i miei sogni lì. Crescendo, il mio sogno era quello di studiare e di viaggiare alla scoperta di nuove culture ed esperienze. Da ragazza volevo diventare arredatrice d'interni; purtroppo, però, le circostanze familiari in cui sono cresciuta non mi hanno permesso il lusso di viaggiare e di studiare a lungo.

Così, finita la scuola superiore, ho seguito un corso per diventare vetrinista. A quel tempo era l'unica maniera per esprimere la mia creatività e il mio spirito artistico. Con il passare del tempo ho raggiunto una posizione più importante in quel settore. Ma, nonostante con quel lavoro fossi in grado di esprimermi artisticamente, sapevo di poter fare di più. Volevo diventare qualcuno, distinguermi dagli altri dando il mio contributo alla società e sapevo che l'unico modo per cercare di realizzarmi era quello di abbandonare l'Italia alla ricerca di migliori opportunità in un altro paese.

Due miei amici di infanzia, Enrico e Saro, si erano trasferiti da giovani a Toronto ed erano molto felici di vivere qua. Seguendo il loro consiglio ho comprato un biglietto di sola andata Roma-Toronto. Non avevo nulla da perdere. Nonostante il mio entusiasmo iniziale, il primo periodo a Toronto, durante l'inverno, non fu facile. Ero sola, a parte il mio amico Saro e la sua fidanzata Cindy con i quali vivevo a quel tempo, in un paese molto lontano dalla mia casa. Ero senza aiuto e senza soldi. Non conoscevo la lingua e non c'era nessuno che avesse la pazienza e il tempo di insegnarmi. Considerando tutto ciò, le possibilità che avevo di trovare un lavoro erano estremamente limitate. L'unico lavoro che potevo fare, la lavapiatti, mi venne proposto da un buon amico e futuro partner negli affari, Enrico, che era proprietario del ristorante Fieramosca, ristorante tra Avenue road e Yorkville.

A quel tempo non c'erano le lavastoviglie e così dovevo lavare tutto a mano. Ho passato dei mesi in cui le mie mani erano rosse e distrutte dall'acqua, dal detersivo e dal gelo. Il mio stipendio era misero, nonostante lavorassi per moltissime ore. Ero al ristorante tutti i giorni, dalla mattina alla sera, sette giorni su sette, senza giorni di riposo. Dopo alcuni mei sono stata promossa e cominciai a partecipare alla preparazione dei piatti.

Ho avuto molti momenti di sconforto, ma le alternative possibili erano due: comprare il biglietto per tornare in Italia oppure rimboccarmi le maniche e andare avanti, cercando di migliorare le cose. Così decisi di rimanere, di provare, di lottare contro la solitudine.

Per fortuna, un giorno, la mia determinazione è stata premiata. Enrico era in ritardo nella preparazione del pranzo e c'erano già dei clienti che aspettavano. Qualcuno allora si è rivolto a me, dicendomi: "Marisa, oggi cucini tu". Sono impallidita ma ci ho

shocked to see plates returned to me white and clean like I had just washed them. I was amazed at how much customers loved my food. When Enrico returned, he said, "Good for you, now you are the cook of this restaurant." At last, I had discovered my true talent.

Life as a cook was equally exhausting; however, this time the gratification was worth the sacrifice. In that period of my life, I moved from dishwasher and cleaner to bussing tables, to waiting tables, and finally to cook and manager. I learned so much in those years about myself from the people who surrounded me. In particular, my good friend Saro's sister, Rosa, who unfortunately passed away at a young age, taught me many secrets about the service industry that I will never forget. It was also during those years at Fieramosca that I met my husband, Lou; we were set up by one of his closest friends.

After years of working at Fieramosca, Enrico and I decided to open up our own restaurant just a few blocks north on Avenue Road. Within the first year of the business, Enrico left, leaving me to carry the entire restaurant on my own. I was terrified to take on so much at once. My English was still improving, and I had no past experience of running a business. For the first seven years at Sotto Sotto, I hardly saw the light of day. I worked incredibly hard to create what is now a great success.

Over the years, I brought my family to Toronto one by one: my brothers, my mother, and finally my sister and her two children. This was another great success for me: to have my family all together in Canada. Today I am chef, proprietor, and manager of Sotto Sotto Trattoria. Now I am accomplished and satisfied. When I reflect on my past, with the sacrifices and choices I made, I am pleased. In my life, I apply my energy to bring about the extraordinary. I do believe that I have earned my successes through hard work and determination.

Your father passed away early in your life, leaving your mother to raise all four children on her own. What was that like?

My mother sacrificed everything in order to provide for her children. We never had loving quality family time growing up because Mamma was always working so we could survive. Even though we did not see much of her, I knew that she would come home late at night from work and kiss and hug each of us in our beds when we were already asleep. Her values can be summed up in two words: "work" and "family."

Was your mother your inspiration?

My mother has always been an ideal role model. The only critique I have of her is that she has always worked especially hard and has never thought about herself. Even now, when she does not need to work and could have anything she desires, she continues to work at Sotto Sotto. My mother lives to contribute to others. She is pleased to lend her hand to add something magical to the restaurant. She is always the first to step foot in the kitchen in the early morning and the last one to leave. I tell her to slow down all the

provato. Sono rimasta sconvolta nel vedere i piatti tornare in cucina vuoti, puliti come se fossero appena stati lavati. Rimasi sconvolta da come i clienti amavno la mia cucina. Quando Enrico tornò, mi disse: "Bene, ora sei tu il cuoco di questo ristorante". Finalmente avevo scoperto la mia passione.

Anche in cucina i ritmi di lavoro erano massacranti, ma la soddisfazione ripagava ogni sacrificio.

In quel periodo della mia vita sono passata da lavapiatti a cameriera e infine a cuoca e manager. Ho imparato così tanto di me stessa in quegli anni dalle persone che mi stavano attorno. In particolare, la sorella del mio amico Saro, che è purtroppo morta molto giovane, mi ha insegnato molti trucchi del mestiere che non dimenticherò mai. È stato inoltre proprio in quegli anni, al ristorante Fieramosca, che ho incontrato – tramite un amico comune - mio marito Lou.

Dopo molti anni di lavoro a Fieramosca, io ed Enrico abbiamo preso la decisione di aprire un nostro ristorante a pochi passi da Avenue Road. Ma dopo il primo anno di attività, Enrico mi ha lasciato da sola a portare avanti l'attività del ristorante. Ero spaventata dal fatto di dover gestire tutto da sola. Il mio inglese non era ancora perfetto e, soprattutto, non avevo precedenti esperienze di gestione di un'attività. Nei primi sette anni di apertura del ristorante Sotto Sotto ho lavorato duramente per poter creare ciò che oggi è considerato un successo.

Negli anni sono poi riuscita a convincere i miei familiari, uno per uno, a trasferirsi a Toronto: i miei fratelli, mia madre e alla fine mi sorella e i suoi due figli. Questo ha costituito un vero e proprio successo per me in quanto sono riuscita a riunire tutta la mia famiglia qui, in Canada. Oggi sono cuoca, proprietaria e manager di Sotto Sotto Trattoria. Mi sento realizzata e soddisfatta. Quando ripenso al mio passato, ai sacrifici e alle scelte che ho fatto, sono contenta. Nella mia vita ho impiegato tutte le mie energie per fare al meglio quello che amavo e penso di avere conquistato il mio successo grazie ad un duro lavoro e alla determinazione.

Suo padre è morto molto presto nella sua vita, lasciando da sola sua madre con quattro figli. Qual è stata la sua esperienza?

Mia madre ha sacrificato tutto per i suoi figli. Non abbiamo avuto numerosi momenti di tenerezza in quanto mia madre era sempre al lavoro in modo tale da poterci far sopravvivere. Anche se non la vedevamo molto, sapevo che quando sarebbe tornata a casa tardi la sera sarebbe venuta comunque a darci il bacio della buona notte e a rimboccarci le coperte una volta addormentati. I suoi valori possono essere ben riassunti in due parole: lavoro e famiglia.

Sua madre è stata il suo modello di ispirazione?

Mia madre è stata un ottimo esempio. L'unica critica che posso muoverle è che ha sempre lavorato troppo e non ha mai pensato a se stessa. Ancora oggi continua a lavorare e mi aiuta al ristorante, anche se non è necessario e può fare tutto ciò che

time and to enjoy time with her grandchildren, but she loves leading a hard-working lifestyle. For years, she worked in demeaning jobs where she was never respected. Here everyone looks up to her and loves her. Every day, she is rewarded in love.

What values would you like to teach your children?

My husband, Lou, and I have two young children, Alessandro and Ellana. I intend to teach them the same values that I learned from my mother. My mother and I belong to the same Italian culture. We were both born in Italy and have the same essence and passion. We enjoy life, food, and above of all, love. I hope with the influence of my siblings, my mother, and myself that my children will be bicultural and have an equal appreciation of both of their heritages. I want them to be grateful to Canada and to give Canada the same passion that they have inside them from their Italian heritage. I hope to teach my children to be humble people, confident, hard workers, and people who love. I provide them with constant, daily love. I want to teach them to have self-esteem. I hope they learn to be gracious to others, to respect and love others as they love themselves.

Would you like to see your children follow in your footsteps?

If it is their choice, then I would be pleased to see them maintain my business. I would, however, like them to attain a higher level of education than I did. I would also like them to travel and to discover new cultures. But above all, I would like them to do what they believe in. I want them to do whatever they wish in their hearts. You have to be happy. Life is short, and if you are not happy, then it is not worth it. I want my children to follow their destiny and to love their lives. The most important thing in life is to be content with one's own life experiences, to follow one's passions, and always to remain firmly grounded.

My children will have to earn their profession, whatever it may be. Nothing was given to me on a silver platter. I want them to learn, and then they can truly appreciate the value in all they have achieved–that in order to attain something, one must work hard and make plenty of sacrifices.

Describe the differences in your relationships with Canada and Italy.

I am, and have always been, Italian. The love for my homeland is strong. In fact, every time I step on an airplane and I see the snow-capped Alps, I feel at home. I do feel sad every time I leave Italy, but I am glad to live in Toronto. Toronto has been a wonderful place to me. I will always be grateful to Canada for giving me the opportunity to make my dreams come true. It was in Canada, after all, that I was able to thrive. Canada is my second home; it is my second family. This country has never hindered me; it has embraced, helped, and respected me. Canada nurtured me. Italy created me.

I am glad to be Italian. One only has to stop and consid-

desidera. È sempre la prima ad arrivare in cucina la mattina presto e l'ultima ad andare a casa. Molte volte le ho detto di riposarsi, di divertirsi con i suoi nipoti, ma lei ama lavorare.
Per anni, ha fatto lavori tremendi dove non veniva minimamente rispettata. Qua tutti si prendono cura di lei e la amano. Ogni giorno lei è ricompensata da questo affetto.

Quali sono i valori che vorrebbe trasmettere ai suoi figli?

Io e mio marito Lou abbiamo due figli piccoli, Alessandro ed Ellana. Vorrei trasmettere loro gli stessi valori che mia madre mi ha insegnato. Mia madre e io deriviamo dalla stessa cultura italiana. Siamo nate entrambe in Italia e abbiamo la stessa natura e la stessa passione. Ci piace la vita, il cibo e soprattutto l'amore. Spero, con l'influenza di mia madre, dei miei fratelli e il mio impegno, che i miei figli possano crescere in entrambe le culture, con il medesimo interesse per tutti e due i bagagli culturali. Voglio che siano grati al Canada e che dimostrino per questo paese la stessa passione che hanno dentro per la tradizione italiana. Spero di insegnare loro ad essere umili, grandi lavoratori e persone che amano. Mi dedico loro con costanza, con un amore quotidiano. Voglio insegnare loro ad avere stima di se stessi. Spero imparino ad essere gentili con gli altri, a rispettarli, amarli così come loro sono amati.

Vorrebbe che i suoi figli seguissero le sue orme?

Se è una loro scelta sarei felicissima che continuassero a portare avanti la mia attività. Vorrei che studiassero più di me, che andassero all'università, perchè reputo fondamentale l'istruzione. Vorrei che viaggiassero e che scoprissero nuove culture. Ma, la cosa più importante è che facciano sempre ciò in cui credono. Voglio che facciano ciò che il loro cuore desidera. Si deve essere felici. La vita è breve e se tu non sei felice, non merita di essere vissuta. Voglio che i miei figli seguano il loro destino e amino la loro vita. La cosa più importante nella vita è essere contenti delle proprie esperienze, seguire le proprie passioni, tenendo sempre i piedi per terra.
I miei figli dovranno guadagnarsi la loro professione, qualsiasi essa sia. Nulla mi è stato regalato. Voglio che imparino e possano davvero apprezzare il valore di tutto quello che hanno ricevuto. E voglio che anche loro imparino che per ottenere qualcosa bisogna lottare, lavorare tanto e fare sacrifici.

Ci parli della differenza del suo rapporto tra Italia e Canada.

Sono italiana e lo sono sempre stata. L'amore per il mio paese d'origine è più forte di me. Infatti, tutte le volte che prendo l'aereo e vedo le cime innevate delle Alpi, mi sento a casa. Sono triste ogni volta che lascio l'Italia, ma sono felice di vivere a Toronto. È un posto stupendo per me. Ringrazierò sempre il Canada per l'opportunità che mi ha dato di realizzare i miei sogni. È stato in Canada, alla fine, che ho potuto realizzare qualcosa. Il Canada è la mia seconda casa, è la mia seconda famiglia. Questo paese non mi ha

er everything Italians have done for this city. Here in Toronto, the Italian signature is everywhere. I am proud of what Italian immigrants have done before my time in Canada, and I am proud to be an Italian Canadian. But it is not enough. In order to ensure a better future for the Italian-Canadian community, we have to make a unified effort to promote cultural activities around the city, to bring today's Italy to Toronto. We need to create a more involved community. For example, when you walk into Little Italy, why not have beautiful fountains to bring a piece of Italy to downtown Toronto?

Have you ever experienced any challenges because you are a woman?

I have come across difficulties both in Toronto and in Rome. The troubles that exist for women are, unfortunately, disseminated throughout many cultures. I feel that women are required to give more effort and struggle throughout their lives in order to gain respect. Even though it has been many years since I lived in Italy, I believe that it is more difficult for a woman to be successful there. In Canada, there is a more liberal approach towards diversity and more opportunity for women. If you want to attain something and you fight for it, eventually it can be accomplished. You will be rewarded based on personal skill, and even though it is challenging to achieve success, it is not impossible.

Being a woman today is definitely easier than it was for women in the past. Today women have better opportunities and are more confident. You need to be realistic and to consider that a woman, more so than a man, is obligated to give a large part of herself and compromise her career for her family. In general, a man has fewer responsibilities, and therefore is able to dedicate more of his time to the management of his business. The world of catering, like all other industries, is in a continual state of growth, and it is increasingly difficult to keep up with the strenuous pace of this job, especially for a woman. One positive aspect of my business is that it is a "team sport"–everyone works together as much as possible to satisfy the client. Success in my business is based on mutual respect. You must respect the people with whom you work and in return, respect is not only reciprocated, but passed on to the clientele.

What is your relationship with Italy like?

For many years, I was unable to return to Italy, and this led to a period of sadness. I deeply missed Italy. Even now, I find it necessary to return often, to breathe the air of my homeland, and to revitalize myself. I believe in maintaining close bonds with Italy, and above all, I want my children to also sustain these ties and have a better understanding of their heritage. However, I am not certain that I would want to return to and live in Italy forever. I have established myself in Toronto, and even though I still consider myself Italian, there is something truly Canadian in me that makes me want to remain here. I like the idea of being able to

mai ostacolato, mi ha accolto, aiutata e rispettata. Ovviamente ci sono delle cose del Canada che non condivido, ma devo ammettere che ce ne sono altrettante in Italia che non mi piacciono. Il Canada mi ha cresciuto. L'Italia mi ha creato.

Sono contenta di essere italiana. Basta vedere tutto quello che gli italiani hanno fatto per questa città. L'impronta italiana qui a Toronto è ovunque. Sono molto orgogliosa di quello che gli emigrati italiani hanno fatto prima del mio arrivo in Canada e sono orgogliosa di essere una italo- canadese. Ma non è mai abbastanza. Per dare un futuro migliore alla comunità italo-canadese bisognerebbe essere molto più uniti nel promuovere le attività culturali nella città, cercando di portare a Toronto l'Italia di oggi. Abbiamo bisogno di creare una comunità maggiormente coinvolta. Per esempio, quando si cammina per Little Italy, perchè non trovarci una bella fontana che porta un pezzo di Italia nel centro di Toronto?

In quanto donna, ha mai trovato delle difficoltà?

Sia qui a Toronto che a Roma. Questo atteggiamento di diffidenza nei confronti delle donne purtroppo è diffuso ovunque. Credo sia ancora vero che le donne devono lavorare e lottare di più nella loro vita per guadagnarsi il rispetto degli altri. Anche se non vivo ormai da molto tempo in Italia, penso che lì sia più difficile per una donna avere successo. Qui in Canada la mentalità è più aperta rispetto alla diversità e ci sono più opportunità per le donne. Se si vuole ottenere qualcosa e si lotta per averla prima o poi la si ottiene. Si va avanti per merito ed anche se è difficile arrivare al successo, non è impossibile.

Oggi essere donna è sicuramente più facile rispetto al passato. Le donne oggi hanno maggiori opportunità e sono più sicure di sè stesse. Bisogna però essere realisti e considerare che una donna, più di un uomo, è costretta a sacrificare parte della propria vita e della carriera per seguire i figli. Un uomo di solito ha meno responsabilità e può dedicarsi maggiormente alla gestione della propria attività. Il settore della ristorazione, come del resto molti altri, è in continua crescita ed è sempre più pesante e difficile mantenere i ritmi di lavoro, soprattutto per una donna. L'unica cosa positiva è che il mio lavoro è un "gioco di squadra" e si collabora il più possibile per soddisfare i clienti. Il successo nel mio lavoro si basa un rispetto reciproco. Si deve rispettare le persone che lavorano con te e in cambio il rispetto non è solo corrisposto ma passa anche alla clientela.

Qual è il suo rapporto con l'Italia?

Per molti anni non sono potuta tornare in Italia ed ho passato un periodo di depressione. Mi mancava troppo. Anche oggi ho bisogno di tornarci spesso, sento il bisogno di respirare l'aria del mio paese e di ricaricarmi un po'. Ci tengo a mantenere dei legami stretti con l'Italia e soprattutto voglio che li abbiano i miei figli e che meglio conoscano le loro origini. Ma non sono sicura di volerci tornare a vivere per sempre. Ormai ho costruito tutto a Toronto

return some day, when my children are older and I have more free time, perhaps spending six months of the year on one side of the ocean and the other six months on the other side.

What are your future plans?

I have recently accomplished a project that has been another dream of mine for some time now. I have always wanted to open a traditional trattoria italiana. I have now created this with the opening of my second restaurant, Sotto in the Village, at 425 Spadina Road. The most important thing in my life are my children and my husband, and everything that I do is exclusively for them. They are my reason for living. Therefore, first and foremost, I want to dedicate myself to them. But at the same time, I do not want to sacrifice myself entirely, my spirit or my work. I still follow my passion and will never escape my strong work ethic. It is difficult finding a perfect balance; however, one must find the most constructive way possible. I am extremely fortunate because of the people in my life who have helped me a great deal and who understand me completely.

Photography/*Fotografie:* Dave Gillespie

e per quanto mi senta ancora molto italiana, c'è qualcosa in me di canadese che mi fa scegliere di rimanere qui. Mi piace pensare di poter tornare un domani, quando i miei figli saranno più grandi e anche io avrò un po' più di tempo libero, magari trascorrendo sei mesi da una parte e sei mesi dall'altra dell'oceano.

Quali sono i suoi programmi per il futuro?

Ho recentemente intrapreso un progetto che è un mio sogno nel cassetto da molto tempo. Ho sempre desiderato aprire una tipica trattoria italiana. Ce l'ho fatta, aprendo il mio secondo ristorante a Toronto, Sotto in the Village, al 425 di Spadina. I miei figli e mio marito rimangono la cosa più importante e tutto quello che faccio è solo per loro. Sono la mia ragione di vita. Quindi voglio dedicarmi a loro prima di tutto. Ma nello stesso tempo non voglio neanche sacrificare la mia passione, il mio lavoro, me stessa. Seguo ancora la mia passione e non abbandonerò mai la mia etica lavorativa. È difficile conciliare tutto, ma bisogna farlo nel modo più costruttivo possibile. Sono estremamente fortunata perché le persone che mi circondano mi aiutano molto e mi comprendono totalmente.

ANNA
SIMONE

Anna Simone began cultivating a passion for architecture when she was a child. Her father worked in construction, and from the time she was nine, he involved her in his work during her summer breaks from school. After graduating with a degree in architecture with a specialization in design, in 1982, Anna Simone, together with Elaine Cecconi, started the design firm of Cecconi Simone Inc. They have worked on projects in Dubai and in China. In 2002, Anna and her business partner opened ONI-ONE, a furniture store that carries products they themselves have designed.

Anna Simone ha iniziato a coltivare la passione per l'architettura quando era ancora una bambina. Suo padre lavorava nel settore delle costruzioni e, fin da quando aveva nove anni, la coinvolgeva nel suo lavoro quando aveva le vacanze estive. Dopo la laurea in architettura con specializzazione in design, Anna Simone fonda nel 1982, insieme a Elaine Cecconi, la Cecconi Simone Inc. con progetti a Dubai e in Cina. Nel 2002 Anna e la sua socia hanno aperto la ONI-ONE, negozio di arredamento che vende prodotti che loro stesse hanno ideato.

"Italian culture has had the biggest impact on my choices. My heritage had a tremendous effect on my lifestyle and my work, and I have come to understand, although late in life, how distinctive and unique this culture is."

Birthplace: Toronto, Ontario, Canada
Region of Origin: Abruzzo, Italy

How did your family arrive in Canada?

As everyone knows, the period right after the Second World War was a disastrous one in Italy. Everyone spoke of America as the "land of marvels," and the idea to move to another country in search of a better life became one even my parents entertained. I don't think they knew exactly what the difference was between the two countries. For them, Canada and the United States were the same thing. The only objective was to leave Italy.

What were the biggest challenges for your parents when they arrived in Canada?

It's difficult trying to imagine exactly how they must have felt when they arrived, but I am convinced that the major problem was the language. It must have been traumatic not to be able to express themselves. Some time was necessary for integration. After a few years, everything fell into place. Canada has offered much to my parents and all those who came here. I can only now begin to understand how difficult that period must have been for them. I've always travelled a lot, and it was only when I was in China that I experienced how traumatic and difficult it must have been to communicate and try to make yourself understood not knowing the language of the country you are in.

What are the differences between you and your mother?

First of all, my mother was born in Italy and I was born in Canada. She immigrated at a time when Toronto was not what it is today, and she suffered a lot. She never felt at home here and continued to follow the values and traditions of Italy, adapting them slightly. She had to fight to integrate herself, to support a family, and to guarantee a better future for her three children. I, on the other hand, have lived in a much better and more advantageous situation. The real difference is that second generation Italian women like myself have had the fortune and capacity to understand, communicate, and adapt to the culture and traditions of both countries. We can listen, understand, and communicate.

When did you decide to become an interior designer?

I have always had this passion. I am fascinated by the idea of changing and reorganizing interior physical space. I decided to study architecture with a focus on interior design. I was encouraged and guided by my mentor, one of my professors. I never thought I would reach this level and attain this kind of satisfaction in my life. The only thing I knew was that I loved running with my imagination, creating, modifying spaces, and making my ideas concrete.

What inspires you?

Encounters with other cultures when I travel. For me, knowing a

Nata a: Toronto, Ontario, Canada
Regione di origine: Abruzzo, Italia

Come è arrivata la sua famiglia in Canada?

Come tutti sanno, il periodo immediatamente dopo la Seconda Guerra Mondiale è stato terribile per l'Italia. Tutti parlavano dell'America come la "terra delle meraviglie" e l'idea di trasferirsi in un altro paese in cerca di una vita migliore allettò anche i miei genitori. Non credo che sapessero esattamente la differenza tra Canada e Stati Uniti: per loro era la stessa cosa. L'unico obiettivo era quello di lasciare l'Italia.

Quali sono stati i più grandi ostacoli che i suoi genitori hanno dovuto affrontare una volta arrivati in Canada?

È difficile cercare di immaginare esattamente quali possano essere stati i loro sentimenti una volta arrivati qui, ma sono certa che il problema più grande è stata la lingua. Deve essere stato traumatico il fatto di non potersi esprimere. A volte era necessario per potersi integrare. Dopo alcuni anni, tutto è andato a posto: il Canada ha offerto molte opportunità ai miei genitori e a tutti quelli che sono arrivati qui. Io ho viaggiato molto, e quando sono stata una volta in Cina ho sperimentato per la prima volta quanto difficile e traumatico deve essere stato il loro tentativo di comunicare e di farsi comprendere non conoscendo la lingua del paese in cui si trovavano.

Quali sono le differenze tra lei e sua madre?

Innanzitutto, mia madre è nata in Italia, mentre io sono nata in Canada. Lei è emigrata in un momento in cui Toronto non era la Toronto di oggi e perciò ne ha sofferto molto. Non si è mai sentita a casa qui e quindi ha deciso di mantenere intatti valori e tradizioni italiane, semmai adattandole leggermente. Mia madre ha dovuto combattere per integrarsi, per mantenere una famiglia e per garantire un futuro migliore ai suoi tre figli. Io invece ho vissuto una situazione migliore e molto più vantaggiosa. La differenza più importante è che la seconda generazione di donne italiane come me hanno avuto la fortuna e la capacità di capire, comunicare ed adattarsi alla cultura e alle tradizioni di entrambi i paesi. Noi siamo capaci, quindi, di ascoltare, capire e comunicare.

Quando ha deciso di diventare una interior designer?

Ho sempre avuto questa passione. Sono affascinata dall'idea del cambiamento e della riorganizzazione di uno spazio interno. Perciò ho deciso di studiare architettura, specializzandomi in design. Sono stata incoraggiata e guidata da un mentore, un mio docente. Non ho mai pensato di poter raggiungere questo livello e di poter ottenere tali soddisfazioni nella mia vita. L'unica cosa che sapevo era che amavo correre con la fantasia, creare, modificare gli spazi e rendere le mie idee concrete.

culture means understanding its history, its traditions, and its lifestyle. I am curious about how culture meets nature, how colours mix, and about the various symbols in architecture. We are strongly connected to nature in everything we do, and the principles that govern this connection can be applied to the world of design.

Italian culture has the biggest impact on my choices. My heritage has had a tremendous effect on my lifestyle and my work, and I have come to understand, although late in life, how distinctive and unique this culture is. I have been very fortunate to have these direct ties with Italy.

Is there a project that you are particularly attached to?

I have the same attachment to all my projects. I am passionate about every step of the creative process. All the successes my colleague and I experience are very satisfying, but at the same time, they become a basis for creating something even better in the future. There is a constant growth, a perfecting and learning from what we do.

How do you succeed in your profession?

First of all, you need to be patient. Success does not come overnight; it is the result of great sacrifice. You have to think and work hard to reach your established objectives, and once you reach them, they must be maintained. Nothing is guaranteed, but creative work is constantly fuelled and put to the test. For me, real success is when you do it for yourself, for personal satisfaction, not monetary.

How do you juggle your personal and professional lives?

I don't have a personal life and a professional life; they are one and the same. They mix and influence each other, but they never separate. I don't have to physically be in the office to think of work, and I don't have to be at home to think about my private life. I think of myself and design all the time, everywhere. It's my one and only life.

How does Italian society compare to Canadian society?

I sometimes find Italian society incoherent and closed in many aspects. Unfortunately, people are still treated differently based on their last name. Besides that, living in a small town doesn't offer you the same opportunities that a large city does. In Italy, it's more difficult to become "someone" if you are "no one." In Canada, the mentality is more flexible and offers more opportunities for freedom. If I had remained in Italy, I don't think I would ever have achieved the professional success that I have in Canada.

How do you keep your Italian heritage alive?

I am very proud, even though there was a time when I refuted my heritage. During the fifties and sixties, Italian immigrants went through a rough period because they were considered to be differ-

Che cosa la ispira?

Principalmente entrare in contatto con altre culture quando viaggio. Per me, infatti, conoscere un'altra cultura significa capirne la storia, le tradizioni e lo stile di vita. Sono curiosa di osservare come una cultura incontra la natura, come si mescolano i colori e quali sono i vari simboli dell'architettura. Siamo strettamente connessi alla natura in tutto quello che facciamo e i principi che governano questo legame possono tranquillamente applicarsi anche al mondo del design.

La cultura italiana ha avuto l'impatto più importante sulle mie scelte. Le mie origini hanno un effetto incredibile sul mio stile di vita e il mio lavoro e, anche se tardi, ho capito quanto diversa e unica sia questa cultura. Sono stata molto fortunata ad avere questi legami diretti con l'Italia.

C'è un suo progetto a cui è particolarmente legata?

Sono ugualmente legata a tutti i miei progetti. Mi appassiono ad ogni singolo livello del processo creativo. Tutti i successi che io e la mia collega abbiamo avuto sono stati di grande soddisfazione, ma, allo stesso tempo, divengono le basi per poter creare qualcosa di ancora più bello nel futuro. C'è una crescita costante, un perfezionamento e voglia di apprendere partendo da quello che facciamo.

Come si può avere successo nel suo ambito professionale?

Prima di tutto, bisogna essere pazienti. Il successo, infatti, non arriva immediatamente, ma è il risultato di grandi sacrifici. Devi riflettere e lavorare duramente per raggiungere gli obiettivi stabiliti e, una volta raggiunti, devi mantenerli. Nulla è garantito, anzi il lavoro creativo è costantemente alimentato e anche messo alla prova. Per me il vero successo arriva quando fai qualcosa per la tua soddisfazione personale e non per soldi.

Come bilancia la sua vita professionale e familiare?

Non ho una vita personale e una professionale; sono un tutt'uno. Si mescolano e si influenzano tra di loro e non si separano mai. Nel mio caso non devo essere fisicamente presente in ufficio per poter pensare al lavoro e non è necessario che sia a casa per poter pensare alla mia vita privata. Penso a me stessa e al design sempre e ovunque: è tutta la mia vita.

Com'è la società italiana a confronto con la società canadese?

A volte trovo la società italiana incoerente e chiusa per quanto riguarda determinati aspetti. Sfortunatamente le persone sono ancora trattate diversamente a seconda dei cognomi che portano. Oltre a questo, il fatto di vivere in una piccola città non ti offre le stesse opportunità che ci sono in una grande città. In Italia è più difficile diventare qualcuno se non sei nessuno. In Canada, invece, la mentalità è più flessibile e offre maggiori opportunità. Se fossi rimasta in Italia, non penso che sarei mai riuscita a raggiungere il successo professionale che ho in Canada.

ANNA
SIMONE

ent, inferior. They fought to become accepted, and as a result, they have modified the inner city and have made amazing contributions in every field. Even though I was a child during that period, I also suffered because of my origins. I remember friends from school used to make fun of me because my mother prepared a *panino* made with Calabrese bread, asiago cheese, and tomatoes, a nutritious and delicious snack in the eyes of Italians, but Canadians saw it as very unusual. [The Canadian children] would bring miserly sandwiches made from two slices of white bread, spread with a little peanut butter. I felt awkward and different. They gave me dirty looks and made fun of me. I didn't understand how fortunate I was to be Italian then. Today the situation is completely reversed and everyone wants that *panino*. Today "Made in Italy" is synonymous with high quality. How wonderful!

Photography/*Fotografie:* Erin Riley

Come riesce a mantenere le sue origini italiane?
Sono molto fiera di avere origini italiane, anche se c'è stato un momento della mia vita in cui le ho rifiutate. Negli anni '50 e '60 gli immigrati italiani hanno passato un periodo difficile perchè erano considerati diversi, inferiori. Hanno combattuto per essere accettati e, come risultato, sono riusciti a modificare la città da dentro, dando incredibili contributi in tutti i settori. Anche se ero solo una bambina in quel periodo, anch'io ho sofferto a causa delle mie origini. Ricordo che alcuni compagni di scuola mi prendevano in giro per il semplice fatto che mia madre mi preparava un panino fatto con pane casereccio calabrese, formaggio asiago e pomodori – una merenda deliziosa e nutritiva agli occhi degli italiani, ma ai canadesi risultava molto strano. I bambini canadesi, infatti, portavano a scuola dei panini molto poveri fatti solo con due fette di pane bianco spalmate con un po' di burro di arachidi. Mi sentivo a disagio e diversa. Mi guardavano male e si prendevano gioco di me. Allora non capivo quanto ero fortunata ad essere italiana. Oggi la situazione si è completamente capovolta e tutti vogliono quel panino. Oggi il "Made in Italy" è sinonimo di alta qualità: che bello!

MARTINA
SORBARA

Martina Sorbara began writing her first songs at the age of 15 and made her professional debut at the age of 16. She completed her first solo album, *Unplaceables*, in 1998. In 2002, she released her second album, *The Cure for Bad Deeds*, with Nettwerk Records, a Canadian label. Her third CD is soon to be released with her new band called Dragonette, featuring her husband, Dan Kurtz, the bass player and producer. A talented singer-songwriter, pianist, and self-taught guitarist, she is also the daughter of the Honourable Gregory Sorbara, Ontario's current minister of finance. Her grandfather, Sam Sorbara, immigrated to Canada in the 1920s.

Martina Sorbara ha iniziato a scrivere le sue prime canzoni all'età di 15 anni ed ad esibirsi in pubblico a 16. Ha realizzato il suo primo album indipendente Unpleaceables *nel 1998. Nel 2002 è uscito il suo secondo album:* The Cure For Bad Deeds, *con Nettwerk Records, uno studio discografico canadese. Al momento sta registrando il suo terzo disco con Dragonette, la sua nuova band da poco fondata col marito Dan Kurtz, bassista nonché produttore. Cantautrice, pianista nonché chitarrista autodidatta, Martina è anche la figlia dell'Onorevole Greg Sorbara, Ministro delle Finanze del Governo dell'Ontario. Suo nonno, Sam Sorbara, è immigrato in Canada negli anni '20.*

Birthplace: Maple, Ontario, Canada
Region of Origin: Calabria, Italy

Tell us about your family, in particular your grandfather—he had an interesting and adventurous life.
My grandfather came to Canada with nothing but his ties to the Italians with whom he shared his journey. He was a very resourceful man, and because of his mother's premature death and his father's alcoholism, he became the father figure of the family. In fact, he was responsible for raising his sisters. As a young man, he started a real estate development business, and the company grew rapidly as a result of the discipline he acquired throughout his challenging youth.

In 1923, at the age of 12, Sam left San Giorgio Morgeto in Calabria with his family and immigrated to Canada. He overcame the initial hardships of an immigrant with courage and determination. Working hard, he gained the respect of Canadian society, had a family, and together with his wife, raised four children. Today this family helms the Sorbara Group, a large company founded by Sam. It is a leader in the managerial arena. The company's headquarters are in Toronto.

Do you see yourself as Canadian or Italian?
My father is Italian, and my mother is English-Danish. Despite this, my ties to my Italian origins are very strong. When someone asks me what my nationality is, I say Italian. I am particularly impressed by the presence and strength of the Italian family. I also very much appreciate Italian hospitality.

What was your father's role in your upbringing, and which Italian values and principles has he instilled in you?
Of all the values my father taught me, I couldn't say which you would consider typically Italian. I was simply raised amongst all kinds of values. But I absolutely appreciate and recognize the importance of family and getting together at meals.

Have you ever been to Italy?
Of course! The first time I visited Italy, I was 16. I enrolled in an art history course in Siena. I was so enamoured by the city I lost interest in the actual classes. I wanted to explore Siena and develop new friendships. Even though I didn't speak much Italian at the time and I hadn't been there before, it felt as though all that surrounded me was extremely familiar. Now that I know the language and the country, I can safely say that it is my country and these are my origins.

What is your relationship with Italy today? Have you been able to maintain your contacts?
Yes. At 18, I spent one year studying at the Canadian College in Lanciano, a city near Pescara. This was the most memorable period of my life, and I developed many friendships there. I return to

Nata a: Maple, Ontario, Canada
Regione di origine: Calabria, Italia

Ci racconti qualcosa della sua famiglia, in particolare di suo nonno, ha avuto una vita particolarmente avventurosa ed interessante.
Mio nonno venne in Canada senza possedere nulla a parte il legame con la comunità di italiani con cui aveva intrapreso il viaggio. Era un uomo pieno di risorse e a causa della morte prematura della madre e dell'alcolismo del padre, si trovò a dover sostituire la figura paterna: fu lui infatti ad educare le sorelle. Da giovane iniziò una attività immobiliare e l'impresa è cresciuta rapidamente grazie alla disciplina che aveva acquisito durante la sua giovinezza.
Era il 1923 quando, all'età di 12 anni, Sam insieme alla famiglia lasciò San Giorgio Morgeto, in Calabria, per trasferirsi in Canada. Sam superò le difficoltà dei primi tempi con coraggio e determinazione. Lavorando sodo si guadagnò il rispetto della società canadese, formò una famiglia e, insieme con la moglie, allevò quattro figli. Ora questa famiglia è alla testa del Sorbara Group, fondata appunto da Sam, un'impresa leader del settore delle costruzioni la cui sede è a Toronto.

Si considera più canadese o più italiana?
Mio padre è italiano, mentre mia madre è anglo-danese. Tuttavia il mio legame con le mie origini italiane è molto forte. Quando qualcuno mi chiede quale sia la mia nazionalità, rispondo "italiana". Sono particolarmente impressionata dalla forza e dalla presenza della famiglia italiana. E apprezzo tantissimo l'ospitalità italiana.

Qual è stato il ruolo di suo padre nella sua educazione e quali valori e principi tipicamente italiani le ha trasmesso?
Non saprei dire con esattezza tra tutti i valori che mi ha trasmesso mio padre quali siano tipicamente italiani e quali no. Sono stata educata secondo ogni tipo di valore. Sicuramente, tuttavia, apprezzo e riconosco l'importanza della famiglia e dell'abitudine del mangiare insieme.

È mai stata in Italia?
Sì, certo. La prima volta che visitai l'Italia avevo 16 anni: mi iscrissi ad un corso di storia dell'arte a Siena. La città mi piacque talmente che non mi interessai minimamente alle lezioni. Esplorare la città e fare nuove amicizie era il mio unico desiderio. Sebbene allora non parlassi ancora italiano, né tanto meno fossi mai stata in Italia precedentemente, tutto ciò che mi circondava mi sembrava davvero famigliare. Ora che conosco questa lingua, questo paese ed il suo spirito posso confermare che questo è il mio paese, queste sono le mie origini.

Lanciano every year, and I have had many vacations in places like Rome, Naples, and the Amalfi Coast. I must admit that I have never travelled to Calabria. My husband and I have been looking for a house in Italy, and we would like to live there, at least for a little while.

Your father is a successful politician. What was it like growing up as the daughter of such a well-known figure?
I wouldn't know. Being my father's daughter, the fact that he was an important politician was something normal. But the fact that my father has been in Canadian politics and has also always been a presence in Italo-Canadian society has contributed to making me profoundly Italian. He has always been an important and much-loved figure in the community.

Have you ever considered a career in politics?
No. Since I was a child, art was the only thing I felt an affinity for. There has never been anything more important in my life than singing, designing, and sewing. The love of art is present in all my family.

You have been described as having a natural talent possessed by few, your songs as poetic and reflective, and your style as expressive and original. What drives you to create?
This is strange—I was thinking about this question yesterday. It's not because of the money, although money is always useful. I am not really sure what drives my creativity. I would say that it is my desire to prove to myself that I can achieve something that satisfies and surprises me, before it satisfies and surprises others. I think what drives me is my need to create something that makes me feel enthusiastic and proud, which imbues me with positive energy for days. I look forward to the reaction of my listening audience; if it is a positive reaction, it serves as a source of great satisfaction for me.

Have your Italian origins contributed to your art?
I don't think so. I listen primarily to Italian opera, which I love, but I don't think I can say what element of Italian culture is present in my music.

Do you think that Italians are less obsessed with working than Canadians?
Absolutely! You can see this from the moment you set foot in Italy, and it's the reason why I continue to come and go. I visit Italy to remind myself that work is not the only thing that exists in this world, and that you can always find moments to relax and chat without thinking of anything else.

As a woman in the music industry, what are some of the obstacles you have had to overcome?
Being a girl who sings and carries a guitar causes people to look at you differently than they do at other girls, even though I do many

Qual è il suo attuale rapporto con l'Italia? È riuscita a mantenere dei contatti?
Sì. Ho fatto un anno di studi al "Canadian College" di Lanciano vicino Pescara, quando avevo diciotto anni e lo ricordo come il periodo più bello della mia vita. Lì ho fatto tantissime amicizie. Sono tornata tutti gli anni a Lanciano ed ho passato molte delle mie vacanze tra Roma, Napoli e la costiera amalfitana; tuttavia, devo ammettere di non essere mai andata in Calabria. È ormai da un paio d'anni che io e marito stiamo cercando una casa in Italia e vorremmo trasferirci lì a vivere al più presto, almeno per un po'.

Suo padre è un uomo politico di successo. Com'è stato crescere accanto ad una tale figura?
Non saprei. Essendo la figlia di mio padre, il fatto che lui fosse un importante politico è sempre stato per me qualcosa di normale. Piuttosto, il fatto che mio padre sia sempre stato presente non solo nella vita politica canadese ma anche nella comunità italo-canadese ha contribuito a farmi sentire profondamente italiana. È sempre stato una figura molto importante per la comunità italo-canadese, ed è anche molto amato.

Ha mai considerato la possibilità di intraprendere una carriera politica?
No. Fin da quando ero bambina l'arte è sempre stata l'unica attività per la quale mi sentivo portata. Non è mai esistita nella mia vita nessuna altra vera priorità se non cantare, disegnare e cucire. Del resto la vocazione artistica è di famiglia.

Qualcuno ha detto che possiede un talento naturale che pochi hanno. Le sue canzoni sono stato definite riflessive e poetiche, il suo stile espressivo e originale. Cosa la spinge a creare?
Strano. Ci pensavo proprio ieri. Non credo che sia per i soldi, anche se ovviamente fanno sempre comodo. Tuttavia non credo proprio che siano i soldi la ragione principale della mia creatività. Piuttosto, oserei dire che ciò che mi sprona è la voglia di mettermi alla prova: provare che posso ottenere qualcosa di cui sentirmi soddisfatta ed entusiasta, prima ancora che soddisfi ed entusiasmi gli altri. Quello che mi sprona maggiormente è realizzare qualcosa di cui sentirmi orgogliosa ed entusiasta, in grado di darmi energia per giorni e giorni. Poi attendo la reazione all'ascolto di altre persone: se è positiva, è fonte di grandi soddisfazioni.

Pensa che le sue origini italiane abbiano contribuito o semplicemente influenzato in qualche modo la sua arte?
Non penso. Di italiano ascolto prevalentemente l'opera, che amo moltissimo, ma non saprei dire quale elemento della cultura italiana sia presente nella mia musica.

È d'accordo sul fatto che gli italiani siano meno ossessionati dal lavoro rispetto ai canadesi?

MARTINA
SORBARA

of the same things other girls do. People like to put women in categories with comments such as "So you're like Sarah McLachlan or Diana Krall."

I don't believe the problem is discrimination; however, women do tend to direct more criticism towards other women. Women are very competitive in this business. When I find myself in a competitive situation, I try to defuse it in an amicable way in order to avoid stirring up more animosity.

And how do you view competition with men?

Women must always prove that they can keep up with men in this profession, while men are automatically accepted. It is more difficult for women to gain the respect of others. We must always prove our talents.

What are your plans for the future?

My new band, Dragonette, is my future plan.

Have you ever thought of performing in Italy?

That is where we want to go! I remember I was once in Lanciano in a bar with my guitar, and I asked, "Can I perform here?" So in a sense I have already performed in Italy, but not in the way I intended.

In a society so multicultural and multi-ethnic, does your music help unify the various peoples and cultures?

I am happy if people from different parts of the world learn to appreciate my songs and begin to feel the same sentiments and emotions that I experience. In this sense, I believe that my music can be viewed as a common ground among different cultures.

Photography/*Fotografie:*** courtesy Nettwerk Productions
All other photos courtesy Martina Sorbara

Assolutamente si. Questo è evidente dal primo momento in cui si mette piede in Italia ed è anche la ragione per cui continuo ad andare e venire da questo Paese. Per ricordarmi che non esiste solo il lavoro e che si può sempre trovare un momento per rilassarsi e fare due chiacchiere senza pensare a niente altro.

Quali sono gli ostacoli che ha dovuto superare in quanto donna nel mondo della musica?
Essere una ragazza che canta e che suona la chitarra può portare le persone a considerarti differentemente da come considerano le altre donne, anche se di fatto faccio le stesse cose che fanno loro. Alla gente piace ingabbiare le donne in determinate categorie con commenti del tipo "Ma allora sei come Sarah McLachlan o Diana Krall". Non credo che il problema sia la discriminazione; piuttosto credo che le donne tendano a fare più critiche sulle altre donne. In questo settore, inoltre, le donne tra di loro possono essere molto competitive. Cosi che spesso, quando mi trovo in situazioni competitive, cerco di calmarle in modo amichevole per evitare qualsiasi animosità.

E la competizione con gli uomini come la vede?
Noi donne dobbiamo sempre dimostrare di essere all'altezza degli uomini in questa professione, mentre gli uomini sono automaticamente accettati. È più difficile guadagnarsi il rispetto. Dobbiamo sempre dimostrare il nostro talento.

Quali sono i suoi progetti per il futuro?
La mia nuova band, Dragonette, è il mio progetto futuro.

Ha mai pensato di esibirsi in Italia?
Là è dove vogliamo andare ad esibirci! Mi ricordo una volta a Lanciano, ero in un bar con la mia chitarra e chiesi "Posso suonare qui?". Quindi in un certo senso ho già suonato in Italia, ma non come voglio io.

In una società così multiculturale e multietnica quale quella canadese, come può la musica aiutare a unire le persone appartenenti a diverse culture?
Sono felice se persone di diverse parti del mondo imparano ad apprezzare le mie canzoni e iniziano a sentire le mie stesse emozioni e sentimenti. In questo senso credo che la musica possa essere vista come il terreno comune a differenti culture.

MARIANNE

"Today my view of work is much different than it was five years ago, and I am sure five years from now, it will change again. **It is a personal journey of continuous maturity, understanding, and change.**"

TAGGIO

With 25 years of banking experience, Marianne Taggio is presently the chief corporate strategy officer of Meridian Credit Union. She has dedicated herself to–and has been extremely successful in developing–competitive strategies for retail markets in the financial services sector. The same qualities often associated with the Italian community–leadership, productivity, conviction, precision, and passion–describe Marianne Taggio's professional commitment.

Con venticinque anni d'esperienza nel settore bancario, Marianne Taggio è attualmente Chief Corporate Strategy Officer della Meridian Credit Union. Nella sua carriera si è occupata, con grande successo, dello sviluppo di strategie competitive per mercati al dettaglio nel settore dei servizi finanziari. Le stesse qualità spesso associate alla comunità italiana–leadership, produttività, concretezza, precisione e passione per il proprio lavoro–si adattano perfettamente all'impegno professionale di Marianne Taggio.

Birthplace: Toronto, Ontario, Canada
Region of Origin: Sicily, Italy

How did your parents end up in Canada?
I was born in Toronto in 1961, and my parents, Santino and Anna Cipriano, immigrated to Canada long before I was born. My grandfather passed away at a very young age, and my father became the father figure for his family. When his sister came to Canada to get married, my father accompanied her here to give her away at the altar. He understood that Canada was a land of great opportunity, and he decided to remain here to search for a job. He was a butcher by trade. His family ran a butcher's shop in Gioiosa Marea in Sicily. Upon his arrival, my father was subsequently able to open a supermarket.

What about your mother?
My mother's past is very similar to my father's. Her father also died at an early age, and there were only women in her family. They also owned a butcher's shop, close to my father's shop in our small town. She was a seamstress by trade, but when my father was finally able to obtain his vending licence to operate his supermarket close to the Danforth, my mother came to Toronto and left her job to work alongside my father.

Has Canada helped your parents fulfill their dreams?
Immigrating to a new country is difficult for everyone, not only for my parents. Like all other immigrants, they had to abandon the culture, language, lifestyle, friends, and the relatives that they loved. However, they came to this land in search of new and better opportunities, to provide their children with a secure and comfortable life. Were they successful? I would have to say yes. I have lived a very comfortable life due to their hard work and sacrifices; I am very proud of my parents. I am not sure that Italy would have provided them with the same opportunities, and I am not sure that Italy would have provided me the opportunity to fulfill my dreams either. Obviously, there are pros and cons when discussing Italy and Canada; however, I am certain that Canada has satisfied the needs of my parents, and it has provided me with a wonderful life.

What are the major differences between the first and second generation?
I have definitely lived a very comfortable and tranquil life compared to my mother's experiences. I was born here, and I have always lived here. I feel that Canada is my country, my home. I did not have to abandon my birthplace or my upbringing like my mother did. I have never been in a country where I was not able to communicate or explain myself. I have never felt lonely, without my family and friends close by. On the other hand, my mother was forced to endure all these hardships. Simply put, we have experienced two totally different realities. I believe second generation women like me find fewer obstacles in their paths and are able to

Nata a: Toronto, Ontario, Canada
Regione di origine: Sicilia, Italia

Come mai i suoi genitori emigrarono in Canada?
Sono nata a Toronto nel 1961 e i miei genitori erano emigrati in Canada molto prima della mia nascita. Mio nonno morì molto giovane e mio padre prese il controllo e la responsabilità della famiglia. Quando sua sorella venne qui per sposarsi, anche mio padre si recò in Canada per accompagnarla all'altare. Si rese conto che il Canada era una terra di grandi opportunità e decise di rimanervi per cercare un lavoro. Era un macellaio la sua famiglia aveva una macelleria a Gioiosa Marea, in Sicilia. Quando arrivò, mio padre riuscì ad aprire un supermercato.

Cosa ci racconta di sua madre?
Mia madre ha un passato molto simile a quello di mio padre. Anche lei perse il padre quando era giovane e la sua famiglia era composta da sole donne. Anche loro avevano una macelleria vicino a quella di mio padre in paese. Lei era una sarta, ma quando mio padre finalmente ottenne la licenza per il suo supermercato vicino a Danforth, nella zona est della città, lei si trasferì a Toronto e lasciò il suo lavoro per collaborare con lui.

Crede che il Canada abbia soddisfatto le aspettative dei suoi genitori?
Immigrare in un paese completamente nuovo è difficile per tutti, non solo per i miei genitori. Loro, come tutti gli immigrati, hanno dovuto lasciare alle spalle la cultura, la lingua, la vita, gli amici e i parenti che amavano. Tuttavia, sono venuti qui per cercare nuove opportunità, per garantire ai figli una vita serena e sicura. Ce l'hanno fatta? Direi proprio di sì. Io ho vissuto un'esistenza splendida grazie ai loro sacrifici e sono fiera dei miei genitori. Non so se in Italia avrebbero trovato le stesse opportunità che hanno avuto qui e non so se io in Italia sarei riuscita a realizzare me stessa. Ovviamente ci sono pro e contro in entrambi i paesi, ma sono convinta che il Canada abbia soddisfatto le esigenze dei miei genitori ed abbia offerto anche a me una vita favolosa.

Quali sono secondo lei le differenze tra la prima e la seconda generazione di immigrati?
Sicuramente ho avuto una vita più facile e serena rispetto a quella di mia madre. Sono nata qui, ho vissuto sempre qui e sento che questo è il mio paese, la mia casa. Non ho dovuto abbandonare il luogo dove sono nata e cresciuta, come invece ha dovuto fare mia madre. Non mi sono mai trovata a vivere in un paese dove non riesco a comunicare e non riesco a esprimermi. Non mi sono mai sentita sola, senza la mia famiglia ed i miei amici intorno. Mia madre, invece, ha dovuto affrontare questi problemi. Semplicemente abbiamo vissuto due realtà diverse. Penso che le donne come me, di seconda generazione, trovino meno ostacoli da superare e possano realizzare più facilmente quello in cui credono.

MARIANNE TAGGIO

accomplish their goals with much more ease. They have more opportunities to take risks and prove themselves. In the past, women had less freedom and were expected to be submissive to the men. Today I enjoy the same rights and equal opportunities as my husband, or any other male. I do not think of my husband as "he who commands." We are both on the same level, and we collaborate in everything we do. We are partners, and we help each other. However, in the past, there existed a patriarchal system of family where the male placed himself at a higher level. My mother and I have experienced totally diverse lifestyles. She lived most of her life in a small village, while I have always lived in a large, multicultural city. I have an education; I've been raised with the belief that all is possible and one's goals can be reached through hard work and sacrifice.

Is everything possible for both men and women in today's society?
I cannot say that everything is exactly equal between men and women in today's society. I am convinced women in today's society must work harder than men, and they must definitely make more sacrifices to prove themselves in society. In a male-dominated world, as in the banking and financial services sector in which I work, we must fight to demonstrate that we are as competent as males. When I began my career, there were very few women in the executive ranks. It is much more difficult for a woman to be successful in her profession while taking care of the family at the same time. Many of us chose between family and career, while other women struggle to find a balance between both.

I must admit, I have been fortunate, because I have been able to fulfill my professional goals while simultaneously dedicating myself to my husband and my children. I have had the privilege of having very flexible work hours, and because of this, I have never sacrificed the family. I would have never been so successful had it not been for the person who has supported me throughout my professional commitments and obligations. I would have never made it without my husband's collaboration: a partner who has understood and helped me.

What roles do you feel women today should play in society?
Women have a very remarkable role. It is primarily women, the mothers, who pass on the values and culture of a society. The greatest contribution made by women, besides the obvious professional contribution to the development of Canadian society, is the care of children. Children are our future, and they will be responsible for Canada's future development. Society begins with children, and women are the ones who primarily take care of them and are largely responsible for their upbringing. Often this very significant contribution is forgotten or undervalued.

Has being Italian ever caused you problems?
No, even if as a child I did not understand what it meant to have Italian origins. My parents have always tried to pass on to me the

Hanno maggiori possibilità di rischiare e di mettersi alla prova. Un tempo le donne erano meno libere e purtroppo ci si aspettava che fossero in un rapporto di subalternità con gli uomini. Oggi io ho le stesse opportunità di mio marito o di qualsiasi altro uomo. Non vedo mio marito come "colui che comanda": entrambi siamo sullo stesso piano e insieme collaboriamo in ogni cosa. Siamo partners e ci aiutiamo a vicenda. Un tempo, invece, c'era una organizzazione patriarcale della famiglia e l'uomo si sentiva ad un livello superiore. Io e mia madre abbiamo vissuto esperienze troppo diverse. Lei ha trascorso parte della sua vita in un piccolo paesino, mentre io ho sempre vissuto in una grande città multiculturale: ho frequentato la scuola e sono cresciuta con l'idea che nulla è impossibile e che si possono raggiungere i propri obiettivi, naturalmente lottando e facendo sacrifici.

Crede che tutto sia possibile, sia per le donne che per gli uomini, nella società di oggi?
Non posso affermare che oggi le differenze tra uomini e donne siano scomparse. Sono ancora convinta che le donne, per affermarsi, debbano lavorare più degli uomini e sicuramente fare più sacrifici. In un mondo dominato dagli uomini come quello in cui lavoro, bisogna lottare per dimostrare quanto valiamo. Quando ho iniziato a lavorare, non c'erano molte donne in questo settore. Per una donna è sempre difficile raggiungere il successo professionale ed al tempo stesso seguire bene la famiglia. Molte di noi scelgono l'uno al posto dell'altra; altre, invece, cercano di conciliare le diverse esigenze.
Devo ammettere di essere stata molto fortunata perché sono riuscita a realizzarmi professionalmente e nello stesso tempo a dedicarmi a mio marito ed ai miei figli. Ho avuto il privilegio di avere un lavoro con orari molti flessibili e per questo motivo non ho mai sacrificato la famiglia per la carriera e viceversa. Non avrei raggiunto questo successo, sia nella vita professionale che in quella privata, se non avessi avuto qualcuno che mi sostenesse nei miei impegni. Non ce l'avrei mai fatta senza la collaborazione di mio marito, di un partner che mi capisse e che mi aiutasse.

Che ruolo crede che le donne debbano avere nella società?
Penso che le donne abbiano un ruolo formidabile. Sono principalmente le donne, le madri, che tramandano i valori e la cultura della società. Il contributo più grande che le donne hanno dato, oltre naturalmente all'apporto professionale per lo sviluppo della società canadese, è la cura dei figli, che sono il nostro futuro e che un domani sosterranno il progresso del Canada. La società inizia dai bambini e sono le donne prevalentemente ad occuparsi di loro e della loro educazione. Molto spesso questo apporto fondamentale della donna viene trascurato o è sottovalutato.

Le ha mai creato problemi il fatto di essere italiana?
No, anche se quando ero piccola non capivo cosa significasse avere origini italiane. I miei genitori hanno sempre cercato di

Italian lifestyle and culture. At first I did not understand, but when I began to understand myself, I realized that being of Italian origin was a privilege and something to be proud of. I am doing the same things with my children that my parents did with me, because I know that one day they, like me, will come to appreciate both Italy and Canada and will always carry with them something "extra" that they will be able to use to their advantage. I realize that numerous individuals have encountered many difficulties because they are Italo-Canadian, but I have personally never experienced any difficulties because of my Italian origin.

What parts of you are Italian and what are Canadian?

The most important value is having love and respect for your own children, and also for the extended family. And this value, on which the Italian culture is based, may not always be as important in other cultures; therefore, the importance of family is a value that is part of my Italian identity, as is a strong work ethic. But at the same time, I am very proud of being Canadian, because I have always believed that Canada is one of the few countries in the world where people can live and be successful with no problems. Canada is a fantastic country. It is true that here, people can make their dreams come true.

In your opinion, what characteristics do women need to be successful in the workplace?

In all professions, you need persistence and open-mindedness to continue to learn from life's experiences, day after day. To be truly successful, you need to constantly put yourself to the test, to set goals and strive to achieve them, but at the same time, you have to be able to make changes to your chosen path and be willing to listen to others. Today my view of work is much different than it was five years ago, and I am sure five years from now, it will change again. It is a personal journey of continuous maturity, understanding, and change. Also, one's ability to be a role model for others is a great indicator of success.

Describe the most significant contribution to Canadian society made by the Italian community.

Work! Italian workers were very qualified and very proud. During the mass Italian migration of the 1960s in Canada, Italians played a very key role in construction. They built entire buildings and completed many roads. They brought to Canada their passion and work ethic. Italian culture then contributed to making the Canadian cultural mosaic even more multi-ethnic.

However, I am concerned that we will not be able to keep the Italian culture and traditions alive. The danger is that the future generations will not be capable of propagating this enormous and splendid heritage that the first generation has worked so hard to bring to Canada; therefore, we must try to stimulate future generations to keep the bonds with Italian society alive.

trasmettermi lo stile di vita e la cultura italiana e mi hanno insegnato il valore delle nostre origini. Prima non riuscivo a capire, ma poi, quando sono diventata più consapevole, ho capito che avere origini italiane poteva costituire un vantaggio e che era qualcosa di cui essere orgogliosi. E ora con i miei figli sto facendo esattamente quello che i miei genitori hanno fatto con me, perché so che loro, come me, domani apprezzeranno entrambi i paesi e avranno sempre qualcosa "in più" che potranno sfruttare. Riconosco che diverse persone hanno avuto delle difficoltà in quanto italo-canadesi, ma io personalmente non ho mai avuto problemi a causa delle mie origini.

Cosa riconosce in lei di italiano e che cosa di canadese?

Il valore più importante è amare e rispettare i propri figli e più in generale la famiglia. E questo valore, sul quale si basa la cultura italiana, non è altrettanto importante per altre culture. Quindi il valore della famiglia è qualcosa che fa parte della mia italianità, come pure l'etica del lavoro. Ma nello stesso tempo sono molto orgogliosa di essere canadese, perché ho sempre pensato che il Canada sia uno dei pochi paesi al mondo dove le persone possono vivere e avere successo senza problemi. Il Canada è un paese stupendo. Qui si possono davvero realizzare le proprie ambizioni.

Che requisiti è necessario avere per diventare una donna di successo?

In tutte le professioni bisogna avere la tenacia e l'apertura mentale per continuare ad imparare dalla vita e dalle esperienze, giorno dopo giorno.
Per avere realmente successo, bisogna continuamente mettersi alla prova, darsi degli obiettivi e lottare per ottenerli, ma nello stesso tempo bisogna anche essere in grado di modificare la propria rotta e ascoltare gli altri. La mia visione del lavoro oggi è molto diversa rispetto a quella che avevo cinque anni fa e sono certa che tra cinque anni sarà ulteriormente diversa. Si tratta di un percorso individuale di continua crescita, arricchimento e cambiamento. Inoltre, la capacità di guidare le persone è un buon indicatore di successo.

Qual è il contributo più importante della comunità italiana alla società canadese?

Il lavoro. I lavoratori italiani erano qualificati ed orgogliosi. Durante gli anni '60, quando era in corso la grande emigrazione italiana in Canada, gli italiani erano un perno importante nell'edilizia. Hanno costruito interi palazzi e realizzato numerose strade. Hanno portato in Canada la passione e l'etica del lavoro. La cultura italiana poi ha contribuito a rendere ancora più multi-etnica la società-mosaico canadese.
Tuttavia, quello di cui sono preoccupata è che non si riescano a mantenere vive la cultura e le tradizioni italiane. Il rischio è che le future generazioni non siano in grado di tenere in vita e tramandare questo enorme e splendido patrimonio che la prima gener-

M A R I A N N E   T A G G I O

MARIANNE
TAGGIO

If you could turn back time, would you change anything about your life?

Perhaps I would try to be more aware of things sooner, and I would pay more attention to what my parents have been trying to teach me since childhood with regards to appreciating our Italian culture and identity. I understood too late, at the age of 20, that this was a precious gift that needed to be defended, maintained, and passed on. I do not want to dwell on what I have accomplished, but I want to focus on the things I still want to achieve. I am very optimistic. I want my future to be filled with new initiatives and new incentives. I am a very passionate and determined individual, and I do my best to overcome obstacles. I usually am able to see the positive aspects in life, and when I am confronted with new challenges, I attempt to use the most effective strategies to overcome them.

What advice would you give to those women who are working to attain success in their lives?

I believe that all women have an extraordinary sensibility and are highly intuitive—characteristics that enable us to be more effective in connecting and engaging both the heart and the brain. Women have all the necessary skills and abilities to reach their goals without setting limits. It may not be easy, but it is attainable.

Photography/*Fotografie:* Dave Gillespie

azione ha faticosamente portato qui in Canada. Bisogna, quindi, cercare di stimolare le generazioni future e mantenere attivi i rapporti ed i legami con la società italiana.

Se potesse tornare indietro nel tempo cambierebbe qualcosa nella sua vita?

Forse cercherei di aprire gli occhi prima e di prestare maggiore ascolto a quello che i miei genitori fin da piccola hanno cercato di trasmettermi riguardo al valore dell'italianità. Ho realizzato tardi, all'età di vent'anni, che questo era un dono prezioso da difendere, conservare e tramandare. Non voglio guardare quello che ho fatto, voglio proiettarmi verso quello che ancora voglio raggiungere. Sono molto ottimista. Voglio riempire il mio futuro di nuove attività e di nuovi stimoli. Sono una persona molto passionale e determinata e faccio di tutto per superare gli ostacoli. Di solito riesco a vedere le cose positive della vita e quando nuove sfide mi si presenteranno cercherò la strategie migliori per affrontarle.

Cosa consiglierebbe alle donne che lavorano per raggiungere il successo nella loro vita?

Penso che le donne abbiano uno straordinaria sensibilità e siano molto intuitive – entrambe caratteristiche che ci permettono di mettere in comunicazione e usare efficaciemente sia il cuore che il cervello. Le donne hanno tutte le capacità per raggiungere i propri obiettivi, senza porsi limiti. Magari non è facile, ma ci si può riuscire.

*"Oggi la mia visione del lavoro è molto diversa rispetto a quella che avevo cinque anni fa, e sono certa che tra cinque anni sarà ulteriormente diversa. **Si tratta di un percorso individuale di continua crescita, arricchimento e cambiamento".***

EMILIA

"The examples that we had in both generations of women in our family made all the difference: women who were strong, very nurturing, very feminine and still able to conduct business... **I saw the softer side of being a woman, as well as the iron will beneath it.**"

EMILIA VALENTINI

VALENTINI

Emilia Valentini is a woman of many talents and ambitions. She ran for political office in 1995 under Mike Harris; served on the Toronto Police Services Board; was Executive Director of the Italian Chamber of Commerce; did charity work for Villa Colombo and was a former president of the Canadian Italian Business and Professional Association. As the manager of business development with the City of Vaughan, Ms. Valentini now has the hindsight needed to reflect on where she is today and how she got there.

Emilia Valentini è una donna di grande talento e forti ambizioni. Si è candidata nel 1995 con Mike Harris; ha fatto parte del consiglio di amministrazione della Toronto Police Services; è stata Segretario Generale della Camera di Commercio Italiana; ha svolto attività di volontariato per Villa Colombo e Vitanova Foundation ed è stata presidente della Canadian Italian Businness and Professional Association. Come manager per lo sviluppo economico del comune di Vaughan, la signora Valentini ha oggi la maturità necessaria per valutare il percorso professionale che l'ha condotta dov'è oggi.

173

Birthplace: Toronto, Ontario, Canada
Region of Origin: Abruzzo, Italy

What was your family's immigration experience like?

It was a little different from the average immigrant's story. Times were difficult in Italy after the war. My grandparents had a grocery store and a bakery. People had to wait until the end of the month to get their pay to be able to pay their grocery tab. My grandmother got tired of operating under these kinds of limits. She was a very progressive woman. So when her brother went back to my grandparents' town and encouraged them to think about the opportunities here, my grandmother jumped at the chance. Somehow, she was able to convince my grandfather to change nations. She was very strong, just like her mother was, and as my mother is.

    I grew up with these two pillars: family and career. In my grandmother and mother, I had the examples of strong women who did it all. They would fit today's definition of a "superwoman": working outside the house, raising the kids, running a business. There are some 38 employees at Camarra's Restaurant. It is not an easy thing to run. My mother has been running it on her own pretty much. My parents were divorced when I was 18, my sister Diana was 13 at the time; she raised us on her own from that point forward.

You grew up with strong female role models. Any pressure growing up?

No pressure. I think that what my sister and I just absorbed were our surroundings—we did not question that it would be the way we would live our lives. The examples that we had in both generations of women in our family made all the difference: women who were strong, very nurturing, very feminine and still able to conduct business. I hope that I can do the same. I hope that I can be that kind of woman. From that perspective, it is a little bit of a challenge at times...

    I feel very blessed, because I saw the softer side of being a woman, as well as the iron will beneath it, and the strength of character to do all those things: to raise your kids, to be in charge of a staff and make your business grow.

Growing up, what were some of your traditional cultural influences?

Those of us who are of Italian heritage pride ourselves on having inherited a strong work ethic and having the tenacity to say "I have to make this successful." I think that in my case, I was fortunate that my mom was a very strong believer in building my language skills, the Italian language in particular. And so from a very young age, from when it first became available, in the late sixties I started studying the language. I was maybe eight or nine years old.

    My family was fortunate—we were able to travel. We went to Italy every couple of years. And this adds to your ability to

Nata a: Toronto, Ontario, Canada
Regione di origine: Abruzzo, Italia (padre)

Qual è stata l'esperienza migratoria della sua famiglia?

È stata un po' diversa dall'esperienza degli immigrati medi. I tempi erano difficili in Italia dopo la guerra. I miei nonni avevano un negozio di alimentari e un panificio e la gente era costretta ad aspettare la paga alla fine del mese per poter pagare il proprio debito al negozio. Mia nonna si stufò di gestire un'attività in queste condizioni. Lei era una donna molto progressista e così quando suo fratello tornò nella città dei miei nonni e li incoraggiò a pensare alle opportunità esistenti in Canada, mia nonna non esitò e prese la palla al balzo. In qualche modo riuscì a convincere mio nonno a cambiare Paese. Lei era molto forte, proprio come lo era stata sua madre e come a sua volta è mia madre.
Sono cresciuta con questi due pilastri: famiglia e carriera. Ho avuto mia nonna e mia madre come esempi di donne forti che si sono occupate di tutto. Sarebbero l'incarnazione perfetta della definizione odierna di "super donne": lavoratrici fuori dalle mura di casa, allevatrici di bambini e allo stesso tempo manager della propria attività. Ci sono 38 dipendenti al Ristorante Camarra. Non è un'attività facile da gestire e mia madre se ne è occupata praticamente da sola. I miei genitori hanno divorziato quando avevo 18 anni, mia sorella ne aveva 13. Ci ha cresciute da sola da quel momento in avanti.

Lei è cresciuta con modelli femminili forti. Nessuna pressione nel crescere?

Nessuna. Penso che ciò che io e mia sorella abbiamo semplicemente assorbito era il nostro ambiente, non abbiamo mai messo in dubbio che questo era il modo di vivere le nostre vite. Sono stati gli esempi femminili della nostra famiglia appartenenti alle generazioni precedenti che hanno fatto la differenza: donne forti, molto materne, molto femminili e tuttavia in grado di portare avanti la propria attività. Spero di poter fare lo stesso. Spero di poter essere il tipo di donna che loro sono state. Da questo punto di vista a volte è una sfida...
Mi sento molto fortunata perchè ho vissuto in prima persona i due aspetti complementari insiti in ogni donna: da una parte dolcezza e tenerezza nell'educazione dei propri figli, dall'altra risolutezza nella direzione del personale e nel far crescere la propria attività.

Crescendo, quali sono stati gli elementi della sua cultura tradizionale che l'hanno influenzata?

Quelli di noi che hanno origine italiana, sono particolarmente orgogliosi di aver ereditato una forte etica del lavoro e una particolare tenacia nell'affermare "devo riuscirci". Penso che nel mio caso io sia stata fortunata per il fatto che mia madre ha creduto fortemente nell'importanza di insistere sulle mie capacità linguistiche, in particolare sull'insegnamento della lingua italiana. E

EMILIA VALENTINI

absorb the language, and I think that whether it was my work at the Italian Chamber of Commerce, where I was for almost five years, or my work today, I believe that a language skill is a cultural patrimony that you carry with you for the rest of your life. I am a strong believer in the advantages that learning languages brings (particularly as we go forward in today's world), and tomorrow it will be more important.

But overall, I didn't have a very traditional Italian upbringing. We ate our meals at the restaurant. Most of the time, we had to eat before the restaurant got busy, so family meals meant eating at off-times. Because we had a bakery until the mid-1970s, it meant coming home from school and your afternoon snack was a fresh pastry that had just been made, or fresh baked cookies hot out of the oven. In grade school, when I came home from classes, these things were there instead of the usual things kids would eat at home. Here I would walk into the kitchen and whatever came out was available for me. Fresh *savoyardi*, fresh pastries; it was amazing. In that respect, it was unique.

We never did the "stereotypical" Italian traditions of tomato sauce, sausages, etc. The restaurant cooks made tomato sauce and other dishes that we would use, but it was never a question of me doing it. My mom would help, but... it was always made by someone else. I don't believe in making *sorpressata* because I can buy it at a wholesale price. I think we were missing those traditional components, but only because of the nature of the business my parents were involved in. I live the same way now.

In regards to your job, what were some of the struggles you faced?
The City of Vaughan is a great working environment, so I didn't face any struggles because I was Italian or a woman. It was more my own struggle with adapting from the private sector to the public sector. Moving back to a private sector position, there are sensitivities that you need to be mindful of, methodologies that change considerably, and the timelines are different. You need some time to adjust.

What do you want to accomplish at your current job?
In Economic Development, we serve the business communities, support the businesses that we already have and attract new business and investment to the city. My team is also responsible for tourism, from a business development perspective, and corporate marketing. Small businesses are also a part of our area of responsibility. We have something called the Vaughan Business Enterprise Centre. There are dozens of these centres all across the province of Ontario. They are basically a partnership between the municipalities and Ontario's Ministry of Economic Development and Trade. They get together in multiple municipalities across Ontario to create these places where people can go to register a new business, get information on how to get started and on how to survive the first five years when the mortality rate of a new business is at its highest.

così, fin da giovane, appena è divenuto possibile, cioè dalla fine degli anni '60, ho incominciato a studiare l'italiano. Avevo circa otto o nove anni.

La mia famiglia era fortunata; ci potevamo permettere di viaggiare. Andavamo in Italia ogni due anni. Questo ha contribuito a perfezionare la lingua italiana e penso che, tanto durante il lavoro alla Camera di Commercio Italiana, dove ho lavorato per quasi 5 anni, quanto nel lavoro che svolgo oggi, la conoscenza di una lingua sia parte del patrimonio culturale che porti sempre con te per il resto della tua vita. Sono fermamente convinta dei vantaggi che apporta l'apprendimento di altre lingue, in particolare nel mondo d'oggi e ancor più nel futuro.

In generale, tuttavia, io non ho ricevuto un'educazione italiana eccessivamente tradizionale. Mangiavamo i nostri pasti al ristorante. Nella maggior parte dei casi dovevamo mangiare prima che il ristorante si riempisse e così i pasti familiari erano sinonimo di momenti liberi dal lavoro. Dal momento che abbiamo avuto una pasticceria fino alla metà degli anni '70, questo significava tornare a casa da scuola e fare uno spuntino pomeridiano con un dolce fresco appena fatto o biscotti appena sfornati.

Alle elementari quando tornavamo a casa dalle lezioni, queste erano le cose che trovavo a mia disposizione, diversamente dalle altre cose che i bambini mangiavano a casa. In cucina, ogni volta che vi fossi entrata, tutto era a disposizione per me. Savoiardi freschi e pasticcini appena sfornati; era incredibile. Proprio per questo è stata un'esperienza unica.

Non abbiamo mai seguito le tradizioni italiane legate a stereotipi quali la salsa di pomodoro o le salsicce. Il ristorante prepara la salsa di pomodoro fatta in casa e altri piatti che noi consumiamo, ma non è mai stata una questione che mi riguardasse. Mia madre l'avrebbe anche preparata, ma è sempre stata fatta da qualcun altro. Non credo nella necessità di preparare la soppressata in casa quando la posso comprare ad un prezzo ragionevole all'ingrosso. Penso che abbiamo abbandonato alcune componenti della tradizione italiana probabilmente a causa del tipo di attività che svolgevano i miei genitori.

Per quanto riguarda il suo lavoro, quali sono state le difficoltà che ha dovuto affrontare?
Il Comune di Vaughan offre un ambiente lavorativo eccezionale e quindi non ho dovuto affrontare alcuna difficoltà legata al fatto che io sia un'italiana o una donna. Si è trattato per lo più di una mia sfida personale per cercare di adattarmi al settore pubblico provenendo da un'attività nel settore privato. Ripensando alla mia precedente posizione nel settore privato, ci sono dinamiche di cui è necessario essere a conoscenza, metodologie che cambiano notevolmente e ritmi lavorativi diversi. Per questo si ha bisogno di un po' di tempo per adeguarsi.

I think that all any public servant can ever hope to achieve is to do what they do more efficiently and more effectively for their stakeholders, the people, for the business community. Whatever you can do to come up with ways in which you can serve them better. That's what your job is as a public servant, so I try to do just that.

What is your advice for someone who is starting out on their professional path?

Do things that you are passionate about. Because if you are passionate about something, if you are inspired by something, you will do it well. Don't discard any experience–all of them are valuable and all of them will shape you. Also, don't let yourself be affected by negative people.

What professional achievements are you most proud of?

My time on the Toronto Police Services Board. I was a member of that board for four years, between 1997 and 2001. I am proud of this because it allowed me to understand the intricacies of delivering an essential service like policing to such a multi-ethnic and multi-dimensional city as Toronto.

Do your obligations to your family ever cut into your professional responsibilities?

I think that today's corporate culture, in virtually every corporation in the world, is such that a person in a senior management position needs to give a lot, and not just within the traditional nine to five–that doesn't exist much anymore. So, some of that family time that you may have had perhaps only a few decades ago is now gone. Because of that, it is especially important today to have a supportive partner that appreciates and understands the challenge to find a balance.

In the past, the assumption has been made that women and economics don't mix. What do you think about that?

I don't believe in any gender being limited in any profession, or in the ability to grasp any particular concept, be it scientific or having a more artistic component to it. I think that it is all about what you believe and what you grow up believing. I do not subscribe to the belief that there are any limitations, that any one gender is more genetically predisposed to do architecture than engineering, or any component of the sciences. And I know that, unfortunately, some of the statistics that come out of our school scenarios point to the fact that there seems to be a great deal more advantages for the boys as opposed to the girls. That is very unfortunate. I was fortunate because the high school that I went to was an all-girls school and had high academic standards. Aside from the strength I had at home, I found reinforcement in my high school. And so when I went off to university, there was no issue, it was all about what I wanted to do, not about what someone else believed I could or couldn't do.

Che cosa cerca di perseguire nella sua attività lavorativa attuale?

Nel dipartimento economico del Comune di Vaughan seguiamo gli imprenditori, offriamo servizi a sostegno delle attività che già sono state avviate e cerchiamo di attrarre nuovi investimenti diretti al Comune di Vaughan. La mia squadra è inoltre responsabile per la promozione del turismo e del marketing aziendale. Anche le piccole imprese ricadono nella nostra sfera di responsabilità. Abbiamo un centro chiamato Vaughan Business Enterprise Centre (VBEC) e ce ne sono una quarantina di uffici del genere sparsi in tutta la provincia dell'Ontario. Sostanzialmente si tratta di una collaborazione tra i Comuni e il Ministero dell'Ontario per il commercio e le attività produttive (MEDT). Molti Comuni dell'Ontario si associano per creare un unico punto di contatto dove è possibile registrare nuove attività economiche, raccogliere informazioni su come avviare un'attività e soprattutto, ricevere consulenza gratuita che aiuta le nuove microaziende a superare i primi 5 anni di attività quando il tasso di mortalità di una nuova impresa è solitamente più alto.
Credo che ogni impiegato statale debba sperare di riuscire svolgere il proprio compito nel modo più efficiente ed efficace possibile per i suoi stakeholders, cioè le persone e per la business community. Questo è il lavoro di un impiegato statale e questo è quello che sto cercando di fare.

Quale consiglio darebbe a chi sta iniziando il proprio cammino professionale?

Fare le cose per cui ha una passione. Perchè se sei appassionato di qualcosa, se sei inspirato da qualcosa, automaticamente lo farai bene. Non buttar via le esperienze, tutte sono importanti e tutte servono alla tua formazione. Inoltre è importante non farsi influenzare dalle persone negative.

Di quale successo professionale è più orgogliosa?

Del mio periodo al Consiglio della Toronto Police Services. Sono stata membro di quel consiglio per quattro anni, dal 1997 al 2001. Sono orgogliosa di ciò perchè mi ha permesso di capire nel profondo i meccanismi di un servizio essenziale qual è quello di fornire il servizio di polizia a una città come Toronto, così multietnica e multidimensionale.

I suoi obblighi professionali si sono mai scontrati con le sue responsabilità familiari?

Credo che la cultura aziendale di oggi, virtualmente in ogni azienda esistente sulla terra, sia impostata in modo tale che una persona che occupa un livello prefessionale di responsabilità debba dare molto e non solo nel tradizionale orario nove del mattino-cinque di sera, che oramai sembra non esistere più. Quindi, un po' di quel tempo che fino a un paio di decenni fa si sarebbe dedicato alla famiglia ora non c'è più. Perciò è di fondamentale importanza al giorno d'oggi avere un partner solidale che apprezzi e capisca le esigenze per trovare un equilibrio.

EMILIA VALENTINI

EMILIA VALENTINI

What drew you into business and economics?

I love the restaurant business. I am not in it today, but not because I don't like it. I am not in it because I wanted something bigger, broader, and what brought that on was the election. I finished my degree in June of 1983. In the spring of 1995, I was approached to run for Mike Harris. I went into that campaign with a somewhat limited view of the world because I had only been in small business. I did not win the election, obviously, but I came close. That campaign opened up my horizons, and after that, the thought of going back to running just one business sounded very limited.

Would you ever consider running for politics again?

Never say never, but right now I am happy doing what I am doing.

Photography/*Fotografie:* Erin Riley

Nel passato è stato più volte dichiarato che donne ed economia non possono fondersi. Che cosa ne pensa?

Non credo che ci possa essere discriminazione sessuale in nessun tipo di attività professionale o incapacità legata al sesso per apprendere uno specifico concetto, sia esso di tipo scientifico o artistico. Penso che tutto sia piuttosto legato a ciò in cui credi. Non appoggio alcuna convinzione che afferma che ci sono limiti che predispongono un genere sessuale all'architettura piuttosto che all'ingegneria o ad altri settori del campo scientifico. Sono tuttavia a conoscenza della presenza di alcune statistiche che evidenziano come ancora oggi i ragazzi godano di ingiustificati vantaggi rispetto alle ragazze nel mondo scolastico. Questo è tremendo. Personalmente sono stata fortunata perchè la scuola superiore che ho frequentato era per sole ragazze e aveva standard di insegnamento molto alti. A parte la forza che ho avuto a casa, ho trovato un ulteriore spinta durante i miei anni alla scuola superiore. Così, quando ho finito le superiori per andare all'università, non ho avuto dubbi: ciò che contava era ciò che io veramente volevo, non ciò che qualcun altro credeva che io riuscissi o non riuscissi a fare.

Che cosa l'ha portata all'ambiente economico e imprenditoriale?

Amo l'attività del ristorante. Se non me ne occupo oggi non è perchè non mi piace, ma perchè volevo occuparmi di qualcosa di più grande, più vasto e le elezioni mi hanno fornito la giusta occasione. Ho concluso i miei studi nel giugno 1983. Nella primavera del 1995 mi sono presentata alle ellezioni proviciali nella lista di Mike Harris. Ho iniziato quella campagna elettorale con una visione un po' limitata del mondo perchè fino ad allora avevo avuto solo esperienze con piccole attività imprenditoriali. Pur essendoci andata vicino, non riuscì a vincere quelle elezioni. Quella campagna elettorale mi ha aperto nuovi orizzonti e, dopo quell'esperienza, l'idea di tornare a gestire solo un'attività mi stava un po' stretta.

Considererebbe mai l'idea di candidarsi di nuovo?

Mai dire mai, ma adesso sono soddisfatta di ciò che sto facendo.

"Sono stati gli esempi femminili della nostra famiglia appartenenti alle generazioni precedenti che hanno fatto la differenza: donne forti, molto materne, molto femminili **e tuttavia in grado di portare avanti le proprie attività...ho vissuto in prima persona i due aspetti complementari insiti in ogni donna: da una parte dolcezza e tenerezza, dall'altra risolutezza".**

Individuals/*Intervistate*	Region/*Regione*
Carolyn Acker	Abruzzo and Calabria
Nancy Adamo	Calabria
Andrea Addario	Calabria
Laura Albanese Politi	Puglia
Angela Baldassarre	Campania
Patricia Bertozzi	Emilia Romagna
Rosanna Caira	Calabria
Beata Caranci	Molise and Lazio
Emilia Casella	Campania
Annamarie Castrilli	Molise and Campania
Alberta Cefis	Veneto
Brigida Colangelo	Abruzzo
Rita Cugini	Lazio
Tina Dell'Aquila	Lazio
Rita DeMontis	Sardinia
Julie Di Lorenzo	Abruzzo
Rossana Di Zio Magnotta	Abruzzo
Martha Fusca	Calabria
Rossana Golini	Lazio
Paula Macri Dill	Calabria
Maria Minna	Lazio
Nancy Olivieri	Abruzzo
Gianna Patriarca	Lazio
Silvia Pecota	Veneto and/e Dalmatia, Croatia
Marisa Piattelli	Abruzzo
Elem Rinomato-Pavan	Abruzzo
Maristella Roca	Puglia
Marisa Rocca	Lazio
Anna Simone	Abruzzo
Martina Sorbara	Calabria
Marianne Taggio	Sicily
Emilia Valentini	Abruzzo

This book would not have been possible without the help and dedication of many people. I would first like to acknowledge the assistance and professionalism of Emily Saso, who dedicated herself with great passion and care to this project. In addition, I must thank Attilia Cozzaglio for enthusiastically embracing the project on Italian soil.

As well, all the students from the Bocconi and Statale Universities in Milan and Ca'Foscari University in Venice must be mentioned: Marta Del Maschio, who carried out many interviews; Alessandra Mangini; Filippo Romano; Gabriele Erba; Gloria Biasion; Jenny Bruno; Filippo Fanin; Serena Roi; Alberica Marzotto; Agnese Orlandi; Alessandra Meineri; Giada Rapalino; Eugenia Maggiore; Elisa Parolari; and Maria Simone.

We cannot forget the valuable interviews completed by Vittoria Maggisano and translations by Grace Simone, Rocco Giancarlo Racco, Dolores Nero, Annamaria Perruccio, and Sandra Turco. In addition, thank you to our diligent copy editors, Angela Baldassare, Deborah Verginella, Trena White, and our talented photographers Dave Gillespie, Erin Riley, and David Wile. Thanks also to Fourth Dimension Media and Marketing for their amazing graphic design.

I would like to acknowledge the ongoing support of the Board of Directors of the Italian Chamber of Commerce of Toronto–Mr. Ronald J. Farano, Chairman; Mr. Nivo Angelone, President; Mr. George Visintin, Secretary/Treasurer; Mr. Bruno Amadi, Mr. Paolo Palamara, Mr. Tony Altomare, Mr. Antonio Nicaso, Ms. Patricia Bertozzi, Mr. Patrick Pelliccione, Mr. Dan Brambilla, Mr. Domenic Primucci, Mr. Enzo De Luca, Mr. Joe Zanchin, Mr. Peter Donolo, Mr. Luigi Ferrara, Italian Ambassador S.E. Gabriele Sardo, and Consul General of Italy in Toronto Emanuele Punzo. I must also acknowledge the Canadian Consul General in Milan, Margaret Huber.

A special thank you goes to our sponsors: Ines Marra (Cott Corporation), Charlie Coffey (RBC Financial Group), Edward Sorbara (Sorbara Group), Alberta Cefis (Scotiabank Financial Group), Paolo Palamara (Diamante Corporation), Alfredo Romano (Castlepoint Investments), with a very personal thank you to Rodrigo Rodriquez (Flos), a very close friend of Canada.

To the staff of the Italian Chamber of Commerce of Toronto – Antonella Nicastro, Emanuela Marcello, Elena Dell'Osbel, Emanuela Di Giuseppe, and Tiziano Tedesco – thank you very, very much.

We cannot forget Michael Sabia for his generous help and Peter McGovern for his friendship.

Thanks also to the City of Toronto (Mayor David Miller, Deputy Mayor Joe Pantalone, and the Office of Economic Development), the City of Milan (Mayor Letizia Moratti, Assessore Giovanni Verga, Dott. Giuseppe Trojan, Consigliere Vincenzo Giudice, and Dott. Andrea Vento.)

Finally, a most heartfelt thank you to the extraordinary women who gave us the opportunity to share their stories: Carolyn Acker, Nancy Adamo, Andrea Addario, Laura Albanese Politi, Angela Baldassarre, Patricia Bertozzi, Rosanna Caira, Beata Caranci, Emilia Casella, Annamarie Castrilli, Alberta Cefis, Brigida Colangelo, Rita Cugini, Tina Dell'Aquila, Rita DeMontis, Julie Di Lorenzo, Rossana Di Zio, Martha Fusca, Rossana Golini, Paula Macri Dill, Maria Minna, Nancy Olivieri, Gianna Patriarca, Silvia Pecota, Marisa Piattelli, Elem Rinomato-Pavan, Maristella Roca, Marisa Rocca, Anna Simone, Martina Sorbara, Marianne Taggio, and Emilia Valentini.

Questo libro non sarebbe stato possibile senza l'aiuto e la dedizione di molte persone. Vorrei innanzitutto ringraziare per l'assistenza e la professionalità Emily Saso, che si è dedicata con grande passione e impegno al progetto. Inoltre devo ringraziare Attilia Cozzaglio per l'entusiasmo con il quale ha abbracciato il progetto in Italia.

Devono anche essere ringraziati tutti gli studenti delle Università Bocconi, Cattolica e Statale di Milano e della Ca' Foscari di Venezia: Marta Del Maschio, che ha condotto molte interviste; Alessandra Mangini, Filippo Romano, Gabriele Erba, Gloria Biasion, Jenny Bruno, Filippo Fanin; Serena Roi; Alberica Marzotto; Agnese Orlandi; Alessandra Meineri, Giada Rapalino, Daniela Brombin, Eugenia Maggiore, Elisa Parolari, Maria Simone, Lucio Rondinelli e Luca Tosi.

Non possiamo dimenticare le interviste fatte da Vittoria Maggisano e le traduzioni di Grace Simone, Rocco Giancarlo Racco, Dolores Nero, Annamaria Perruccio, e Sandra Turco. Inoltre, un grazie ai nostri meticolosi redattori: Angela Baldassare; Deborah Verginella, Trena White e ai nostri talentuosi fotografi Dave Gillespie, Erin Riley e David Wile. Grazie anche a Fourth Dimension Media and Marketing per il loro contributo nella parte grafica.

Voglio ricordare anche il continuo supporto ricevuto dal Consiglio di Amministrazione della Camera di Commercio Italiana di Toronto: il Chairman Ronald J. Farano, il Direttore Nivo Angelone, il Segretario e Tesoriere George Visintin, Bruno Amadi, Paolo Palamara, Tony Altomare, Antonio Nicaso, Patricia Bertozzi, Patrick Pelliccione, Dan Brambilla, Domenic Primucci, Enzo De Luca, Joe Zanchin, Peter Donolo, Luigi Ferrara, l'Ambasciatore italiano S.E. Gabriele Sardo, e il Console Generale Italiano di Toronto, Emanuele Punzo. Devo anche ringraziare il Console Canadese a Milano, Margaret Huber e Gina Scola per i suoi consigli.

Un ringraziamento speciale va ai nostri sponsor: Ines Marra (Cott Corporation), Charlie Coffey (RBC Financial Group), Edward Sorbara (Sorbara Group), Alberta Cefis (Scotiabank Financial Group), Paolo Palamara (Diamante Corporation), Alfredo Romano (Castlepoint Investments). Un ringraziamento personale va a Rodrigo Rodriquez (Flos), un grande amico del Canada.

Grazie a tutto lo staff della Camera di Commercio Italiana di Toronto – Antonella Nicastro, Emanuela Marcello, Elena Dell'Osbel, Emanuela Di Giuseppe e Tiziana Tedesco – grazie davvero!

Non possiamo dimenticare Michael Sabia per il suo generoso aiuto e Peter McGovern per la sua amicizia.

Grazie anche alla città di Toronto (al Sindaco David Miller, al Vice Sindaco Joe Pantalone e all'ufficio per lo Sviluppo Economico), alla città di Milano (al Sindaco Letizia Moratti, all' Assessore Giovanni Verga, al Dott. Giuseppe Trojan, al Consigliere Vincenzo Giudice e al Dott. Andrea Vento, all'ex sindaco Gabriele Albertini)

Infine un grazie di cuore alle straordinarie donne che ci hanno dato l'opportunità di condividere le loro storie: Carolyn Acker, Nancy Adamo, Andrea Addario, Laura Albanese Politi, Angela Baldassarre, Patricia Bertozzi, Rosanna Caira, Beata Caranci, Emilia Casella, Annamarie Castrilli, Alberta Cefis, Brigida Colangelo, Rita Cugini, Tina Dell'Aquila, Rita DeMontis, Julie Di Lorenzo, Rossana Di Zio, Martha Fusca, Rossana Golini, Paula Macri Dill, Maria Minna, Nancy Olivieri, Gianna Patriarca, Silvia Pecota, Marisa Piattelli, Elem Rinomato-Pavan, Maristella Roca, Marisa Rocca, Anna Simone, Martina Sorbara, Marianne Taggio, Emilia Valentini.

Thanks to our sponsors.
Un grazie di cuore ai nostri sponsor.